W0256792

design is a journey

Springer-Verlag Berlin Heidelberg GmbH

design is a journey

Positionen zu Design, Werbung und Unternehmenskultur

Tammo F. Bruns   Frank Schulte   Karsten Unterberger

Herausgegeben vom Rat für Formgebung

Springer

Rat für Formgebung
German Design Council

Die Deutsche Bibliothek –
CIP-Einheitsaufnahme
Bruns, Tammo F.:
Design is a journey: Positionen zu Design,
Werbung und Unternehmenskultur /
[Autoren: Tammo F. Bruns; Frank Schulte;
Karsten Unterberger. Hrsg. Hans Höger
für den Rat für Formgebung]. Hrsg. vom
Rat für Formgebung. – Berlin; Heidelberg;
New York; Barcelona; Budapest; Hong-
kong; London; Mailand; Paris; Santa
Clara; Singapur; Tokio: Springer, 1997
ISBN 3-540-61896-1
NE: Schulte, Frank:; Unterberger, Karsten:;
HST

ISBN 978-3-642-63838-1   ISBN 978-3-642-
59076-4 (eBook)
DOI 10.1007/978-3-642-59076-4

Springer-Verlag Berlin Heidelberg New York

Impressum

Herausgeber
Hans Höger für den
Rat für Formgebung
German Design Council

design is a journey erscheint als Band 5
innerhalb der vom Rat für Formgebung /
German Design Council herausgegebenen
Schriftenreihe Design im Kontext

Autoren
Tammo F. Bruns
Frank Schulte
Karsten Unterberger

Kontakt
kleiner & bold
Ostertorsteinweg 70 | 71
28203 Bremen

Gestaltung und Satz
kleiner & bold
Sven Völker

Interviewfotos
Andreas Weiss

Wir danken
Helge Aszmoneit
Fritz Haase
Eckhard Jung
Jürgen W. Koch
Dieter Kretschmann
Henrik Spohler

Inhalt

Hans Höger
Rat für Formgebung
German Design Council
Fachlicher Leiter
und Geschäftsführer

»Man sieht nur, was man weiß«
Der Charme der Subjektivität als Quelle zuverlässiger Auskunft

Reiseberichte sind ein beliebtes Genre der Weltliteratur.
Doch nicht nur das. Von John Ruskin und Hermann Muthesius
über Charles Edouard Jeanneret (Le Corbusier) bis hin zu
so unterschiedlichen Persönlichkeiten wie Ettore Sottsass und
Max Frisch (der bekanntlich nicht nur Schriftsteller, sondern
auch Architekt war) stoßen Reiseberichte offenbar auch unter
Gestaltern auf Interesse und Zuneigung.

Was nicht verwundert, wenn man bedenkt, daß gestalterisches
Arbeiten kein Selbstzweck ist und kaum aus sich allein heraus
entstehen kann, sondern der Inspiration bedarf, der Anschauung,
persönlicher Erfahrung, kultureller Auseinandersetzung, um in
der Lage zu sein, sich konzeptionell auf der Höhe der eigenen Zeit
und der aufgeworfenen Fragen zu bewegen. Reisen, in welcher
Form auch immer, bildet, prägt und verändert – die Reisenden
ebenso wie die Reiseziele.

Der Titel dieses Buches, das der Rat für Formgebung als fünften
Band seiner Schriftenreihe Design im Kontext veröffentlicht,
geht allerdings noch ein Stück weiter. Design is a journey – Gestaltung selbst sei so etwas wie eine Reise. Liest man die Interviews,
die das Bremer Autorenteam Tammo F. Bruns, Frank Schulte
und Karsten Unterberger zusammengetragen hat, dann merkt man,
was gemeint ist. Denn plötzlich wird klar, daß Designprozesse
tatsächlich Ähnlichkeit haben können mit einer Reise, für die
Gestalter und Auftraggeber gemeinsam die Koffer packen, überlegen, welche Verkehrsmittel sie wählen sollen, immer wieder
Zwischenstation machen, um zu erkunden, wo sie sich gerade
befinden, reflektieren, was bisher erlebt, welche Wege zurückge-

legt wurden, und schließlich erneut aufbrechen, um sich ihrem Ziel
zu nähern, das oft erst nach und nach, erst während der Reise
selbst endgültig bestimmt wird.

Ein Blick in die Geschichte zeigt, daß hinter den Erfolgen
wegweisender Produktentwicklungen nur selten die Disziplin und
das Kalkül reiner Studienreisen stehen. Viel häufiger ist der
Wille ausschlaggebend, Neuland zu beschreiten, ungeplante und
unvorhergesehene Umstände in Kauf zu nehmen, sich auf das
Unbekannte einzulassen. In der Tat erscheint Reisen als Metapher
vor allem für jene Form gestalterischen Arbeitens geeignet, die
sich nicht sofort auf einzelne Produkte als Zielorte stürzt,
sondern zunächst das situative Umfeld einer Entwurfsthematik
betrachtet, Vorgänge und Verhaltensweisen, Anwendungen
und Auswirkungen.

Es gibt Sprichwörter und Redewendungen, die als Relikt einer
Erziehungshaltung so stark Allgemeingut geworden sind,
daß ihre frappierende Aktualität auf den ersten Blick oft gar nicht
zutage tritt. »Man lernt nie aus«, heißt ein solches geflügeltes
Wort. Oder »Man sieht nur, was man weiß.« Oder: »Der Weg ist
das Ziel«. Angesichts der gegenwärtigen Halbwertzeiten
dessen, was wir landläufig als Wissen oder Know-how bezeichnen,
wird das, was früher meist nicht mehr als eine auswendig
gelernte Formel war, erneut zur Erkenntnis.

Gestalter sind ihr Leben lang Nomaden. Sie bewegen sich von
Projekt zu Projekt, von Auftrag zu Auftrag. Die Erfahrungen,
die sie dabei machen, sind einander wesensverwandt und doch
jedes Mal neu. Die Gespräche, die im vorliegenden Buch auf-
gezeichnet sind, geben Auskunft über Beschaffenheit und Begleit-
erscheinungen gestalterischen Nomadentums. Der Leser
erfährt etwas über die Arbeitsweise der Interviewten, ihren Ärger,
ihre Hoffnungen, ihre Standpunkte, ihre Erfolge und darüber,
warum sie sich auf Reisen in Sachen Gestaltung überhaupt ein-
gelassen haben.

Der damit angebotene Blick hinter die Kulissen unterschiedlicher
Entwurfsbereiche und Arbeitsschwerpunkte ist ein spannender
Querschnitt durch den Alltag verschiedener, an Gestaltungs-
prozessen beteiligter Berufsgruppen. Sicherlich geben die Interviews
dieses Buches auch Befindlichkeiten wieder, sicherlich transportieren sie den Charme der Subjektivität. Doch gerade durch die
Mischung aus persönlicher und professioneller Einschätzung
wird in ungewöhnlich realistischer Weise deutlich, wo Gestaltung
heute steht und wohin sie sich möglicherweise entwickelt.

Peter Rea: The concept that design is a journey, also derives from once popular ideas that renaissance people would undertake journeys in different parts of the world in order to widen their experience and to bring back discoveries which would improve the society in which they lived. The title »journeyman« is not often used nowadays. In the history of the printer's craft titles such as this were used to describe the process of learning. They signified that to be a true master of ones' subject, one must go on a journey.

Fritz Hahne: Es klingt ein bißchen nach Lustreise – zwischen Ernsthaftigkeit und Höhenflug. Für mich ist da ein Schuß »easy« ins Design gekommen. Im Englischen finde ich es ausgezeichnet. Ich frage mich aber, ob man das Wort »Journey« nicht durch einen deutschen oder wenigstens international geläufigen Begriff ersetzen sollte.

Franco Clivio: Design ist mein Leben! Meine Philosophie zeigt sich anhand eines Projektes, das ich mit meinen Studenten machen möchte: Eine Woche wollen wir mit einem Superkoch zusammen kochen. Der perfekte Designprozeß ist eigentlich der Kochprozeß. Mit einer wahnsinnigen Geschwindigkeit muß alles geplant und zubereitet werden. Und zu guter Letzt muß ich es selber auch noch essen.

Erik Spiekermann: Zunächst ist es eine physikalische Reise, weil ich durch Design in der ganzen Welt rumkomme. Dann ist es eine persönliche Reise: Man lernt über sich, das Leben und andere Leute, weil Reisen eine Beschäftigung mit Prozessen und Persönlichkeiten ist. Ohne Wegsein von zu Hause kann man eigentlich kein Designer sein. Es ist eine wichtige Erfahrung woanders zu sehen: Es muß nicht so aussehen, wie es hier aussieht. Woanders sieht es anders aus und funktioniert auch. Teilweise ist es genau so häßlich wie hier, aber anders häßlich.

Thomas Rempen: Ich hätte gesagt »design is an adventure«. Wenn journey das meint, finde ich das o.k. Meine Arbeit ist »Abenteuer«, denn es ist eine Reise durch die Wüste. Die Frage ist, ob man am Ende an einer Oase landet. Die Reisen, die wir antreten, sind immer neu und starten woanders.

Hans Hansen: Jeder Gestalter, der gut ist, versucht die Zeit mitzugestalten, in der er lebt. Ich habe immer Reisen gemacht, um zu mir selbst zu finden.

Michael Menzel: Wenn ich die Headline als Werber lese, sagt sie mir erstmal nichts und deshalb würde ich den Copytext gar nicht erst lesen. Journey habe ich am ehesten gleichgesetzt mit Adventure. Immer was Neues.

Michael Erlhoff: Das klingt schön. Es nimmt das Prozeßhafte auf. Und wenn es das auch durchhalten kann, etwas surfend, kommt es mir gut vor.

Kurt Weidemann: Journey heißt etwas Neues erleben und Abenteuer bestehen und das kann man in unserem Beruf, weil er unglaublich in Bewegung ist. Wir stecken kulturell in einer tiefen Talsohle, ähnlich wie am Ende des vorigen Jahrhunderts, als alles nur noch zweiter Aufguß war. Ich glaube, daß wir vor einem ganz neuen Aufbruch stehen. Meine Hoffnung hat noch keinen Namen. Life is a journey! Meine Geschichte, meine Entwicklung is a journey. Aber ich möchte nicht nur laufen, sondern auch mal Versenkzeiten haben, langsam denken. »I write with the speed of two lines an hour.« Ist einer der schönsten Sätze von Dylan Thomas.

»design is a journey?«

Axel Kufus: So soll es sein. Viele Tätigkeiten und Berufe sind »a journey«. Wege zu gehen in etwas Offenes, wobei das Erfinden von Möglichkeiten der Arbeit ein Teil der Arbeit ist, ginge mir sicherlich nicht nur als Designer so.

Rolf Heide: Ein Abenteuer – man weiß nicht, wie es endet.

Jürgen W. Braun: Dieser Titel müßte alle Funktionalisten ärgern, da sie glauben, daß es zu jeder Aufgabe nur eine richtige Lösung gibt – Design könnte nur eine Punktlandung und keine Reise sein. »design is a journey« klingt gut. Jede Generation hat das Recht, auf der Designreise die Lebensbedingungen neu zu definieren. Es wäre doch furchtbar, wenn wir im Einheitsschritt daherkämen: gleiche Schuhe, gleiche Unterhosen, gleiche Stifte, gleiche Stühle, gleiche Lampen, gleiche Häuser, gleiche Klinken... die Welt würde zu einem großen funktionalistischen Designgefängnis. Man müßte sich auf Ihre Designreise begeben, um nicht zu ersticken.

Michael Klar: Ich kann nichts mit dem Titel anfangen, ehrlich gesagt.

Wolfram Siebeck: Der Nierentisch wurde als modernstes Design gefeiert und die Zitronenpresse von Starck gehört in zwanzig Jahren zum Kitsch. Manches allerdings hält sich. Der Knollsessel, der Eames Stuhl oder die Thonet Stühle. Bei diesen Produkten kann man durchatmen. Insofern ist Design eine Reise durch den Zeitgeist. Design ist eine Reise und Kochen ist eine Expedition.

»Designer sind

Rempen & Partner 1994:
Thomas Rempen, Monika
...nuth, Stefan Telegdy,
...go Heintzen. P.C. Patzelt
...m als fünfter Partner
...96 dazu.

Geboren 1945, verheiratet, vier Kinder. Nach dem Abitur und dem Studium der Bildenden Künste an der Kunstakademie in Stuttgart wechselt er aus Interesse an der Werbung zur Werkkunstschule in Wuppertal.

1969 beginnt er als Art Direktor bei der Doyle Dane Bernbach Werbeagentur in Düsseldorf.

Mit Anton Hildmann und Gerd Simon gründet er 1972 die Werbeagentur HSR in Düsseldorf. Zwei Jahre später stößt zu den drei Gründungspartnern Helmut Schmitz dazu. Seitdem gibt es Hildmann, Simon, Rempen & Schmitz in Düsseldorf.

1985 verläßt Anton Hildmann die Agentur, Thomas Rempen wird Chairman und Sprecher der Geschäftsführung. 1989 wird Thomas Rempen zum »Werbemann des Jahres« gewählt.

1993 gibt Thomas Rempen seinen Austritt aus der Gesellschaft HSR&S bekannt und gründet zum 1.1.1994 mit neuen Partnern die Werbeagentur Rempen & Partner GmbH in Düsseldorf. Sie wird 1995 zur »Newcomer Agentur des Jahres« gewählt. Thomas Rempen ist Mitglied des Designbeirates von Siemens in München und im Vorstand des Design Zentrums Nordrhein-Westfalen.

Die wichtigsten Kunden, für die er verantwortlich war, waren Daimler Benz, ERCO Leuchten, Veltins Bier, B.A.T., Gruner & Jahr, Siemens Elektrogeräte, Osram, Nikon, REWE, Microsoft.

Rempen & Partner betreut mit heute ca. 120 Mitarbeitern u.a. Microsoft, Siemens Elektrogeräte, Toshiba, die Deutsche Post AG und Mazda.

schüchtern«

Wie würdest Du das bezeichnen, was Du tust?

Werbung. Wenn ich im Hotel bin, schreibe ich als Berufsbezeichnung immer »Werber«.

Wie bist Du zur Werbung gekommen?

Durch Zufall, wie alle Werber.

Du hast doch angefangen Werbung zu machen in einer Zeit, in der Werbung nicht sonderlich populär war. Stichwort: 68er.

Es war für mich auch nicht populär, sondern interessant. Ich habe in Stuttgart angefangen, Kunst zu studieren. Das wurde aber schnell langweilig. Da war viel Essig und Öl dabei, Linolschnitt, Lithografie. Wenn man alle Techniken durch und kein intellektuelles Ziel vor Augen hat, dann wird's einfach langweilig. Mich interessierte Film und die ersten Werbekampagnen, zum Beispiel VW. Das fand ich spannend. Da fing Werbung an zu laufen, vorher war es Reklame. Kurt Weidemann hat damals an der Akademie in Stuttgart Vorträge gehalten und den Type Directors Club New York und den ADC vorgestellt. Das wollte ich studieren und Weidemann empfahl mir, nach Wuppertal zu Albrecht Ade zu gehen. Das war 68. Es gab dort ein richtiges Satzstudio, ein Fotoatelier und ein Trickfilmstudio. Wir konnten also als Studenten anfangen, Werbung zu machen.

Ist an Dir dieser Prozeß von 68, in dem Werbung etwas Verwerfliches hatte, vorübergezogen?

Nein. Ich war im SDS, auf der Straße. Ich war immer eher links. Aber das Thema Werbung war interessant. Es hat mich interessiert, den Fuß in die Tür zum Empfänger zu kriegen. Im Grunde meines Herzens war ich immer so was ähnliches wie ein Verkäufer, und ich sehe auch heute Werbung nicht unter den Aspekten Kultur, Moral und Ethik. Werbung hat ein klaren Auftrag: Werte und Leistungen vermitteln. Was vorverkaufen.

Gab es zu der damaligen Zeit Vorbilder, und gibt es sie noch heute?

Damals gab es ein Vorbild: DDB, das war die erste wirkliche Werbeagentur in Deutschland, die nicht mehr Reklame gemacht hat. DDB wurde aus den USA hierher gebeamt. Helmut Schmitz,

Eine der ersten doppelseitigen Anzeigen für den VW-Käfer, die Thomas Rempen an der Werbung fasziniert hat.

der später mein Partner wurde, war Creative Director. Als ich meinen Abschluß an der Werkkunstschule hatte, existierte DDB schon ein paar Jahre, und ich hatte den Riesendusel, als junger, diplomierter Grafik-Designer mit Mäppchen und Probeaufgabe

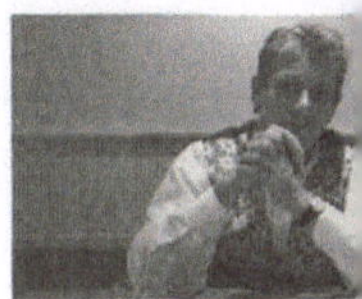

genommen zu werden. Das war das Größte. Ich bin direkt in die
damals für mich attraktivste Agentur aufgenommen worden.

Ist Deine intensive Auseinandersetzung mit Typografie in der Werbe-

branche ungewöhnlich? Woher kommt Deine Affinität zur Schrift?

Ich bin kein Typograf. Aber es gibt häßliche Schriften und schöne
Schriften. Welche, die gut lesbar und welche, die schlecht lesbar
sind.

Zuerst gibt es in der Werbung den strategischen Bereich – wie
positioniere ich die Sache, die ich zu bewerben habe, was ist die
große Idee, der Stil?

Zweitens den ästhetischen Bereich: Häßlichkeit verkauft sich
schlecht, hat keine Qualität. Das ist der Grund, warum wir uns da
extra Mühe geben müssen. Viele Unternehmen und Marketingleute wissen, daß Werbung selffulfilling prophecy ist, daß sie das
am schnellsten änderbare Marketing-Instrument ist, daß sie
Magnetcharakter hat und dokumentiert, welche Wertigkeit Unternehmen und Marken haben können. Daraus entsteht die Notwendigkeit, sich viel Mühe zu geben und keine Kosten zu scheuen,
um Dinge auch wirklich schön und damit attraktiv zu machen.

Die Typografie hat eine funktionale Seite. Da gibt es eine Botschaft, die soll interessieren und gefallen, die soll ich lesen können.
Und dann hat Typografie auch einen gestalterischen Aspekt:
was paßt gut zu welchen Marken und Botschaften? Informations-
kampagnen sehen anders aus als Modekampagnen. Wenn ich
für ERCO arbeite, muß das anders aussehen als für JOOP. Differenzierung und die Bemühung um Wertigkeit macht auch den
Erfolg von Marken aus. Das ist Qualität und Esprit als Form.

Wir haben mal eine Packungsserie für die Naturheilmittelserie
Paracelsus gemacht. Da haben wir für die Packungsgestaltung aus
alten Folianten Buchstaben einzeln rausvergrößert und
neu zusammenmontiert, weil es den Setzkasten mit dieser Schrift
nicht mehr gab. Das ganze Kleingedruckte wurde riesig groß
angelegt und nachher verkleinert – eine irrsinnige Arbeit, aber es
hat sich gelohnt. Das Produkt hatte seinen authentischen
Charakter und wir die Goldmedaille vom ADC.

Wie würdest Du – in Kurzform – Werbung definieren?
Werbung ist der Versuch, mit einer großen Gruppe von Menschen,
die man persönlich nicht kennt, zu kommunizieren und ihnen
interessant zu zeigen, was man zu bieten hat.

Also ist Werbung Information?
Ja, Information, aber auch Gefühle. Es gibt doch eine ganze Menge
Produkte, die man gut kennt: zum Beispiel Mercedes, Nivea,
Marlboro oder die Dresdner Bank. Wie kann sich die Marke mit
ihrem Leistungsspektrum und ihren Perspektiven darstellen?
Der Werbechef von Mercedes, Herr Pläcking, hat keine Gelegen-
heit, bei jedem vorbeizugucken und zu fragen: »Tach, wie gehts?
Fährst Du immer noch Deinen alten Volvo? Ich würde Dir ja
gerne einen neuen Mercedes verkaufen. Guck mal, was ich für tolle
Autos habe.« Weil er das nicht kann, muß er sich über die Medien
an die Kunden wenden.

**Kurt Weidemann schreibt in seinem Buch »Wortarmut«: »Werber sind
Wegelagerer am Rande der Gesellschaft«. Das bedeutet doch, daß
Werbung nichts Neues entwickelt, nicht konstruktiv ist, sondern auf
einer zeitgeistigen Welle schwimmt.**
Was die Wegelagerer angeht: Kurt hat das sicherlich geschrieben,
als er schon zwei Grappa drin hatte. Ihm gelingen immer solche
lustigen Formulierungen. Gott sei Dank, irgendwie hat er ja auch
immer ein bißchen recht.

Unsere Kunden respektieren uns heute im allgemeinen als
Generalisten, die über die besten Chancen im Markt nachdenken.
Ich habe in meinem Leben Glasflaschen und Pappschachteln
entworfen, Logos und Namen ausgedacht und in Form gebracht,
das Design und den Preis von Produkten diskutiert. Wir machen
in unserer Agentur Film, Anzeigen, Plakate, Direktmarketing,
Verkaufsförderung, Messegestaltung, Software-Design und Tele-
marketing. Wir tummeln uns in all diesen Bereichen. Wir versuchen das Kommunikations-Piano zu spielen und das hat viele
Oktaven. Erfolgreiche Werbung ist immer eine konzentrierte
Aktion, oder – wie wir sagen – moderner Zehnkampf.

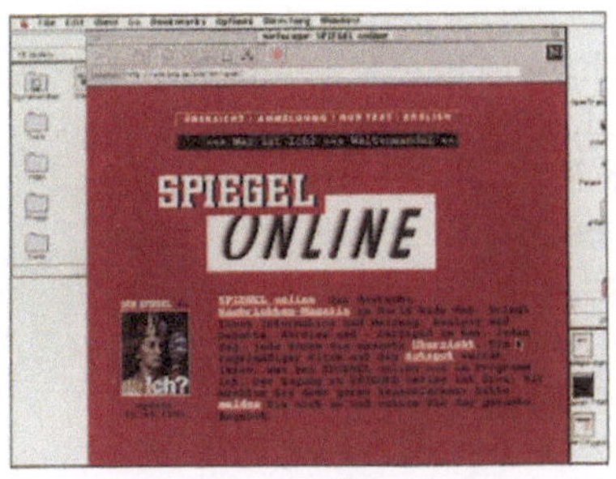

Zur zweiten Frage: Es gibt keinen Zeitgeist. Der Druckunterlagenschluß ist immer schneller als der Zeitgeist. Darum kann ich nicht zeitgeistig arbeiten. Ich lebe natürlich mit dieser Zeit. Ich bin ein normaler Durchschnittsmensch. Ich liebe alles, was neu und interessant ist. Vom Mountainbike bis zum Computerspiel. Werbeleute sind eben auch typische Konsumenten. Daraus entsteht vielleicht das extra Interesse an so vielem. Wir sind nicht zurückgezogen und sagen:»Ich interessiere mich nur für norditalienische Weine und mache nur Wanderungen im Odenwald.« Der klassische Werbemann ist universell interessiert.

Verstehst Du Dich als Generalist?

Ich habe Bücher und Filme gemacht, Tapeten- und Textildesign. Ich spiele Klavier und habe Musik produziert. Ich habe ein paar Patente, Lautsprecher und Christbaumständer entwickelt, und halt auch Werbung. Ich kann alles ein bißchen und vielleicht nix perfekt. Ich finde es total spannend, ein neues Gericht auszuprobieren. Ihr interviewt ja noch Wolfram Siebeck. Der hat mal gesagt, Kalbshaxe müsse man sechs Stunden bei 90 Grad kochen, damit das Fleisch weich und lecker, statt zäh und langfasrig wird. Das hatte ich noch nie gehört: Fleisch unter 100 Grad garen. Das mußte ich sofort probieren. Jetzt kann ich die Kalbshaxe. 6½ Stunden bei 90 Grad, mit Zwiebeln, Mohrüben, Knofi, Tomaten, Anchovis und schwarzen Oliven. Prima.

Außerdem mache ich gerne Fahrradtouren und Kanutouren. Ich bin durch Wüsten und über Gletscher gelaufen und im Urwald gewesen, auf den Bergen und unter Wasser – überall, wo es irgendwie abenteuerlich ist. Vielleicht paßt mir mein Beruf, weil er so etwas will und ermöglicht.

Der Werber als Abenteurer?

Wir müssen gerade eine neue Kampagne entwickeln und haben noch nicht die herausragende Idee. Das ist wie der Eingang in die Wüste, ein Horror vacui. Du mußt die Aufgabe verstehen, den Kunden verstehen, das Umfeld verstehen, den Markt verstehen, du mußt das kennen, was in den letzten 10 Jahren gemacht worden ist, was gab es Aufregendes aus dem Ausland, was gibt es also schon und was könnte noch neu sein. Die Fachleute entdecken nach den Yuppies gerade die sogenannten »Fraktalen

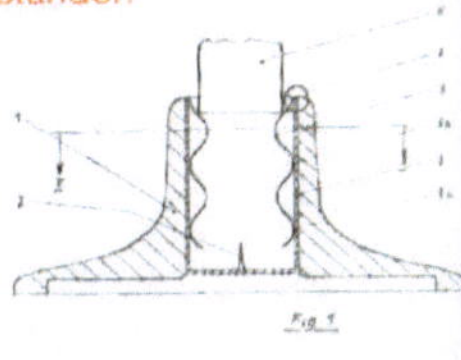

Auszug aus der Patentanmeldung für einen Christbaumständer.

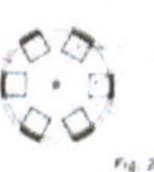

Zielgruppen«, die nicht kalkulierbaren Menschen und ihre Interessen. Der Verbraucher ist ein Mensch zwischen Aldi und Armani. Die Märkte sind nicht mehr universal, sondern multiversal. Die Verbraucher entziehen sich gewissen Kategorisierungsversuchen. Es ist aufregend, eine Sache zu machen, die für diese unfaßbare Masse ein Hit werden soll. Am besten hilft da, wenn man sich auf die Botschaft besinnt, auf das Unternehmen und das Produkt, für das man arbeitet. Opportunismus war noch nie ein Grund für Erfolg. Der Erfolg ist ein Abenteuer.

»Fraktale Kampagnen«, »Schaffung von Mythen«. Ist das die Werbung der Zukunft?

Man kann doch keine Mythen wollen und planen, sondern nur Erfolg. Mythen sind der Ausdruck großer emotionaler, sentimentaler Zuordnung. Meist geht es da um Dinge aus der Vergangenheit, nicht um die Zukunft. Visionen sind nicht Mythen. Mythen entwickeln sich aus Traditionen. Der VW-Käfer ist Mythos geworden, der Golf noch nicht. Solange Mercedes sich als Mythos oder Legende gefeiert hat, war das sogar gefährlich für die Marke – jetzt hat sie eine Zukunft und Visionen. Zum Anfassen. Ich habe lange für Daimler-Benz gearbeitet und hatte viele Gespräche mit Technikern von Daimler-Benz. Da gab es mal einen Mann, der war verantwortlich für die Türschlösser in den modernen Sicherheitszellen. Der hatte nur diesen Ausschnitt vom Auto. Den hab ich gefragt: »Sagen Sie mal, Sie sind jetzt fast 60 Jahre alt, Sie gehen bald in Pension und machen Ihr Leben lang Türschlösser. Warum? Ehrliche, großartige Antwort: »Wenn i mol in's Grab schdeig, dann geht jedes Schlößle auf, egal was

passiert.« Der Mann hatte ein wirkliches Qualitätsziel. Die Summe dieser Ziele in den Köpfen dieser Menschen machen die Qualität einer Marke. Für manche wird sie später darum vielleicht zur Legende und zum Mythos.

Du hältst davon also nicht viel?

Ich mag diese großen, heiligen Worte nicht so sehr, ich will nicht schwelgen – ich will meinen Tag nutzen.

Nach welchen Kriterien beurteilst Du den Erfolg einer Werbekampagne?

Eine erfolgreiche Werbekampagne ist eine, die erstens verkauft und zweitens über den Tag hinaus im Gedächtnis bleiben wird als ein gutes Stück Arbeit – wie eine gute Schreiner-Arbeit. Erfolg-

reich muß sie auch in der Innenwirkung sein. Zielgruppe Nummer
eins einer Werbekampagne sind die Leute in dem Unternehmen,
die die Kampagne in Auftrag gegeben haben. Klar. Werbung verkauft ja normalerweise nicht direkt – das machen die Verkäufer.
Aber Werbung bildet ein Bild einer Marke, die in einer Werbekampagne den pointiertesten, dichtesten Ausdruck erfährt. Wenn
man in der Werbung zum Beispiel Produktqualität und gute
Ideen zum Thema macht, kann man davon ausgehen, daß die
Techniker sich auch weiter bemühen werden, die besten
Produkte zu machen. Und auch die Verkäufer werden stolz sein.

Außerdem muß eine Werbekampagne auch Unbeteiligten
Respekt abverlangen. Also allgemeines Interesse für soziale Akzeptanz wecken: auch wenn ich mir heute keinen Porsche leisten

kann, sollte Porsche ein Traum
bleiben. Wir wissen, alle 7 Jahre
kauft sich jemand eine
Kamera, alle 15 Jahre eine
Küche. Das bedeutet,
daß ich für Nikon 7 Jahre, für
bulthaup 25 Jahre an einem
möglichen Käufer vorbeiwerbe.

Die Konditionierungsaufgabe der Werbung ist, meine möglichen
Kunden auf ihren Tag X vorzubereiten. Bis dahin ist die Werbung
Synonym für die Qualität des Produkts, ein Stück Vorstellung
vom Marken-Wert und vom Marken-Erlebnis.

**In der Werbung muß man davon ausgehen, daß die Zielgruppe jeweils
nach bestimmten Kriterien »funktioniert« und die Reaktionen und Kauf-
bereitschaft planbar sind. Hat Deine Arbeit in der Werbung Dein
Menschenbild irgendwie verändert? Bist Du vor 25 Jahren mit anderen
Wertvorstellungen in diese Branche eingetreten?**

Vor 25 Jahren war ich 25 Jahre jünger. Aber man wird durch
die Arbeit als Werbemann zum Freund des Menschen. Ich jedenfalls kämpfe immer wieder darum, daß man den Verbraucher
als mündigen Menschen betrachtet, und nicht als Doofkopp. Wir
müssen unsere Kunden ernst nehmen. Wenn wir uns jetzt den
Spiegel nehmen und gemeinsam alle Anzeigen von A bis Z laut
vorlesen, brauchst du spätestens nach der zehnten Seite das erste
Glas Whisky. Wenn du am Ende bist, ist die Flasche leer. Wenn
ich mit meiner Nachbarin so reden würde, wie die Werbung es tut:
»Hast du doof, bist du krank, willst du warme Milch?«, die
würde mich für bescheuert halten. Nur wenn man die Leute ernst
nimmt, sind sie bereit, auch das Angebot ernst zu nehmen.

Die bekannteste Anzeige
aus der Werbekampagne
für Nikon von 1993

**Die meisten Kampagnen halten das Volk für doof und »tümlich«.
Was steckt dahinter? Warum sieht Waschmittelreklame immer so
finster aus?**

Ich weiß es nicht. Ich habe nie Waschmittelreklame machen
dürfen. Ich hatte nur Kontakt zu Unternehmen, die Waschmittel
herstellen. Wir haben für Henkel mal kurze Zeit eine neue Pril-
Kampagne gemacht. Sie war überraschend erfolgreich, aber
dennoch nur kurz im Markt. Ich weiß heute noch nicht so recht,
warum. Diese Unternehmen haben eine ganz eigene Kultur.
Es fiel mir außerordentlich schwer, mit den durch zahllose Tests
und Marktforschungs-Untersuchungen verformten Köpfen durch
meine Wand zu gehen. Wir haben uns einfach nicht verstanden.
Die haben eine eigene Chemie und ihre eigene Sprache.

**Peter Schmidt sagt, er könne, wenn er durch einen Supermarkt geht,
an der Verpackung erkennen, wie das Unternehmen strukturiert ist.**

Ja, das meine ich: da gibt es den Product-Assistant, den Produkt-
manager, den Marketingmanager, den Supervisor etc. Die arbeiten
nicht nur für das Produkt, sondern für ihre Karriere und gegen
andere. Für viele von denen sind wir Werber nur Lieferanten. Wenn
ich das akzeptiere sind auch unsere Ideen geliefert.

**Warum hat Werbung bei Designern in der Regel ein eher schlechtes
Image?**

Ich glaube, Designer sind schüchtern. Ich glaube, Designer haben
oft ein schlechtes Gewissen. Ich glaube, Designer sind oft neidisch.
Ich glaube, Designer sind oft arm. Ich glaube, Designer sind
oft unsicher. Ich glaube, Designer sind oft zu eitel. Ich glaube,
viele Designer sind zu chic. Ich glaube, Designer sind esoterisch.

Ich glaube, Designer sind oft verbohrt. Ich glaube, viele Designer
dienen oft einer anderen Sache als dem Erfolg.

Ich glaube, das Selbstverständnis vieler Designer ist gestört.
Allein durch die Inflation des Begriffs Design: es gibt Fotodesigner,
Haardesigner, Pelzdesigner und jetzt auch noch Designerdrogen.
Es ist gut zu sagen: ich bin Dekorateur oder Stylist. Stylisten sind
aber keine Designer. Viele Designer, die heute studieren, wissen
nicht, was sie an der Welt verändern können und wollen. Sie zu
verschönern ist die eine Sache. Das hat mit dem wirklichen Wert
und dem Ziel der Design-Aufgabe aber nichts zu tun.

Ich denke, die Werbeleute sind direkter, nachdem sie ihr
schlechtes Image als heimliche Verführer und Filous überwunden
haben. Marketing und Werbung haben heute ein klares Profil,
auch in der Prestigeleiter der Berufe.

Kann der Designer am Entwurf der Welt mitwirken?

Ja, natürlich, wenn er Ingenieur ist. Viele verstehen sich aber nicht
als Ingenieur. Was aber auch daran liegt, daß viele Unternehmen
die Designer auch nicht als Ingenieure verstehen wollen.

Die Vorbilder, z.B. Dieter Rams, oder Charles Eames, haben ein
anderes Bild von der Welt als ein Philippe Starck. Der ist ein ego-
zentrischer Stylist, ein großartiger Künstler. Der Mann inszeniert,
das ist Mode.

Und das ist nicht die Moral des Berufs, die Otl Aicher gemeint
hat, wenn er sagt: »Der Designer ist ein Moralist, seine Tätigkeit
besteht aus Wertungen.«

Habt Ihr Probleme in der Agentur mit neuen jungen Grafik-Designern,

die zu dieser »unsicheren, schüchternen« Spezies gehören?

Es gibt zwei Charaktere unter den Grafik-Designern. Es gibt den
pragmatischen Macher, der sagt: »Was soll das Geschwätz?
Laß gucken, wie sieht das aus?« Der probiert aus, übt Herz und
Verstand mit dem Auge. Für den sitzt das Auge vor dem Verstand. Es gibt aber auch die Hypersensitiven, oft schwülstig, oft
mit feinster Delikatesse und mit vorsichtigster Wortwahl: sich
an eine Sache »heranwagen«, einen »Ansatz finden«, der noch
optimierungsfähig ist und es »außerordentlich apart« finden, wenn
sich eine 12 Punkt Schrift mit einer stummfeinen Linie von
einer 24 Punkt halbfett trennt, in Korrespondenz tritt mit einer
weißen Fläche, die gegenüber einer durchscheinenden grauen
fast transparent wirkenden Illustration steht, und darüber lang
philosophieren können. Auch fein, aber ich sehe das und sage
vielleicht: »Kapier ich nicht, find ich steinlangweilig. Was willst
du damit sagen?«. Will sagen: ich komme mit allen Typen klar.

Wie würdest Du den Designanspruch von Rempen & Partner formulieren?

Mit dem Design ist es bei der Werbung schwierig. Wir sind noch eine sehr junge Agentur, die von der Motorik des ewigen Unzufriedenseins getragen wird. Immer, wenn was fertig ist, finde ich es schon wieder alt. Das ist eine Macke, die vielleicht auch ihr Gutes hat.

Wir wollen für unsere Kunden gute, klare, pointierte, ausdrucksstarke Sachen machen, die in Sprache und Bild einen eigenen typischen Charakter entwickeln – die sich wohltuend differenzieren von anderen Meldungen im Wettbewerb der Meinungen.
Zum Design: schön muß es sein, lebendig und interessant. Es muß Freude machen.

Gibt es in Bezug auf die Ökonomie einen Konflikt zwischen dem, was Du willst und dem, was Du tust?

Es darf nie einen Konflikt mit der Ökonomie geben. Wir müssen erst gute Arbeit machen, dann verdienen wir auch Geld damit, weil unsere Idee ihr Geld verdient. Also erst die Qualität, dann das Geld. Natürlich muß man aufpassen, daß man nicht zu doofe Verträge aushandelt. Aber jeder Kunde hat ein gesundes Interesse daran, daß seine Agentur nicht pleite geht.

Wie organisierst Du Kreativität in Eurer Agenturstruktur? Wie gestaltet Ihr Abläufe transparent und durchgängig?

Erste Regel: es gibt keine Kreativen erster und zweiter Klasse. Auch wenn du einen jungen Texter hast, nimm ihn für voll, gib ihm Verantwortung, riskier was mit ihm.

Zweite Regel: hab keine Kreativen, die entweder Filme machen
oder Anzeigen, sich aber nicht um Salesfolder, Direkt-Marketing,
Literatur, Design-Programme und Packungen kümmern. Rege
an, daß sich ein Team um den gesamten Auftrag kümmert, weil die
Arbeit auf allen Gebieten besser wird. Wie gesagt: die Königsdisziplin der Kommunikation heißt »moderner Zehnkampf«.

Dritte Regel: sorge für Tempo. Man muß ein Temperament entwickeln, aus dem sich was entwickelt. Du kannst ein Rennen
nicht im Leerlauf gewinnen, sondern nur mit Vollgas.

Vierte Regel: bau eine Familie auf, ein Team. Dazu gehört auch,
daß einer problemlos mal drei Tage wegbleiben kann, wenn
die Schwiegermutter krank ist. Es gehört ein soziales Verständnis
dazu, Freundschaft, echte Kollegialität, weil alle an allem beteiligt
sind, sind alle unsere Mitarbeiter auch am Erfolg – also am
Agenturprofit – beteiligt: 25 % aller Profits werden an die
Mitarbeiter ausgeschüttet werden – ob Sekretärin, Kaffeefrau,
Bote oder Kreativdirektor.

Noch eine ganz persönliche Formel: Es gibt nur schwarz oder
weiß und gut oder schlecht. Es gibt nicht »Find ich schon
ganz ordentlich«. Das gehört nicht zu unserem Wortschatz. Vielleicht: »Die Idee ist Klasse, aber der Rest ist totale Scheiße.
Schmeiß es weg!« oder: »Find ich sensationell. Her mit dem Ding!
Wehe, du verkaufst das nicht dem Kunden!«

Wer macht den Kontakt zum Kunden?
Den machen die Kontakter. Es gibt übrigens auch viele Kreative,
die tolle Kontakter sind.

Und die »Kreativen«? Sind die bei den Präsentationen dabei?
Oft ja. Wir sind vier Kreative und ein Kundenberater als Gesellschafter hier. Von daher sind die Kreativen bei Präsentationen
eigentlich immer vertreten. Wir wollen auch, daß die Kreativen
den Kunden kennenlernen. Nur, wenn man weiß, was das für
Menschen sind, kann man das richtige Verständnis auch für die
Aufgabe entwickeln. Unternehmen werden nicht von Organi-
grammen gemacht, sondern von Menschen, sie haben eine Seele.
Man muß nicht nur den Job, sondern auch die Kunden mögen –
das macht alles leichter.

**Wir würden gerne nochmal einen Schritt zurückgehen. Wie war das
bei HSR+S. Welche Idee stand hinter diesem Laden?**
Das war kein Laden, sondern eine Werbeagentur. Die Idee war,
gute Arbeit zu machen. Sonst nix. Wenn Euch interessiert,
wie es dazu gekommen ist: Hildmann, Simon und ich (Helmut
Schmitz kam erst zwei Jahre später dazu) arbeiteten in einer

Tochtergesellschaft von DDB, die hieß Promotion Plus. Hildmann
war Geschäftsführer, Simon war Creativdirektor und ich
kleiner Grafik-Arsch, neuhochdeutsch: Art Direktor. Wir haben
im ersten Jahr ordentlich Profit gemacht für DDB. Und beim
»Siebzehn-und-vier« hab ich dann mal gesagt: »Jungs, sollen wir
uns nicht selbständig machen? Soviel Kohle – ist doch echt
schade – bei dem Gehalt, das ich kriege.« Warum sollten wir das
nicht riskieren? Der Markt war da, auch die größte Werbeagentur
hat einen winzigen Marktanteil von nur ein paar Prozent – da
war noch Platz für Mut, neuen Schwung und neue Ideen. Dann
waren wir selbständig und eigentlich ein Flop – in den ersten
zwei Jahren hat uns keiner beachtet. Aber dann kam ja Helmut
Schmitz zu uns.

**Wie kamt Ihr zu so vielen designorientierten Unternehmen? ERCO,
Vitra, bulthaup bzw. wie kamen die zu HSR+S?**

Das war wohl auch Glück. Wir hatten Kampagnen für Schlank-
heitsmittel, Verlage, Bier, Shampoo und so gemacht. Irgendwie
sahen die so aus, daß ein Herr Maack von ERCO meinte, er könne
uns seine Werbung anvertrauen. Ich mochte Design damals, aber
wir haben uns noch fragen müssen, ob man in den Anzeigen
überhaupt »Design« schreiben dürfe, weil die Leute ja »dehsiegn«
lesen und nichts verstehen würden. Das Wort kannte damals
noch kaum jemand. Die ERCO-Kampagne war dann von Anfang
an ein großer Erfolg. Da wurden bulthaup, Vitra und andere
aufmerksam. Ich schrieb meine ersten bösen Kommentare in der
»form« zum »Leiden des Design in der Werbung«. Mich hat

damals schon geärgert, wie wertvolle Gegenstände, die vielen
Mühen der Designer entsprungen waren, nachher in der Werbung
kaputt geworben werden. Ich habe über Gebrauchsanweisungen
gewettert, weil's mich geärgert hat, daß man sich ein teures Auto
kauft, und Du bekommst eine totretuschierte, billige, dämliche
schwarz/weiße Flatterbroschüre, die unverständlich erklärt, wie
der Kofferraum aufgeht. Und mit Dir wird da geredet, wie mit
einem Sonderschulabgänger – saublöd und dämlich.

**Wie war die Zusammenarbeit mit ERCO? Otl Aicher hatte ERCO
erheblich geprägt und viele Dinge vordefiniert. Gab es dort
Auseinandersetzungen?**

Wir fanden viele Dinge von Otl Aicher gut, nein: hervorragend.
Und die, die wir nicht gut fanden, mußten debattiert werden.

Den Otl habe ich immer sehr gemocht und sehr bewundert. Er
war anständig, Vordenker, Mitdenker, Macher, Moralist. Und
er war bodenständig. Der Mann hatte Lehm an den Schuhen,
Dreck unter den Fingernägeln. Der hatte ein klares Hirn und ein
grades, offenes Herz. Bei ERCO habe ich ihn als Vordenker gerne
akzeptiert – nicht, weil er der hohe Priester der Marke ERCO
war, sondern weil er in den Debatten auch handwerklich an der
Sache war. Ich habe viel von ihm gelernt. Natürlich gab es
Auseinanderetzungen, aber immer an der Sache und immer für
die Marke.

Ja, und dann die Rotis – eine wunderschöne Schrift. Jetzt ist der
Mann tot wegen eines saublöden Unfalls. Er fehlt mir, ehrlich.

Wie siehst Du den neuen Werbeauftritt von ERCO durch Ogilvy+Mather?
Ich sehe ihn gar nicht so richtig.

Wie kam es zum Bruch mit der alten Agentur?
Meine ehemalige Agentur HSR+S hat 1982 Anteile an die tolle,
kreative Agentur SMS in Amerika abgegeben. Seitdem hießen
wir »Hildmann, Simon, Rempen & Schmitz/SMS«. SMS war stiller
Teilhaber; eine kleine, feine Verbindung mit vielen neuen Hoffnungen.

1985 steigt Hildmann aus privaten Gründen aus und ich mußte
die Geschäftsführung übernehmen. Drei Jahre später wird
Helmut Schmitz krank. Er bleibt passiver Gesellschafter. Eine
Finanzholding namens WPP übernimmt 1989 Ogilvy+Mather
in einem »unfriendly takeover« an der Börse. SMS gehörte zu
80% Ogilvy+Mather. WPP hat dann SMS zum Verkauf angeboten.
HSR+S und SMS war paralysiert. Helmut Schmitz, Gerd Simon und
Thomas Rempen haben dann 1991 ihre Anteile gekündigt.
Wir wollten uns die Freiheit erhalten, abzulehnen, falls unsere

Ich kann nach wie vor nicht am Computer arbeiten. Ich bin Leimtopf-Art-Direktor. Vielleicht bin ich zu alt, weil ich mir nicht vorstellen will, daß dies Geknödel, was ich auf dem Bildschirm sehe, eine Bodoni sein soll. Mich stört auch die kalte Glasscheibe. Natürlich arbeite ich mit dem Computer, aber er ist für mich nur eine Schreib- und Rechenmaschine, keine Gestaltungsmaschine. Es ist trotzdem faszinierend, zu sehen, was Neues entstehen kann.

amerikanischen Partner an jemanden verkauft werden, den wir nicht mögen. 1992/93 habe ich versucht, die amerikanischen Anteile zurückzukaufen. Aber es gab keine Einigung. Im September 1993 habe ich dann meine Kündigung veröffentlicht. Ich erzähle das nur, weil Ihr mich danach fragt.

Alle deutschen Gesellschafter haben also ihre Anteile verkauft. Das war's, erledigt. Punkt.

Wenn man HSR+S mit Rempen & Partner vergleicht, was ist da der Unterschied in der Ausrichtung? Macht Ihr jetzt alles anders?

Wir sind die dynamischste Truppe, die ich mir vorstellen kann. Da ist kein Schnarchsack dabei. Wir sind, wie die Presse mal geschrieben hat, die schnellste Agentur-Gründung der letzten 20 Jahre, nachdem wir schon nach zwei Jahren etwa 140 Millionen DM Billings hatten. Wir sind schnell und unkompliziert. Und wir wollen, daß diese Agentur sich zum Zehnkämpfer ausbildet – nicht nur Hundertmeter-Sieger, nicht nur Hochsprung-Sieger, sondern in der Königsdisziplin am Ende der Beste. Wir haben heute schon in allen Disziplinen – von der Kampagne bis zum Direkt-Marketing – unsere Medaillen gewonnen. Wir haben drei Co-Gesellschaften gegründet, die erfolgreichste und inzwischen auch bekannteste ist die Online-Agentur WYSIWYG-Software-Design. In einem Jahr waren wir die erste deutsche Agentur, die von hier aus den Sprung ins internationale Geschäft gewagt hat, aus eigener Kraft. Wir haben das »Campus worknet« gegründet mit vier klasse Agenturen – WCRF in England, Australie in Frankreich, Ruiz Ni Coli in Spanien und Ata-Tonic in Italien. Wir haben eine großartige Partnerschaft unter uns fünf Gesellschaftern in Düsseldorf – das habe ich so lange nicht mehr erlebt. Es macht echt viel Spaß.

Neues Thema: Schule. Du hast selbst Grafik-Design studiert und weißt dadurch, daß Du hier Studienabgänger beschäftigst, ungefähr, was heute vermittelt wird. Wie müßte aus Deiner Sicht die Hochschulausbildung sein?

Der Nachwuchs ist viel besser als überall gejammert wird. Ansonsten habe ich ein ziemlich verqueres Verhältnis zu diesem Hochschulthema. Professoren sind fast immer Leute, die erfolglos, eitel oder müde sind. Manche allerdings verdienen auch meine Bewunderung.

Ich habe vor Jahren meine Erfahrungen gemacht. Ich wurde eingeladen zur Professur-Bewerbung und wollte damals auch. Die Studenten und viele Professoren wollten auch – endlich einer, der jeden Tag Werbung gemacht hat, ein Unternehmer. Ich habe meine

Probevorlesung gehalten, alles prima. Die Professorenkonferenz sagte mir, ich müßte als Professor montags von 9.00 bis 13.00 Uhr und mittwochs von 14.00 bis 18.00 Uhr da sein. Das ging aber nicht – ich war ja selbständig – also sagte ich: »Ihr könnt mich gerne den ganzen Montag belegen, und dann können wir auch Samstag einplanen.« »Ja, aber Samstag ist der Hausmeister nicht da, und die Schule ist zu.« Da sagte ich, das sei auch kein Problem, dann kommen die Studenten zu mir nach Hause ins Atelier. »Dann sind die Studenten aber nicht versichert« – mein Gott war das kompliziert. Nix für mich.

Heute halte ich da und dort Gastvorträge. Manchmal habe ich dann das Gefühl, daß da hundert Leute hocken, von denen zehn um 16.00 Uhr eine Verabredung zum Kegeln haben. Obwohl mein Vortrag dann vielleicht erst eine Stunde alt ist. Dann gilt die Regel: »Jeder, der nach eins gehen will, geht jetzt, und dann schließen wir die Tür ab.« Wenn ich mir für ein paar Stunden Zeit nehme und mir die Mühe mache, dann erwarte ich das von den Studenten auch. Das kommt nicht immer bei allen gut an, hilft aber.

Am Ende liegt es an den Studenten, was sie aus ihrem Studium machen, nicht so sehr an den Professoren. Die Professoren sind die Steigbügelhalter, die Tips geben.

Mein schönstes Erlebnis: Der Workshop mit neun Klassen und Professoren über unsere David Carson-Ausstellung in Düsseldorf. Toll, wie da gearbeitet wurde, klasse Klima, viele große Ideen. Die Dokumentation dazu gibt es übrigens bei uns als CD-ROM.

Durch die neuen Kommunikationsnetze wächst die Welt zusammen: Konzerne versuchen, weltweit zu operieren und ihre Kampagnen weltweit zu schalten. Führt das zur Aufhebung lokaler oder nationaler Unterschiede, wie holländisches Design, britische Werbung, amerikanische TV-Spots?

Es wird einen einheitlicheren Stil geben. Überall tragen wir Jeans, wir alle trinken Coca Cola, wir tragen BOSS. Das Web ist international, die Telekommunikation ist es, das Kino schon lange.

Früher gab es die bayerischen, die baden-württembergischen und die Berliner Schulbücher. Microsoft machts möglich. Es wird

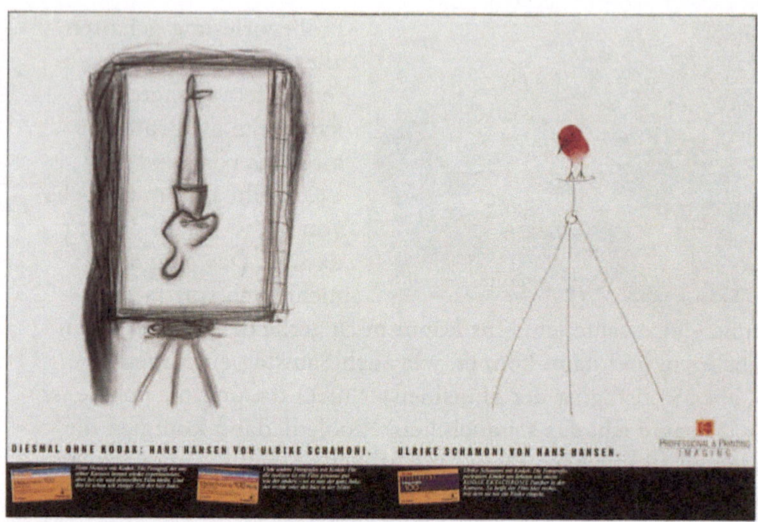

einen neuen weltweiten Standard des Wissens geben. Für alle sind
dieselben Quellen verfügbar und lesbar. Es wird immer mehr
Weltkampagnen geben, die großen Bild- und Sprachwelten werden
universell. Der Wettbewerb aber und der Einzelne bleiben lokal.
Das macht die Sache so spannend.

**Von welchem Projekt würdest Du sagen, »das ist vollkommen in
die Hose gegangen«.**

Gott sei Dank wenige… das Pech-Projekt unseres ersten Jahres war
die Porsche Präsentation. Da haben wir gedacht und gehört,
die sei gewonnen. War aber nicht. Wenn ich mir die neue Kampagne jetzt so anschaue…na, ich weiß nicht. Ich glaube, da hatten
wir mehr PS. Ich habe mir trotzdem einen bestellt.

Was würdest Du gerne mal machen, was Du noch nie gemacht hast?
Ich würde gerne zu Fuß von Santa Fee nach Seattle wandern. Ich
würde gerne mal mit dem Zug durch Rußland fahren. Ich würde
gerne mit dem Motorrad durch die Mongolei fahren. Ich würde
gerne einmal eine Wildwasser-Tour auf dem Rio Grande machen.
Ich würde gerne Ballon fahren – das muß phantastisch sein.
Ich würde gerne… viel Zeit haben, wie alle, die keine Zeit haben.
Ich würde gerne die Zeit haben, so gut Klavier üben zu können,
daß ich alle Etüden von Chopin wieder im richtigen Tempo
auswendig runterrasseln kann. Mehr Zeit für meine Familie, mehr
Zeit zum Leben.

**Was motiviert Dich immer wieder neu Dinge anzupacken, wieder eine
neue Agentur zu gründen? What makes you tick?**
Vielleicht die innere Unruhe. Ich bin ein Workaholic. Schlafen
finde ich steinlangweilig. Ich schlafe manchmal einige Wochen

jede Nacht nur drei Stunden und am Wochenende schlafe ich
dann zwei mal zehn Stunden, dann ist alles wieder im Lot. Alles
um mich herum ist spannend – that makes me tick.

Was die neue Agentur angeht – ich hätte ja in Ruhe mal eine von
diesen Reisen machen können, aber ich kam einfach nicht dazu.
Es hat mich mehr gereizt, mit neuen Partnern, einer neuen Situation, neuen Kunden, neuen Herausfordeungen, neuen Plänen,
neuen Ideen, neuen Zielen, neuem Glück, nochmal das zu machen,
was man immer schon wollte. Ich liebe diese Art von Risiko.
Das ganze Leben ist ein Risiko. Ich hatte auch keine schlaflose
Nacht, als wir mal eine Zeit lang ein paar Millionen Schulden
hatten. Aber keine Sorge: wir haben keine Schulden mehr.

Du bist auch Spieler?

Ja, ich arbeite gern und ich spiele gern. Alles, was wir machen, ist
auch ein wunderbares Spiel. Es gibt Regeln, an die man sich
halten muß und es gibt Freiräume, Abenteuer, Erlebniskarten, und
ich bin ein Glückskind. Aber auch Glück kommt nicht von allein:
Wer seinen Schein nicht abgibt oder ihn falsch ausfüllt, kann
nicht gewinnen.

Zum Schluß noch: wenn ich eine gewisse Unzufriedenheit mit
vielem heute habe – unabhängig von Werbung und Design – dann
ist das eine Art Bürgerunzufriedenheit. Wir müssen noch mehr
versuchen, in unserem direkten Umfeld politisch was zu verändern.

Ich bin über vieles besorgt: die Judikative in unserem Land
funktioniert nicht mehr. Es gibt keinen Prozeß, der unter zwei
Jahren abläuft. Die Legislative ist so kompliziert, daß sie
keiner mehr versteht. Den Politikern traut niemand mehr, sie sind
ein notwendiges Übel. Die Verwaltung funktioniert nicht. Du
kannst ja mal in die Städte reingucken. Alle sind pleite, die Strukturen sind total verkrustet. Es gibt keinen mehr, der irgendeine
Vision hat. Die Langsamkeit ist schon lange entdeckt.

Ich denke, daß es eine Design-Revolution braucht – eine gestaltete Revolution, eine Revolution des Denkens, die Neuentdeckung
des Abenteuers, der »journeys«, damit wir neue Strukturen
entdecken können, neue Ziele, die den Menschen ein neues Gefühl
der Zusammengehörigkeit geben. Da müssen wir was verändern –
mit Eurer Hilfe. Die Zukunft ist Eure Zukunft. Tut was!

Geboren 1947 in Berlin. Studium der Kunstgeschichte und Anglistik an der FU Berlin, nebenher betrieb er eine Setzerei und Druckerei.

Von 1973 bis 1979 war er freiberuflich als Typograf in London tätig. 1977 gestaltet er seine ersten Schriften (Block, Berliner Grotesk und LoType für Berthold).

Gründer und Partner von MetaDesign im Jahre 1979, seit 1992 auch mit einem Büro in San Francisco vertreten.

MetaDesign ist mit über 130 Mitarbeitern das größte deutsche Designunternehmen. Zu den Auftraggebern gehören der Westdeutsche Rundfunk Köln, der wissenschaftliche Springer-Verlag, die Berliner Verkehrsbetriebe, Volkswagen, Audi und Boehringer Ingelheim.

1988 Gründung von FontShop (Produktion und Vertrieb von Schriften). Lehraufträge an Hochschulen in Deutschland, Niederlanden, Großbritannien und USA.

Als Autor typografischer Fachbücher, wie z.B. »Studentenfutter«, »Ursache und Wirkung«, Jurymitglied internationaler Gestaltungswettbewerbe, Hochschullehrer und Referent ist er zu einer anerkannten Autorität in Sachen Typografie und Corporate Design geworden.

»Kein Mensch ist

Erik Spiekermann

objektiv.«

Ist das Unternehmen MetaDesign ein geplantes Ziel, ein Wunsch, an dem Du gearbeitet hast, und der in Erfüllung gegangen ist?

Seit 1979 gibt es MetaDesign. 1983 war ich allerdings wieder alleine, nachdem ich mich von meinem Partner Florian Fischer getrennt hatte. Dann kam Hans-Werner Holzwarth zu mir. Später kamen Jens Kreitmeyer und Theres Weishappel dazu. 1987 waren wir acht Leute, aber alles Freiberufler. Ich habe die Büroarbeit gemacht und die haben mir Rechnungen geschrieben. Ich glaube 1989 war es – gerade war noch Alex Branczyk dazugekommen – da hatte ich keine Lust mehr. Meine Familie war da schon kaputt gegangen. Frau weg und Sohn ausgezogen. Da sagte ich: »Haut alle ab. Ich mach jetzt alleine weiter.« Alex Branczyk meinte aber: »Nö, ich gehe nicht.« – Er ist einfach nicht gegangen.

Kurze Zeit später waren wir wieder zu fünft. Da dachte ich, wenn es mir schon nicht gelingt, alleine zu arbeiten, obwohl ich meine Freunde rausgeschmissen habe, will ich beweisen, daß man ein großes Designbüro betreiben kann, wie ich es aus Holland und Amerika kenne.

Dafür suchte ich einen Kaufmann und Akquisiteur, einen, der mit Geld umgehen kann. Ich habe deswegen Uli Mayer gefragt und sie sagte: »Ich hab gerade einen Auftraggeber aus Hannover, Hannes Krüger – bißchen jung, gelernter Banker, aber in Ordnung.« Gleichzeitig wollte Uli aus ihrer Agentur weg. So waren wir plötzlich zu dritt.

Streckenplan für die Berliner Verkehrsbetriebe

Wir wollten von vornherein elektronisch auf der Höhe sein.
Hannes hat dafür die Knete lockergemacht. Mir hätte die Bank ja
nur 100 DM gegeben, aber er hat gleich 100 000 DM gekriegt,
mit den gleichen Zahlen wie ich, nur ist er halt Banker. Er hat
mit Projektionen Spreadsheets gemacht und sagte dazu: »Profit«,
»Loss«, »Balance« und »Cashflow«: Das ist totale Phantasie,
aber die Banker glauben sowas. Schließlich wurde die Bank auch
noch Kunde.

Soviele Leute wie jetzt waren nie geplant. MetaDesign sollte bei
24 Leuten bleiben. Unsere jetzige Größe ist uns vom Markt auf-
gezwungen worden. Wir haben gemerkt, wenn wir eine bestimmte
Größe haben, konkurrieren wir mit Werbeagenturen. Die sind
leider auch so groß und haben den ganzen strategischen Kram:
Texter, Archiv, Verwaltung etc.

**Warum schaffst Du Dir einen so großen Apparat an. Was spricht für
große Strukturen?**

Ich wollte an große Jobs ran, und die muß man in großen Strukturen bearbeiten. Die Auftraggeber wollen mit Unternehmen
verhandeln, wie sie selbst eins sind – die einen Ober- und Unterbau
haben. Wir brauchen große Strukturen, um gestalterische Aufgaben zu lösen, die wir für wichtig erachten und die teilweise
gesellschaftlich relevant sind: zum Beispiel U-Bahnen und Auto-
bahnen. Die Berliner Verkehrsbetriebe nerven mich, seitdem ich
in Berlin wohne. Und das, was einen nervt, ist die beste Motivation, es zu ändern. Und ich hätte gern, daß wir in Deutschland
schöneres Geld und bessere Formulare hätten. Unser Anspruch ist

es, in diese Richtung zu arbeiten, also
gesellschaftlich relevanten Sachen durch
Design zu helfen. Sagen wir ruhig pathe-
tisch: die Umwelt zu verschönern.
Ein weiterer Grund ist ein persönlicher: ich
finde es toll, mit vielen Kollegen in einer Gruppe zu arbeiten,
weil die Dynamik unheimlich spannend ist. MetaDesign ist meine
Familie. Ich hab sonst keine mehr. Das hier ist mein Zuhause
und für viele andere auch.

**Gibt es einen Konflikt zwischen der Bedienung dieses großen
Apparates und guter Gestaltung – zwischen dem, was man will
und dem, was man muß?**

Ich habe nie den Ansatz vertreten, daß Designer die kreativen
Kreaturen sind, die man in die Ecke setzen und in Ruhe lassen
muß, bis ihnen irgend etwas einfällt: einschließen und nach drei
Tagen kommt weißer Rauch. Ich bin mit Absicht kein Künstler.

Das MetaDesign Team,
1994

Ich bin per definitionem vehementer Anti-Künstler, nicht weil ich gegen Kunst bin, sondern weil ich gegen die künstlerische Methode bin, daß aus einem was herausbricht, was man mitteilen möchte. Wir lösen Aufgaben für andere Leute. Wir teilen deren Probleme oder Vorstellungen. Außerdem gibt es einen Synergieeffekt: zu dritt kommt man auf die vierte und fünfte Idee, auf die jeder für sich nicht gekommen wäre.

Du sagtest innerhalb eines Vortrages, Designer seien unbequem, weil sie dem Auftraggeber kritische Fragen stellen müssen.

Wir werden für das, was wir visualisieren, bezahlt – dafür, daß wir ein Bild hinterlassen und dieses mit der Wirklichkeit abgleichen. Dabei entstehen kritische Fragen.

Zum Beispiel sagt der Kunde: »Wir sind ein prima Unternehmen, bei uns steht der Mensch im Mittelpunkt. Wir sind kundenorientiert und ökologisch.« Das hat jede Firma im Leitsatz stehen, aber wenn dies eklatant mit der Realität nicht übereinstimmt, müssen wir das unseren Auftraggebern sagen. Denn, wenn man ein Erscheinungsbild schneidert, das nicht stimmt, geht das nach hinten los, und wir sind am Ende schuld. Wenn es unglaubwürdig ist, heißt es, »was habt ihr für'n Scheiß Erscheinungsbild gemacht?« Wir müssen also aus Selbstzweck den Kunden die Wahrheit sagen. Wenn wir nicht nachfragen und rauskriegen, was wirklich los ist, fliegt uns das Zeug ein halbes Jahr später um die Ohren. Seit drei Jahren arbeitet MetaDesign an einem Erscheinungsbild für den Springer-Verlag. Wir haben inzwischen mit den Leuten vom Verlag intensive psychologische Grundlagentagungen gemacht. Da wurde auch auf dem Boden rumgekraucht, um blaue und rote Dreiecke zu sortieren. Wir wollten rausfinden, was das für Leute sind und was die gut finden. Präsentationen sind Glückssache. Nie würde ein Auftraggeber zugeben, daß seine Entscheidung rein emotional ist. Man findet tausend andere Gründe – vorgeblich rational, praxisorientiert und natürlich rein objektiv. Deshalb müssen wir versuchen, vorher zu objektivieren.

Welche Rolle spielst Du bei MetaDesign. Wenn man sich Eure Unternehmensgeschichte ansieht, liegt die Gleichung nahe: SpiekerDesign gleich Metamann.

Das ist nur praktisch, weil es einfacher ist, eine Person zu kommunizieren. Wenn die Presse ein Statement haben will, möchte sie immer, daß mein Name daruntersteht. Trotzdem möchte ich zeigen, daß wir eine große leistungsfähige Truppe sind. Ich muß immer dementieren, daß MetaDesign gleich Spiekermann ist.

Ein bißchen bin ich Vaterfigur. Ich bin der Einzige, der mit den Kollegen keine Konkurrenzverhältnisse hat. Für die bin ich jenseits von Gut und Böse, und meine großen Gestaltungsmomente sind in grauer Vergangenheit.

Welche Hierarchien gibt es bei MetaDesign? Arbeitet ihr mit basisdemokratischen Abstimmungen?

Wir versuchen, meine 68er Einstellung zu erhalten und ein selbstbestimmtes Unternehmen zu sein. In unserer Arbeit kann man Leute nicht behandeln wie Angestellte. Wir haben zwar einen klassischen Betriebsrat, der mischt sich aber nicht in die Tagespolitik ein.

Bestimmte Hierarchien stellen wir selber her. Zum einen sind sie durch das Gehalt definiert: Leute, die länger dabei sind, verdienen auch mehr. Dann haben wir viele Arbeitskreise: alle Projektkoordinatoren treffen sich regelmäßig, alle Senior Designer, die technisch Interessierten, die Administratoren. Eine Weile haben wir diese Sitzungen mit allen gemacht. Da haben wir sechs Stunden gesessen und uns angemeckert. Eifersüchteleien, Paarbildung und Selbstdarstellung. Das war schrecklich.

Außerdem sind wir drei Partner und haben jeder für viel Geld unterschrieben. Wenn die Firma baden geht sind Uli, Hannes und ich die nächsten hundert Jahre pleite. Wir sind verantwortlich und müssen also Entscheidungen fällen.

Du sprachst vorhin von »gesellschaftlich relevantem Design« und dem Wunsch, in diesem Bereich etwas zu ändern. Ist das ein Anspruch, Gesellschaft zu verändern – wie es Otl Aicher in seinen Büchern formuliert?

Ich möchte keine Imperative machen. Das unterscheidet mich von Aicher. Ich möchte keine Rezepte vorgeben. Ich mache es ganz einfach. Was mich nervt, von dem nehme ich an, daß es andere Leute auch nervt. Ich bin kein Missionar und kein Kleriker, auch kein Aicher. Der meinte, er müsse für andere Leute kämpfen. Ich sage, für mich funktioniert das nicht, das ärgert mich jeden Tag. Alles andere halte ich für aufgesetzt. Altruismus halte ich für ein

Plakat von 1987, Gestaltung von Erik Spiekermann, Illustration von Gottfried Helnwein

Gerücht. Bescheidenheit nehme ich keinem Designer ab. Man wird ja auch Grafiker, weil man sich darstellen will. Wir haben offensichtlich den Hang dazu, uns zu äußern – auch in visueller Form. Das ist unser Job. Wir wollen Öffentlichkeit herstellen. **Wie halten es Designer mit dem Geld? Wie wird man als Designer reich?** Es gibt die Unterscheidung: Künstler und Designer. Im Allgemeinen sehen Auftraggeber den Designer lieber als eine Art Guru. Wo Aicher was sagt, qua Status, ist das Gesetz. Und solchen Leuten billigt man zu, daß sie sehr hohe Honorare veranschlagen. Wenn du von Aicher was kaufst, dann redet man nicht über Geld. Der Rat des Gurus ist nicht in Geld aufzuwiegen. Deshalb streben viele danach, diesen Status zu erreichen, weil es irgendwie um Unsterblichkeit geht und nicht um Stunden und Tage. Diesen Status könnte ich relativ leicht erreichen. Möchte ich aber nicht, weil ich dann aus jeder Kritik bin.

Wie löst MetaDesign den Konflikt zwischen Geld und guter Gestaltung. Wie kalkuliert man kreative Arbeit?
Das ist ein großer Konflikt: Wir sind ausgebildet als Einzelgänger. Jeder ist des Anderen Konkurrent, wenn es um Studienplätze, Mittel in der Hochschule oder Diplome geht. Wir sind von der künstlerischen Seite der Ausbildung in der Hochschule darauf trainiert, uns möglichst selbst zu verwirklichen. Was wir hier aber machen, ist das Verkaufen der künstlerischen, kreativen Leistung unter wirtschaftlichen Aspekten. Das heißt, ich muß den Kollegen klar machen, daß sie nicht sieben Tage daran rumschrauben können, bis es ganz toll ist, sondern daß nur ein Tag zu verkaufen

Erik Spiekermann stellte 1990 die Schrift ITC Officina vor. Es gibt sie als serifenlose und serifenbetonte Schrift in jeweils vier Schriftschnitten. Sie war 1987 als Alternative zur Schreibmaschinenschrift für Laserdrucker konzipiert worden.

Officina Sans:
abcdefghijklmnopqrstuvw xyzßäöü
ABCDEFGHIJKLMNOPQRST UVWXYZßÄÖÜ
1234567890 (./,-&–)

Officina Serif:
abcdefghijklmnopqrstuvw xyzßäöü
ABCDEFGHIJKLMNOPQRST UVWXYZßÄÖÜ
1234567890 (./,-&–)

ist. Irgendwann muß man den Stecker rausziehen: O.k. Jungs, Bild
aus, geht nach Hause. Man kann alles besser machen, aber das
kann man nicht verkaufen. Die Firma muß, wenn sie schon keinen
Gewinn macht, zumindest keinen Verlust machen. Außerdem
wollen wir gute Gehälter bezahlen. Wir haben einen Koch, zwei
Espresso-Maschinen und kostenlos dies und das – das muß
irgendwo herkommen.

Oder man lernt Design zu verkaufen.

Das hat keiner von uns gelernt. Ich habe nie gelernt, Unternehmer
zu werden. Inzwischen kann ich es, weil ich das seit 20 Jahren
mache. Die großen Designunternehmen, die als Unternehmen
funktionieren – Landor, Ansbach Portugal und Wolff Olins – sind
inzwischen nur noch Unternehmen und keine Designer mehr. Da
sitzt zwar ein Haufen Designer, aber vorne sitzen 12 Leute
mit weißen Socken und großen Koffern, die unheimliche Scheiße
erzählen, Wahnsinnspreise für irgendwelche Recherchen verlangen
und am Ende kommt ein Grafiker und macht'n paar Pappen – so
siehts dann auch aus.

Wir wollen ein Design-Unternehmen bleiben. Designer bestimmen unser Profil, unseren Auftritt und unsere Prioritäten. Pro-
portional zum Wachstum schwindet die gestalterische Leistung,
während der Umsatz steigt. Das ist auch bei uns ein bißchen so.
Davor habe ich Angst. Das ist die größte Aufgabe: Designqualität
zu halten und trotzdem Geld verdienen.

Ist die Meta die Schrift der 90er Jahre?

Klar!

**Wie kommt man von Berthold zum Fontshop? Warum bist Du beim
FontShop wieder ausgestiegen?**

Ich bin in der glücklichen Lage, noch alle Satztechniken gelernt zu
haben: Bleisatz, Fotosatz bis zum Mac. Ich habe immer für Leute
gearbeitet, die Satz, Schrift oder Maschinen herstellen: Linotype,
Autologik, Scangraphik, Berthold, Monotype, Adobe und Apple.
Mein Verhältnis zur Schrift hat auch etwas damit zu tun, daß ich
sie angefaßt habe. Ich hatte nicht diesen Kulturschock: »Oh Gott,
jetzt darf jeder Schrift machen.« Bleisatz war schwer, teuer und

Meta-normal:
abcdefghijklmnopqrstuvw
xyzßäöü
ABCDEFGHIJKLMNOPQRST
UVWXYZßÄÖÜ
1234567890 (./,&–)

Meta-bold:
**abcdefghijklmnopqrstuvw
xyzßäöü
ABCDEFGHIJKLMNOPQRST
UVWXYZßÄÖÜ
1234567890 (./,&–)**

1985 stellt Erik Spiekermann
eine Exklusivschrift für die
deutsche Bundespost vor.
Aus dieser Schrift entsteht
1991 die Meta.

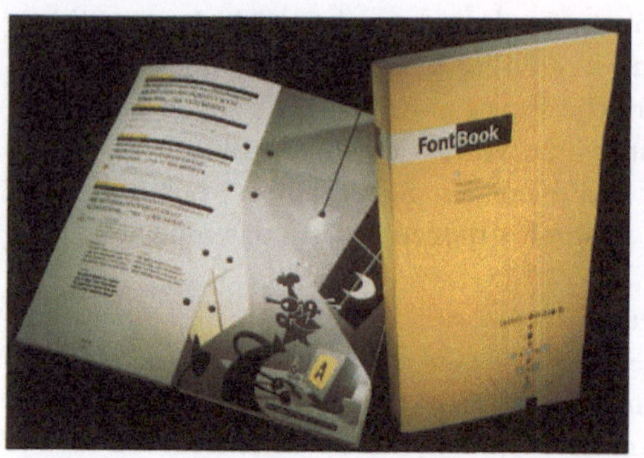

schädlich. Beim Fotosatz mußte man mit Schalen in der Dunkelkammer rummachen – ein riesen Aufwand. Die neue Technik empfand ich als Erlösung. Als ich 1985 meinen ersten Mac zur Bundespost schleppte, haben die mich ausgelacht. Ich zog meine Diskette aus der Brusttasche und sagte: »Da ist die Schrift drauf« Darauf haben sechs erwachsene Männer gelacht: »Da soll eine Schrift drauf passen. Das ist doch viel zu klein – höchstens bis 12 Punkt«. Das war dann auch mein Schlußsatz. Danach habe ich nicht mehr für die Bundespost gearbeitet.

Ich habe aber beim FontShop aufgehört, weil er zu einem reinen Handelsunternehmen geworden ist und für mich somit nicht mehr interessant war. Ich finde das Phänomen, daß Schrift zur Ware geworden ist, nach wie vor interessant. Ich habe aber kein Interesse, einen Versandhandel zu leiten. Außerdem bin ich von Joan geschieden, die damals mit mir den FontShop gegründet hat. »Spiekerwoman«, wie sie in der Branche hieß.

Warum setzt Du Dich so vehement mit einer Schriftfamilie, der Rotis, auseinander. Als Betreiber vom FontShop kennst Du doch tausende von schlechten Schriften, wäre Dir da diese eine nicht wurscht?

Nein, weil die Rotis ein Marketing-Phänomen ist. Sie ist über Nacht wahnsinnig oft verwendet worden. Das ist mit keiner anderen Schrift so schnell passiert. Schriften brauchen 5 bis 10 Jahre, um einigermaßen in Gebrauch zu kommen. Aber die Rotis erhebt laut Aicher den Anspruch, eine universell einsetzbare Schrift zu sein. Es gab zur Vorstellung der Rotis eine Presse-Konferenz. Agfa hat hunderte von Leuten nach Paris eingeflogen und ein Millionenbudget für die Bekanntmachung der Schrift ausgegeben. Und dahinter stand ein Unternehmer, Herr Maack vom Druckhaus Lüdenscheidt, der die Schrift in Auftrag gegeben hat. Es war von Anfang an eine wirtschaftliche Unternehmung, diese Schrift zu gestalten, zu produzieren und herauszugeben. Das war neu. Mit dem gleichen Geld könnte man jede Gurkenschrift verkaufen.

Deine Kritik an der Rotis ist ein wenig auch eine Kritik an Aicher und der Ulmer Hochschule?

Ich wehre mich nur gegen diese Art von Design-Stalinismus. Gegen Vorschriften, was man zu denken hat – gegen die Person überhaupt nicht. Ich bin ein Bewunderer von Otl Aicher, von seinen Büchern allemal. Und auch von der Ulmer Schule. Ich bin eher selbst ein Ulmer. Aber ich halte es für einen der großen deutschen Nachteile, daß Leute anderen Leuten erzählen wollen, was richtig ist. Das mag ich nicht.

Wie gehst Du damit um, selbst ein Vorbild zu sein?

Ich will Vorbild sein, aber nicht Guru. Wenn Leute aufhören, mich zu kritisieren oder über mich zu lachen, finde ich das gefährlich. Es gibt nichts Schlimmeres, als unkritisch irgendwas, was einem vorgekaut wird, nachzumachen.

Was sind Deine Vorbilder?

Ich habe eigentlich keine.

Früher nie gehabt?

Doch. Meinen Deutschlehrer fand ich immer toll, weil der wunderbar formulieren konnte. Und meinen Religionslehrer fand ich toll. Ich bin irgendwann aus dem Religionsunterricht ausgetreten, was in Bonn, wo ich zur Schule gegangen bin, eigentlich nicht erlaubt war. Der Religionslehrer hat mich unterstützt.

Ich fand auch meinen Kunstlehrer toll. Er hat mich zusammen mit meinem Vater nach Berlin geschickt, der meinte, er hätte genug Militär gemacht und ich solle nach Berlin gehen und nicht in die Bundeswehr. Der Kunstlehrer hat mir ein Zimmer in Berlin besorgt. Solche Leute finde ich toll. Das sind meine Helden.

Wenn wir das Unternehmen MetaDesign als »außerschulische Wirklichkeit« sähen,...

Ich habe hier schon einige hundert Leute ausgebildet – vielleicht mehr als manche Schule.

...wie müßte da für Dich eine Hochschule arbeiten?

Ich bin gegen den Praxisbezug in den Hochschulen. Ich meine nicht, daß man in der Schule keine praktischen Sachen lernen kann, aber man muß die Möglichkeit haben, alles zu probieren, zu recherchieren und zu Ende zu diskutieren. In der Schule muß man lernen, unkommerziell zu denken, quer zu denken,

Sachen auszuprobieren, die kein Kunde je haben will. Die Praxis lernt man außerhalb in zwei Wochen. Ich meine: Die Tricks, Präsentieren, Angebote schreiben. Die Praxis kann man in der Schule nicht nach-

Ich gehe bei Rot auch über
die Ampel, wenn Kinder
da stehen. Kinder müssen
nämlich lernen, daß Rot
gar nichts heißt. Sie müssen nach Autos gucken
und nicht einfach bei Grün
losrennen. Da könnt
ich doch schreiben, Regen
verboten, weil ich Sonne
will. Da richtet sich doch
auch keiner nach.

machen. In der Schule fehlt der wirtschaftliche Druck. Du kannst
Termine setzen, Budgets setzen, sogar Auftraggeber simulieren,
aber es bleibt doch immer Schule. Unter wirtschaftlichem Druck zu
arbeiten, Miete und Gehälter zu bezahlen, eine Familie zu
ernähren, das alles kann man nicht nachahmen. Diesen Existenz-
druck halte ich für einen wesentlichen Parameter für kreative
Arbeit. Wenn du weißt, du brauchst diesen Job, um Geld nach
Hause zu bringen, dann verhältst du dich anders.

**Das, was hier an Hardware rumsteht, entspricht wohl Eurem
Ansatz, technologisch auf dem neuesten Stand zu sein. Nun
habt Ihr eine Abteilung für neue Medien, arbeitet an interaktiven
Projekten und gestaltet Benutzeroberflächen.**

Ich bin kein Freund des Bildschirmlesens, aber ich bin ein großer
Freund der Vernetzung, weil ich es gut finde, wenn ich etwas
sofort erfahre. Hier im Hause benutzen wir »Quickmail«. Wenn
ich jemandem aus dem vierten Stock etwas erzählen möchte,
gehe ich nicht ans Telefon, sondern ich schreibe ein kleines Quickmail. Er hat's dann schriftlich, z.B. Termine, Telefonnummer,
längere Texte. Er kann es sich ausdrucken oder was immer er
damit machen will. Und wenn es nur heißt: hier oben gibt es fri-
schen Kuchen und Sekt, dann ist das sehr wirkungsvoll.

Die Tatsache, daß demnächst Papier kein Archivmaterial, sondern nur Referenzmaterial sein wird, erfüllt mich auf der einen
Seite mit Freude, auf der anderen Seite mit Mitleid. Aber weil das
Fakt ist, machen wir neue Medien. Papier wird sicherlich noch im
libidinösen Bereich überleben: schöne Bücher, Geschenke, Sachen
zum anfassen. Meine ganze Bücherei ginge wahrscheinlich auf
drei CD-ROMs. Aber meine Handpressendrucke von Franz Greno,
die hätte ich natürlich noch. Dann ziehe ich Handschuhe an,
damit es keine Stockflecken gibt, und sehe mir diese Bücher an.
Typografische Masturbation muß auch mal sein. Aber die
technologische Kommunika-
tion wird sich vergrößern.
Deswegen machen wir neue
Medien, weil es irgendwann
ein Geschäft wird – momentan ist es noch keines.
Die elektronischen Medien
machen im Augenblick die
herkömmlichen Medien
nach. Wir werden momentan
noch mit unheimlichem

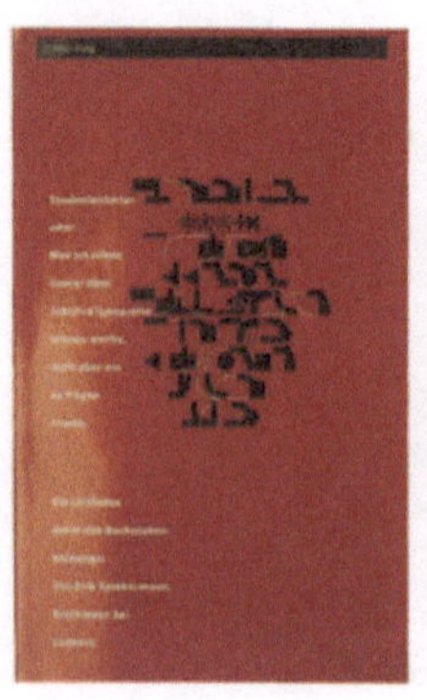

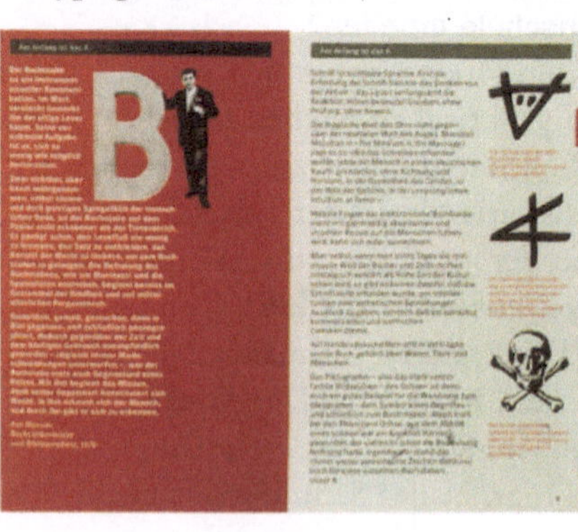

Schrott bedient. Wir können zumindest die Bedieneroberflächen
gut gestalten, auch wenn die Technik noch schlecht ist.

**Wie kam es zu der harten Auseinandersetzung in der form über das
neue DB-Logo zwischen Dir und Kurt Weidemann?**

Was wir machen, ist öffentlich, und wenn du Scheiße machst, darf
es auch »Scheiße« genannt werden. Allerdings, wenn ich so alt
wie Kurt Weidemann wäre, wäre es mir doch piepegal, was ein
Spiekermann über mich denkt – solange das keine Volksbewegung
ist und Plakate angeschlagen werden.

**Aber beim DB-Logo ist ja gerade so erstaunlich, daß es von
öffentlichem Interesse ist. Es stand in der Bildzeitung, im Spiegel,
und plötzlich kann man Kurt Weidemann bei Günther Jauch im
Fernsehen sehen.**

Irgend jemand hat diesen form-Artikel der Bahn gespickt. Und
dort hat es jemand an den Spiegel gepetzt. Von der Deutschen Bahn
waren ja auch nicht alle dafür. Deren Corporate-Design-Papst
hielt die Neugestaltung für überflüssig. Er hätte das alte Zeichen
behalten.

Das Zeichen war ein politisches Opfer an den Osten – eben
nicht mehr »Deutsche Bundesbahn« sondern »Deutsche Bahnen«.
Wenn was anderes drin ist, muß was anderes drauf. Der Meinung
bin ich allerdings nicht. Schließlich ist der Osten übernommen
worden. Die haben die DIN-Schrift gekriegt und unsere Flagge.
Kräht doch auch kein Hahn nach. Die DDR hatte die Gill auf
den Schildern, die viel schöner war.

Am besten finde ich noch Weidemanns Argument, daß das neue
Zeichen Garn spare, beim Nähen der Abzeichen.

…oder Farbe im Druck.

Dann sollte man das Zeichen doch weglassen. Das spart noch
mehr Farbe.

**Ich habe in der letzten form einen bösen Leserbrief gegen Dich
gefunden. Darin steht: »Es war längst überfällig, den giftspritzenden
Polemiker als Amateur zu entlarven.«**

In der form werde ich immer benutzt, um den Leuten in den
Arsch zu treten. Ich trau mich halt. Es kommt aber bei keinem
rüber, daß ich auch schon was gemacht habe. Ich bin doch
kein Theoretiker. Ich habe einiges vorzuweisen, worauf ich stolz
sein kann. Wenn man die form liest, denkt man, der Spiekermann nörgelt an allem rum, ist ein Miesmacher und hat noch nie
was geleistet.

Zum Beispiel hätte man in der form bei der Rotis-Debatte die
Schriften wenigstens als Schriftmuster abbilden müssen. Mein

form
Zeitschrift für Gestaltung,
Heft 144, IV–1993

Appell ist immer: Leute traut nur eurem eigenen Kopf! Wenn dann
jemand sagt, er findet die Rotis toll, ist es in Ordnung. Er darf es
nicht toll finden, nur weil jemand anders es toll findet. Wenn
jemand das DB-Logo toll findet, ist es auch in Ordnung. Ich habe
nur gesagt, daß Weidemanns Argumentation fadenscheinig ist.
Ich kann noch sehen, wie die Jungs von der Bahn da gesessen
haben: »Busenbogen, Hüftbogen! Mensch Kurti, hast ja recht!«.
Die lachen sich bestimmt tot über den lustigen Kurti. Ist ja auch
ein lustiger Typ. Wenn der vom Leder zieht, dann macht der
den Tisch leer. Er ist ein brillanter Redner.

Was würdest Du unbedingt mal gestalten wollen?
Eine deutsche Briefmarke, einen deutschen Geldschein und die
Autobahnschilder. Das sind die Sachen, die mich momentan am
meisten interessieren.

Welches Projekt ist Dir gründlich mißlungen?
Ziemlich viele: Zum Beispiel habe ich mal Texte geliefert für ein
Buch, das ein holländischer Verlag veröffentlicht hat. Da drin
sind elf Aufsätze von mir, einige von Manfred Klein und einige
von Yvonne Schwemer-Scheddin. Das Buch ist schrecklich:
schlecht gestaltet, schlecht übersetzt. Ein Buch, auf dem mein
Name groß draufsteht. Das ist mir sehr peinlich.

Dann ist mir ein Buch in Amerika deutlich mißlungen: »Stop
stealing sheep and find out how type works«. Ein Jahr hatte
ich nichts dran gemacht, dann ist eine Amerikanerin vom Verlag
aufgetaucht und hat mich zwei Wochen an den Tisch gebunden
und alles andere verboten. In zwei Monaten habe ich das Buch
geschrieben, gestaltet und hergestellt: 176 Seiten. Das Ergebnis ist
ok, aber ich habe mich mit allen Leuten angelegt. Ich war unge-
duldig und hatte eine scheiß Laune. Ich mußte jeden Tag 7 bis 10
Seiten schreiben, auf englisch, redigieren, umbrechen, mir Illustrationen ausdenken. Ich habe alle Leute angegiftet und mich

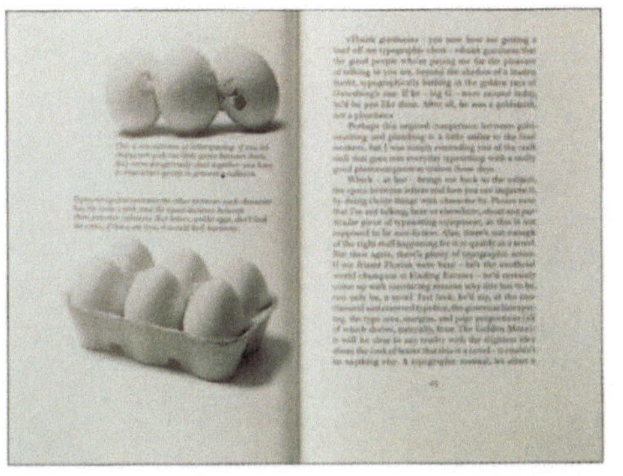

benommen wie ein Schwein. Die Stimmung war wochenlang total im Arsch. Das tut mir heute noch leid.

What makes you tick? Sachen, die mich ärgern und Sachen, die mich begeistern... Menschen und Dinge, könnte ich vielleicht druckreif sagen. Ich finde Leute ganz toll und will mit ihnen arbeiten. Sachen die mich ärgern, möchte ich ändern.

Ich hab auch mal Politik gemacht und bin immer wieder kurz davor. Ich bin natürlich Grüner. In der Politik könnte man mehr Leute gebrauchen, die einen zusammenhängenden Gedanken denken können und ihn auch äußern.

Wenn du dir anhörst, was Politiker so von sich geben: Entweder sind die alle hirnamputiert oder sie meinen, sie müßten sich so ausdrücken. Wenn ich den Satz schon höre: »Wir gehen davon aus...«, dann krieg ich'n dicken Hals.

Ich ärger mich täglich über die Berliner Verkehrspolitik. Die ist eine Katastrophe. Da müßten Leute hin, die ein bißchen Sachverstand reinbringen. Ich mach es nicht, weil ich Unternehmer und Gestalter bin. Deswegen überlassen wir es auch diesen Beamten, die Zeit haben. Die lassen sich irgendwo drei Jahre beurlauben und machen einen im Parlament, verstehen aber nix. Das ärgert mich. Das wäre die Motivation, wieder in die Politik einzusteigen. Aber dann müßte ich diesen Beruf aufgeben.

Ich find auch Schriften geil. Ich find es toll, Schriftmuster anzugucken, da denk ich »mit der möcht ich mal...«

Berlin, 2. September 1994

Hans Hansen

Hans Hansen ist 1940 in Bielefeld
geboren.
Nach einer Lehre als Lithograph
studierte er angewandte Grafik an
der Staatlichen Kunstakademie,
Düsseldorf bei Prof. Walter Breker.
   Zu seinen Auftraggebern gehören
ERCO, FSB, Lufthansa, Siemens,
Vitra und Daimler-Benz.
   Seit 1962 ist er selbständiger
Fotograf/Autodidakt, er lebt und
arbeitet seit 1967 in Hamburg.

»Du mußt Dir treu und Dich

bleiben
immer wieder
verändern.«

Wie würdest Du Deinen Beruf bezeichnen?

Ich sehe mich als Teil einer Kommunikationskette, nicht so sehr
als Fotograf. Ich sehe meine Aufgabe darin, in dem Zusammen-
wirken von Konzeption, Text, und, und, und ... eine Lösung
durch Bilder zu finden. Ich versuche von allen Facetten möglichst
viel zu wissen und zu verstehen, bin mir aber darüber im klaren,
daß ich nur ein Bild habe und nicht mehr. Ich bewerte meine
Rolle auch nicht sehr hoch. Ich versuche diese Lücke mit meinen
Mitteln zu füllen. Mit Design hat das aber nicht viel zu tun.

**Wie kamst Du im Grafik-Design Studium zur Spezialisierung auf die
Fotografie?**

Als ich studiert habe, war in Amerika die Fotografie in der
Werbung selbstverständlich. Im Grafik-Design Studiengang war
sie ein separates Element. In unserer Klasse haben wir angewandte Grafik, so hieß das früher, mit grafischen Mitteln gemacht,
nicht mit fotografischen. Mich hat aber die Fotografie als ein
Element der Kommunikation in Verbindung mit Grafik gereizt.
Weil die Rollenverteilung zwischen Grafik und Fotografie mir
damals unklar war, habe ich die Fotos, die ich brauchte selber
gemacht. So habe ich angefangen.

**Fotografie war also nicht Teil Deiner Ausbildung, sondern
Learning-By-Doing?**

Prof. Breker konnte zwar sehr schöne Fotos machen, aber wir
haben nie darüber geredet. Unter den Kommilitonen waren
die Bechers, die in der Klasse zwar nur Grafik gemacht haben,
aber schon damals ihre Fachwerkhäuser fotografierten. Hilla
Becher war die, die Bescheid wußte und sie hat uns in der Dunkelkammer gesagt, wie man einen Abzug macht. Das war aber
eher freundschaftliche Hilfe. Im Verhältnis zu heute hatten wir
auch kaum Material, wenig Papier, aber mich hat einfach das
Medium gereizt und so habe ich damit weitergemacht. Das endete
in einem Streit mit meinem Dozenten, weil er von mir Linol-
schnitte erwartete, ich aber etwas ganz anderes wollte. Es gab
eine Aussprache und im Jahr darauf waren beim Semesterrund-
gang von allen Studenten auch Fotos zu sehen.

Gab es Vorbilder auf Deinem Weg, die Dich geprägt haben?

Es gab natürlich zu der Zeit die ganz großen, wie Penn, Werner
Bischof, Ernst Haas, usw. Ich fand das sehr aufregend, aber ich
hatte nie das Ziel, Fotografie zu machen. Genauso spannend fand
ich damals die Reportage-Fotografie. Das, was die Bechers
gemacht haben, habe ich zu dem Zeitpunkt in seiner Konsequenz
und Bedeutung überhaupt nicht verstanden.

Ich glaube, daß die für mich typischen Bilder die ganz einfachen
sind. Mich hat das Einfache immer angezogen. Ich bin zwar
offen für völlig verrückte, kitschige, schräge und alle möglichen
Sachen, aber wenn ich mich entscheiden müßte, würde ich
immer das ganz Einfache wählen. Und das ganz Einfache ist auch
immer das Schwierigste. Ich glaube, daß meine Entwicklung
durch die Grafik anhand der Bilder zu sehen ist, die mir die liebsten sind. Es gibt Bilder, die ich sowohl für Grafik halte, als
auch für Fotografie oder für Grafik mit fotografischen Mitteln.

Die Fotografie ist ein Mittel der Kommunikation, sie stellt ganz
bestimmte Methoden zur Verfügung, eine Aussage zu transportieren. Das versuche ich auszureizen. Und ich versuche auch,
technische Grenzen auszureizen. Ich habe alles mit viel Lehrgeld

ausprobieren
müssen. Es gibt
ganz oft Ergeb-
nisse, die ich nicht
vorhergesehen
habe, weil ich die
Technik nicht
vollkommen
beherrschte. Dabei
entstand manch-
mal etwas, was
viel besser war als
das, was ich
eigentlich wollte.
Das habe ich mir
dann zu Nutze
gemacht. Aber
mein Ziel ist es,
ganz klare und
reduzierte Formen
zu finden, weil
das am schnellsten
kommuniziert.

Zeitverlag Gerd Bucerius
GmbH, Zeit Magazin
»Anonymes Design«
Idee und Realisation:
Eva Maria Kraiker-Stübing
Art Director:
Prof. Welfhard Kraiker

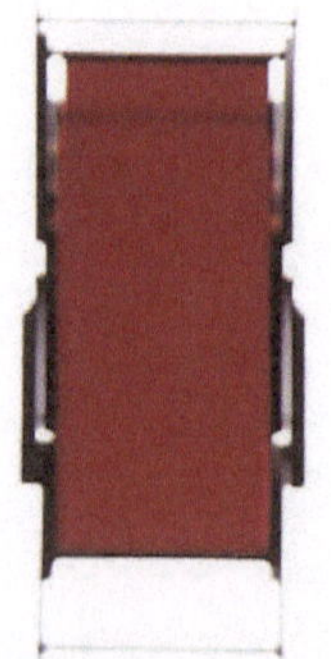

Max Redaktion
»Persönliche Gegenstände
von Prominenten«
Director of Photography:
Anke Degenhard
Art Director:
Sibyll Jacobsen

Die Grafik ist in meinem Verständnis immer eine sehr plakative. Ich mag Plakate sehr gern, weil es ein ganz schnelles, reduziertes Medium ist und eine Wirkung in einer sehr kurzen Zeitspanne erfordert. Die Werbung funktioniert in Anzeigen ähnlich. Man sagt, man hat für eine Anzeige maximal 2 Sekunden Zeit. Also muß auch die Bildsprache so sein, daß ich ganz schnell mein Ziel erreiche. Ich muß die Leute zum Anhalten bewegen, danach kann ich Geschichten erzählen, und dadurch entsteht eine Reduktion.

Ich finde nach wie vor Ulm und das Bauhaus spannend. Die Arbeit dort war immer eingebettet in eine persönliche Haltung der Leute. Man hat dort eine bestimmte Idee verfolgt und nicht die Mode. Heute ist es ein Problem, daß viele einer Zeitströmung nachjagen und keine bestimmte Haltung haben.

In der Zeitschrift »Max« wurden Deine Bilder mit dem Begriff »Die Ästhetik des Alltags« beschrieben. Ist das eine treffende Beschreibung für Deine Arbeit?

Ich hatte immer eine Neigung zu den alltäglichen Dingen, die von weitem nicht als gestaltete Dinge wahrgenommen werden. Wir sind über den ganzen Tag umgeben von Produkten, und ich frage mich immer, wer hat die Dinge gemacht und warum?

Bist Du der Ästhet, der den Alltag verschönert, schön darstellt und überhöht? Deine Bilder für »Vitra« zum Beispiel sind keine dokumentarischen Darstellungen, sondern Deine Interpretationen der Gegenstände. Stühle werden zu Rastern und schwebenden Silhouetten...

Die Menge der Bilder für »Vitra« hat über die Jahre schon einen dokumentarischen Charakter, weil die Stühle immer gleich behandelt werden. Das funktioniert wie auf einer Bühne, nach einer Idee von Pierre Mendell, mit immer der gleichen Perspektive, der gleichen Brennweite und dem gleichen Grundlicht. Das heißt, die Stühle werden vergleichbar. Dadurch entsteht eine Art von Dokumentation aus meiner Sicht. Eine sachliche Abbildung gibt es nicht, da jede Art von Foto dokumentierend und zugleich auch interpretierend ist. Otl Aicher hat einmal gesagt, ein Foto muß immer mit dem Normalobjektiv aus Augenhöhe gemacht werden. Ich habe mich dann gefragt, welche Augenhöhe meint er eigentlich, seine oder meine? Das ist doch relativ. Meine Aufgabe bei »Vitra« sehe ich darin, das Erscheinungsbild der Firma mit zu gestalten, indem ich die Dinge über Jahre immer wieder in gleicher Weise abbilde und dadurch einen ganz bestimmten Ausdruck erreiche. Mich interessiert die dokumentarische, sachliche Abbildung des Stuhls zunächst sekundär. Die Interpretation des Stuhls ist eine sehr persönliche.

**Gibt es von den Gestaltern oder Auftraggebern Vorschläge, in welcher
Art Bilder gemacht werden sollen?**

Nein, das gibt es nicht. Aber komischerweise haben mir viele
Produkt-Gestalter nachher gesagt, das sei die Perspektive, die sie
immer in dem Stuhl gesehen haben. Das freut mich natürlich.

**Man kennt dich als »Still-life«-Fotograf, warum fotografierst Du
keine Menschen?**

Irgendwann habe ich einen Schwerpunkt gesucht und bin zur
Objekt-Fotografie zurückgekehrt. Die anderen Wege, die ich
gegangen bin, haben mich nie befriedigt. Ich hatte leider immer
das Gefühl, andere machen das besser. Ich fühlte mich nicht
wohl, weil es mir fremd war; zu chaotisch oder zu wenig kontrollierbar. So bin ich zu dem gekommen, was mir am meisten
entspricht. Das werde ich machen, bis es langweilig wird.

**Gibt es von Dir ein »unästhetisches« Foto? Ein Foto, bei dem man
nicht gleich sieht, aha: Hans Hansen?**

Aber sicher. Ich habe Versuche in verschiedene Richtungen
gemacht. Ich höre auch nicht nur eine Musik. Ich habe versucht,

aus dieser überhöhten Ästhetik
auszubrechen – ganz spontan,
ohne Manipulation. Für ein
Buch über die deutsche Küche
habe ich in dieser Art Lebensmittel fotografiert. Danach
bildeten sich zwei Lager. Die
einen fanden es ganz toll.

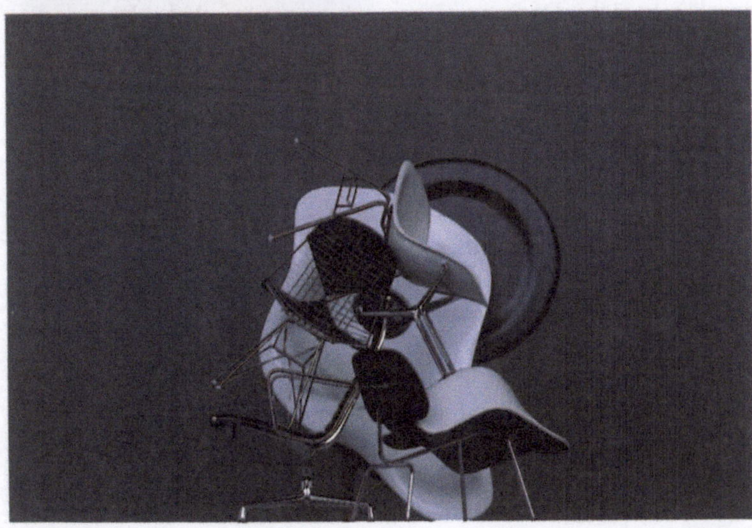

Vitra GmbH
Abtl. Marketing
und Kommunikation:
Judith Brauner
Gestaltung:
Mendell & Oberer

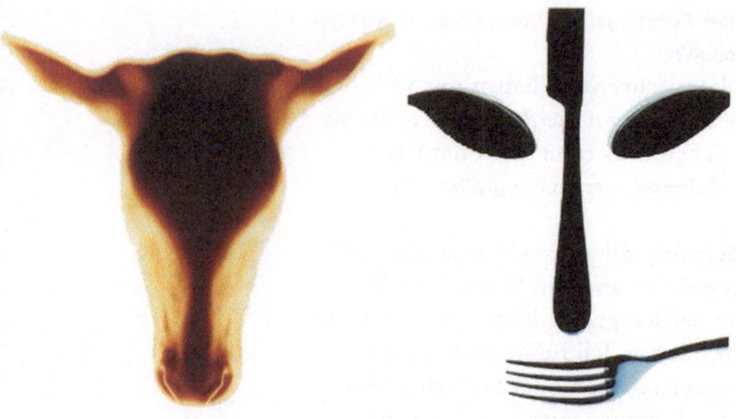

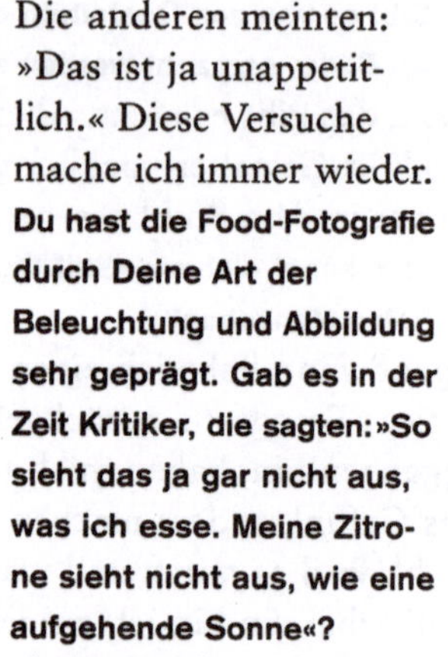

Freie Arbeiten

Nein, eigentlich nicht. Als ich mit der Food-Fotografie anfing, schienen die Positionen sehr besetzt. Meine Lücke sah ich anfangs in einer eher spontanen und nicht-gestylten Sehweise. Das ging erstmal völlig daneben. Danach habe ich meine Bilder als Suche betrachtet, weil ich kein Schema, sondern mit jedem neuen Bild den Betrachter überraschen wollte. Das konnte kitschig, alt-modisch, neu, reduziert oder lecker sein.

Kann man als verbindende Idee den Versuch sehen, die Dinge durch die grafische Darstellung so aufzulösen, daß der Betrachter sie durch einen Gedankensprung wieder zusammensetzen muß?

Wenn das gelingt, ist das natürlich gut. Leider klappt es nicht immer. Ich will aber nicht bei jedem Gegenstand über die reine Abbildung hinauskommen. Es gibt komplizierte Dinge, die man dadurch schwächt. Dann ist eine reine, »richtige« Abbildung der Kommunikation eher zuträglich. Wenn ein Gegenstand fremd ist, nehme ich mich zurück, weil ich ihn so besser tansportieren kann. Ist der Gegenstand aber sehr eigenartig oder hat er für mich eine bestimmte emotionale Wirkung, versuche ich diese zu transportieren. Wenn er völlig langweilig ist, versuche ich ihn interessant zu machen, ihn neu zu sehen.

Welchen Einfluß hast Du auf das Schicksal Deiner Fotos?

So gut wie keinen. In der Regel entzieht sich das meinem Zugriff. Ich gebe die Fotos ab und damit sind sie weg. Manchmal bin ich froh, daß es so ausgegangen ist, manchmal erschrecke ich mich zu Tode. Die Grafiker sind in der Hierarchie in einer Position, in der sie sich oft dem Fotografen überlegen fühlen. Es gibt nur wenige, die ein Foto respektieren und es nicht anrühren. Manche machen damit, was sie wollen. Sie drehen es auf den Kopf, bilden es seitenverkehrt ab oder schneiden etwas ab.

noch sehr jung und er ein richtiger New Yorker Profi. Wir haben über jedes Bild geredet und unabhängig voneinander die gleichen Bilder ausgesucht. Das hat mir damals sehr geholfen und viele Vorurteile gegenüber der Werbung abgebaut.

Zurück zu Deinem Werdegang: Wie erging es Dir nach dem Studium? Wie bist Du zu dem Hans Hansen geworden, der Du heute bist?

Weil ich Geld verdienen mußte, bin ich nach der Akademie gleich zwangsläufig selbständig geworden. Ich habe alles gemacht, ob das nun Grafik, Reinzeichnungen oder Kinder fotografieren war. Zum einen habe ich versucht davon zu existieren, zum anderen wollte ich damit weiterkommen. Anfangs haben die Materialkosten mein Honorar praktisch aufgezehrt. Die Aufträge habe ich von befreundeten Grafikern oder Fotografen bekommen, und es entstanden Arbeitskonstellationen, die teilweise über Jahre hielten. Dann habe ich angefangen, für die »Lufthansa« zu arbeiten. Ich bin nach Köln gefahren und habe meine Fotos in einer Plastikhülle gezeigt – eine Mappe kannte ich damals nicht. Viele der Gestalter, die damals bei der »Lufthansa« anfingen, kamen aus

Deutsche Lufthansa AG
Borddienst
Menükarten Umschläge
Art Director: Klaus Wille
Foodstyling: Frauke Koops

Ulm. Es hat sich beim ersten Gespräch gleich eine Übereinstimmung, eine gewiße Gemeinsamkeit ergeben. Ich hatte gesagt: »Ich habe das nicht gelernt, sondern nur mal so gemacht.« Von denen kamen dann Begriffe wie »Bildsprache«, »orthogonal« und so weiter. Ich habe kleine Aufträge bekommen, das wurde mehr und dann hat man mich auf Reisen geschickt. Davon habe ich immer geträumt. Ich war unabhängig, jung und hatte nichts zu verlieren. So habe ich eine ganze Menge gesehen.

Wie wird man als Fotograf reich, oder: was kostet ein Hans Hansen?

So wie ich arbeite, kann man nicht reich werden – unmöglich.

Fotografierst Du auch im eigenen Auftrag?

Wenn ich im Alltag nicht dazu komme, etwas Neues zu finden, dann entsteht der Wunsch, etwas für mich zu machen. So habe ich z.B. während meines Urlaubs meine 4x5 Inch Kamera mit mir herumgeschleppt, ein Riesenspaß. Ich habe draußen fotografiert, was ich noch nie gemacht habe, und kam ganz erholt wieder.

Was passiert mit diesen Bildern?

Ich werde das in den nächsten Jahren weitermachen. Ich habe ein gutes Thema gefunden. Schade, daß mir das nicht schon vor 30 Jahren eingefallen ist.

Und irgendwann gibt es das »Hans-Hansen-Open-Air-Buch«?

Das weiß ich gar nicht. Ich mache es erstmal für mich.

Wie stehst Du zur Werbung?

Anfangs hatte ich lange Zeit ein sehr kritisches, dann ein eher unkritisches, und inzwischen ist es wieder ein kritischeres Verhältnis geworden.

Ich meine nicht, daß Werbung grundsätzlich etwas Schlechtes ist. Es gibt den Satz von Bernbach, der, als er Arbeiten anderer

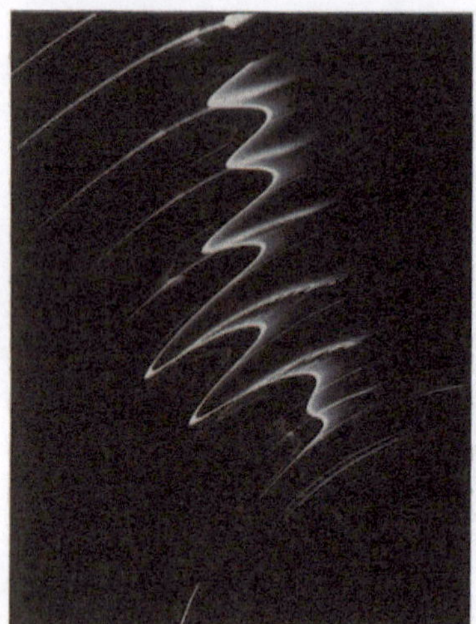 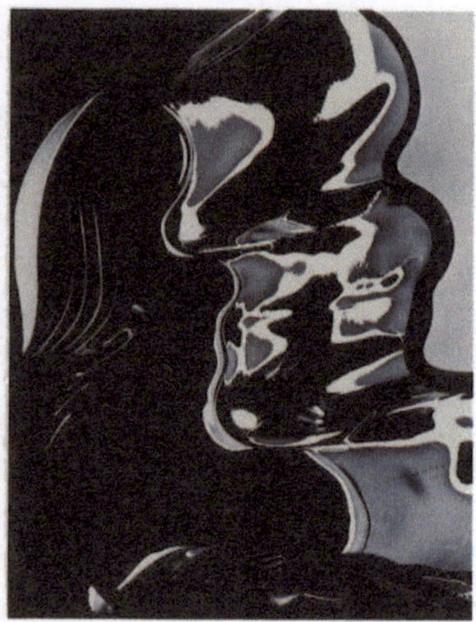

Dibbern Collection
Kalender »Finnisches Glas«
Gestaltung:
Randolph Nolte

Leute gesehen hatte, gesagt hat: »Wenn Werbung so gut sein kann, dann möchte ich das auch machen.« Bei mir war das ähnlich. Nach der Akademie wollte ich eigentlich keine Werbung machen. In Düsseldorf bin ich damals auf einen amerikanischen Art-Director bei DDB gestoßen. Bei dem habe ich gelernt, wie man anders denken kann und auf interessante Lösungen kommt. Das hat mich beeindruckt.

Wer war das?

Jack Piccolo. Er war damals CD bei DDB in Düsseldorf. Ich war

Computern machen, aber wer macht das in Zukunft, der Art-
Director oder der Fotograf? Ich glaube Retusche-Arbeiten wird
man immer mehr dem Fotografen abverlangen – als Service-
Leistung. Die Aufgabenverteilung verändert sich, aber das hat
mit der Gestaltung von Bildern nichts zu tun.

Wie wirkt sich die technische Perfektion auf Deine Arbeit aus?
Ich habe immer versucht, meine Bilder mit meinen Mitteln technisch zu perfektionieren. Anfangs hat man am Objekt und nicht
am Bild retuschiert. Es gab Studios, die diese Dummys bauten.
Wenn die Vorlage perfekt war, dann war auch das Foto perfekt.
Heute geht man weiter und bearbeitet das Bild nochmal. Wir
waren aber eigentlich gerade dabei, gegen diese Entwicklung der
Oberflächenveredelung zu arbeiten. Denn als wir damals aus
zentnerweise Äpfeln den einen herausgesucht haben, den wir nur
von einer ganz bestimmten Seite fotografiert haben, hatte das
zum Ergebnis, daß die Verbraucher nur noch Äpfel kaufen wollten, die möglichst haargenau so aussahen. Die wurden dann
so gezüchtet. Es fing mit den Chiquita-Bananen an. Kinder essen
heute lieber grüne Bananen, als gefleckte, weil die so makellos
aussehen. Wenn man dann die Dinge wieder »normal« abbildet,
heißt es: »Wie sieht denn das aus?«. Trotzdem gibt es die Entwicklung zur weiteren technischen Perfektionierung der Bilder.

Wann werden neue Bilderwelten kommen?
Darauf warte ich schon immer. Es kommen neue visuelle Welten,
aber Bilder? Das hat mit dem Computer nichts zu tun. Der
Computer ist ein technisches Hilfsmittel und eine Zauberkiste,
aber er hat keinen
Kopf.
**In diese Zauberkisten
schiebt man jetzt
Foto-CD-ROMs. Was
hältst Du von diesen
neuen Angeboten der
Bilderverwendung?**
Das ist natürlich
das Ende der Auf-
tragsfotografie. Es
ist ein Schritt, den
ich nicht mehr
nachvollziehen
kann. Diese Foto-
CD-ROMs dienen

Man kann von Fotos sicherlich auch reich werden, aber dafür
bin ich der falsche Typ. Obwohl ich viel Geld verdiene und teuer
bin, war es nie das, was mich zur Fotografie gebracht hat.

Wie kommt es zu den großen Preisunterschieden bei Fotografen?

Was muß man erreichen, um das zu nehmen, was du für Deine

Bilder nimmst?

Das weiß ich auch nicht, aber es ist ein ganz komisches Spiel.
Jahrelang habe ich einen bestimmten Preis gehabt, den ich
als sehr hoch empfand. Irgendwann kam jemand und sagte: »Du
mußt mal Deinen Preis anheben, weil ich Dir leider sagen
muß, daß Du überhaupt nichts wert bist.« »Warum das denn?«
habe ich ihn mit großen Augen gefragt und er sagte: »Für das,
was Du machst, bist Du zu billig. Bei der Auftragsvergabe fällst
Du immer raus, weil man meint, Du bist nicht so gut, wie die
anderen.« Das ist ein Grund. Ein anderer ist, daß Du eine Menge
Geld brauchst für die Voraussetzungen. Früher oder später
hast Du einen Apparat, der viel Geld kostet. Reinhard Wolff
hat mir mal gesagt: »Schaff Dir nie so einen großen Apparat an.«
Und ich dachte: »Du kannst gut reden, Du hast ihn ja.«
Ich hatte ihn dann auch. Mittlerweile haben wir das reduziert,
Vor einem Jahr sind wir hierher umgezogen und haben uns
verkleinert. Wir sind darüber sehr froh.

Welchen Einfluß hat die digitale Technik auf die Fotografie?

Gibt es so einen wie Dich noch in zwanzig Jahren?

Nein, das glaube ich nicht. Es wird ihn schon geben, aber er wird
ganz anders arbeiten. Das hat aber mehr mit dem Einfluß
der Technologie auf die Kommunikation zu tun, als mit der Fotografie. Die Dinge, die über ein Foto hinausgehen, wie die
Optimierung für den Druck, kann man heute wunderbar mit

Deutsche Lufthansa AG
Plakate 1967/1966/1965
Werbeleiter:
Hans G. Conrad

Hans Hansen 5253

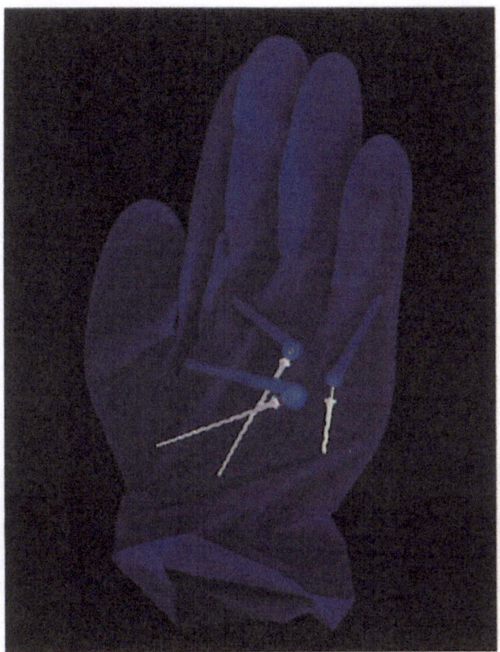

Magazin der Süddeutsche
Zeitung
»Implantate«
Art Director: Markus Rasp

ja dazu, sich neue Bilder aus den Angeboten zusammenzubasteln, und ich frage mich, warum ich eigentlich noch Bilder machen soll? Wenn heute ein Absolvent nach 5 Jahren Studium mit 25 Jahren als Art-Director in einer Agentur arbeitet, ist er, wenn er Glück hat, nach 5 Jahren etabliert. Danach kommt die nächste Hochschulgeneration – die, die heute 20 sind. Die zweite Generation nach ihm ist heute 15. Wenn die groß geworden sind mit dieser Technik: »Ich nehme mir von allem ein bißchen und bau mir das zusammen«, ist es nur konsequent, wenn diese Methode etabliert ist, und die neue Generation so arbeitet.

In den Bildkatalogen gibt es Kategorien, nach denen sortiert wird: »Business«, »People«,»Food«, usw. Die Bilder sind bei unterschiedlichen Anbietern ähnlich. Ist es nicht ein Widerspruch, daß Bilder verschiedenster Fotografen standardisierbar sind?

Das wundert mich gar nicht, denn möglichst viel ist immer standardisiert. Jedes Einfamilienhaus ist standardisiert. Trotzdem bemühen sich Generationen von Architekten, eine neue, andere Form eines Einfamilienhauses zu finden. Das trifft für die Fotografie oder die Typografie genauso zu. Und es ist gut so, sonst könnten wir doch gleich aufhören, weil die Dinge, die verfügbar sind, eigentlich ausreichen.

Wie siehst Du die Entwicklung in den Hochschulen? Sinkt der Anspruch an die Qualität und ist man eher zufrieden?

Ich sehe es nicht wehmütig. Ich glaube, daß es noch nie so viele gute junge Fotografen gegeben hat, wie im Moment. Das Problem ist ein anderes: auf dem Niveau, auf dem sie in den normalen Prozeß einsteigen, können sie sich nur selten halten. Vermeintlich gezwungenermaßen gehen sie im Niveau herunter, um nicht bankrott zu gehen. Das ist eigentlich das tragische. Das kreative Potential wird nicht genutzt.

Wie nutzt Du Dein Potential?

Das Problem ist die Konsequenz über die Jahre. Das hat zwei Seiten: Du mußt dir irgendwo immer treu bleiben, und du mußt dich immer wieder verändern.

Welchen Stellenwert sollte der Praxisbezug in den Hochschulen haben?

Ich würde den Praxisbezug nicht überbewerten. Die Zeit, die Du in der Hochschule hast, Dinge wirklich frei anzugehen, hast Du nie wieder. Oder Du mußt sie Dir später teuer erkaufen. Das haben wir den alten Herrschaften früher auch nicht glauben

AKZO Arbeitsgemeinschaft
Seidenweber
Auftraggeber:
Struwe & Partner
»Viskose«
Art Director: Detlev Blume

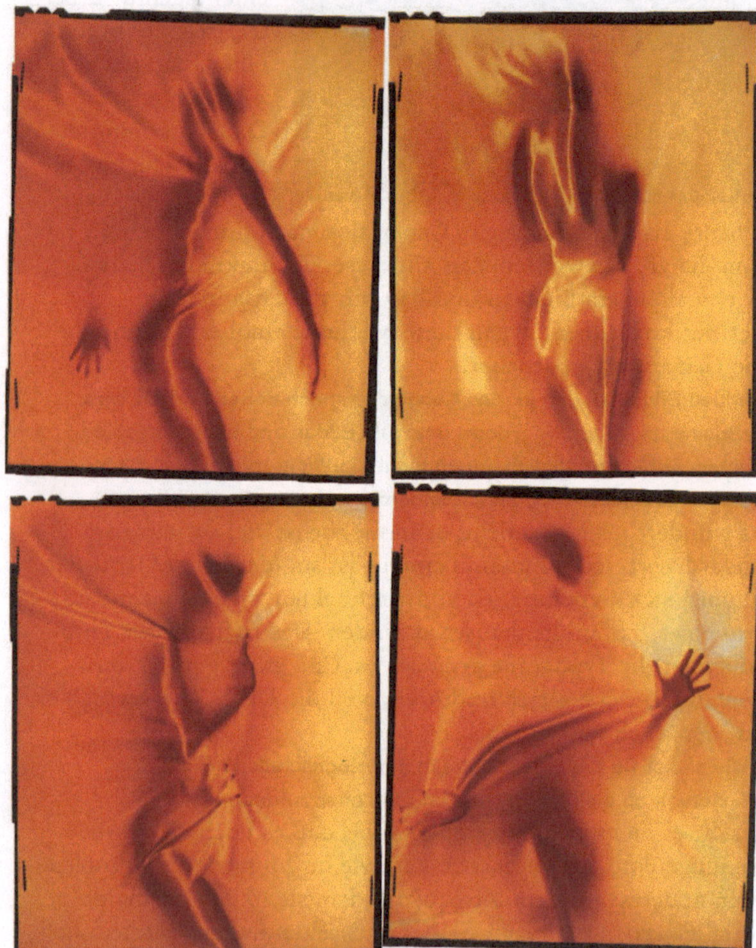

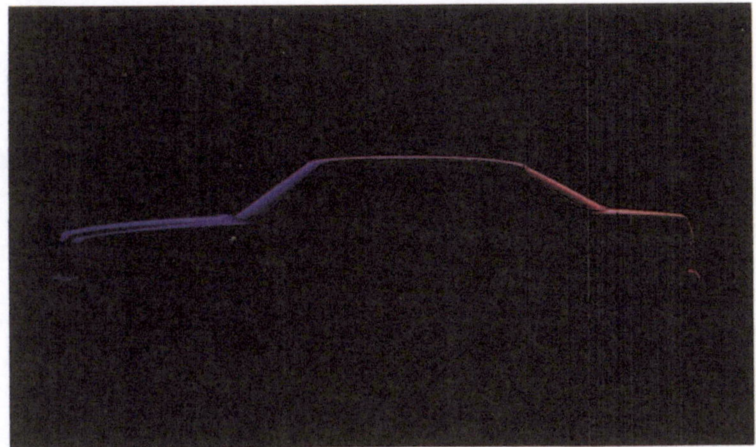
Daimler-Benz
Konzern Kampagne 1988
Werbeleiter:
Werner Simmling
Agentur:
Hildmann, Simon, Rempen
& Schmitz/SMS
Art Director:
Robert Röhrbein

Hans Hansen 5657

wollen, aber dazu stehe ich heute ganz entschieden. Der Praxisbezug ist viel größer als früher, die Auseinandersetzung ist viel
intensiver. Der professionelle Anspruch im Studium ist wesentlich
höher, aber das Bildungsniveau ist dabei nicht gestiegen. Ich
hatte eingangs von einer grundsätzlichen Haltung bei Gestaltern
gesprochen, die ist heute in den meisten Fällen nicht mehr
vorhanden – das macht den entscheidenden Unterschied. Heute
versucht man, in einem Markt zu bestehen, und verfolgt oft kein
persönliches Ziel.

Gibt es ein Projekt, das Dir gründlich mißlungen ist?
Da gibt es sicherlich viele. Ich habe eine Unzahl von Bildern
gemacht, von denen, wenn überhaupt, nur wenige übrigbleiben.

**Gibt es ein persönliches Projekt, das bisher unveröffentlicht in der
Schublade liegt?**
Es gibt einige Dinge, die ich nur für mich mache. Viele Jahre
habe ich das nicht gemacht, weil ich nicht den Frust habe: »Ich
mache Werbung und eigentlich will ich Kunst machen.«
Ich habe Dinge angefangen, um zu suchen und zu experimentie-
ren. Teilweise fließt das auch in die normale Arbeit ein.
Das ist oft sehr erfrischend.

Gibt es ein Wunschprojekt, das Du unbedingt noch realisieren willst?
Etwas, das ich seit Jahren schon mit Thomas Rempen zusammen
machen will. Bisher hat das aber noch nicht geklappt.

Ist das geheim?
Die Idee ist so simpel, das würde sofort jemand machen.

What makes you tick?
Ich mache gerne Bilder. Es ist der Wunsch, die Zeit in der ich lebe,
mit zu gestalten. **Hamburg, 15. Januar 1995**

Franco Clivio

Geboren 1942 in Zürich.

1963 bis 1968 Studium und Diplom an der Hochschule für Gestaltung Ulm. Später war er dort Assistent mit Lehrauftrag.

Seit 1968 ist er verantwortlich für die Produktgestaltung der Firma Gardena in Ulm und ist für Unternehmen wie ERCO, FSB, Siemens, IBA gestalterisch tätig. Seit 1980 lehrt er Produktgestaltung an der Höheren Schule für Gestaltung in Zürich.

Franco Clivio ist Gastdozent an Hochschulen in den USA, Finnland und Deutschland. Er wirkte bei verschiedenen internationalen Veranstaltungen als Referent und Experte mit. Seine Produktgestaltung wurde mehrfach international ausgezeichnet.

Er lebt in Zürich und Ulm.

»Design besteht aus

guten Verbindungen.«

Franco, man kennt Dich vor allem durch Produkte, die Du für den Gartengerätehersteller Gardena gestaltet hast. Wie kamst Du dazu?

Durch reine Zufälle, wie das im Leben eigentlich immer so ist, hat sich diese enge Zusammenarbeit ergeben. Das liegt jetzt schon 27 Jahre zurück.

Zwei Vertreter, der eine von Wolff und der andere von Miele, hatten sich in den Kopf gesetzt, sich selbständig zu machen. Und da sind sie an die HfG Ulm gekommen, weil sie etwas von Design gehört haben. Da Ihnen aber nicht genug Geld zur Verfügung stand, fragten sie nach zwei Studenten, die nebenbei noch etwas verdienen wollten. Das waren dann Michael Conrad, der danach bei Delta Design in Stuttgart gelandet ist, und Dieter Raffler, ein HfG Student. Nach ein paar Monaten stellte Michael Conrad fest, daß er sich eigentlich nicht für eine Firma interessiere, die nur aus acht Mann besteht. Er wollte Autos machen. Autos waren immer sein Traum. Raffler hat mich dann überredet, mitzumachen. Wir fingen an, für Gardena zu arbeiten – hatten allerdings keine Ahnung von Design, weil wir noch in der Ausbildung waren. Der Vorteil war, daß die Besitzer von Gardena, die auch heute noch Besitzer sind, auch wenig Ahnung von Unternehmsführung hatten. Darum suchten sie ja auch zwei Studenten, die billig waren. Diese Situation hat schlußendlich dazu geführt, daß wir gemeinsam groß geworden sind. Wenn ich heute ausscheiden würde, würden sie sicherlich nicht mehr mit Studenten zusammenarbeiten. Sehr wahrscheinlich müßte es jetzt der größte Stardesigner sein...

Wie wurde bei dieser Konstellation die Aufgabenstellung definiert? Wie kam Gardena auf das erweiterbare Stecksystem?

Gardena begründet sich auf die Idee eines Stecksystems, das um die Jahrhundertwende entstanden ist, in einer Zeit, in der Schnellkupplungen von Leitungen entstanden sind, z.B. bei Drucklufttechniken. Es galt, dieses bestehende Prinzip mit Kunststoff und im Gartenbereich intelligent umzusetzen, was damals neu war. Das war die Grundidee und die präzise Aufgabe. Die anderen Dinge waren ganz willkürlich, es gab kein Marketingkonzept oder so etwas. Einer hat schließlich gesagt: »Jetzt machen wir einen Rasensprenger, weil wir einen Rasensprenger brauchen«. Wie und warum weiß heute eigentlich keiner mehr so ganz genau. Dieser Rasensprenger wird heute noch produziert. Erst im nachhinein haben wir erfahren, was wir geleistet hatten.

»Ein Problem bei diesem Rasensprenger ist, daß er eine ganz geringe Auflagefläche haben mußte, weil die Leute ihn tagelang im Rasen stehen lassen und bei einer großen Auflagefläche der Rasen gelb wird. Deshalb steht der Sprenger auf zwei Metallbügeln, die gleichzeitig auch Montagebügel sind. Wenn man diese rauszieht fällt der Sprenger auseinander. Am Anfang waren die Bügel aus massivem verchromtem Stahl, das war natürlich auf Dauer zu teuer, und es wurde verzinkter Stahl genommen, dann ein Rohr, danach massives Aluminium und schließlich wurde es das dünnste Aluröhrchen, was man sich nur vorstellen kann.«

Den Erfolg der Produkte
bestätigte uns der Markt.
So entwickelt sich etwas im
Bewußtsein des Designers,
der am Anfang immer glaubt,
alles müsse unglaublich stabil
sein. Die Form, das Design
hat sich überhaupt nicht verändert, sondern die Technologie
der Umsetzbarkeit.

**Wie hat sich Dein Verhältnis zu Gardena
im Laufe der Zeit verändert?**

Wenn ein Unternehmen plötzlich erfolgreich
ist, stellt sich immer irgendwann die Frage:
wer hat denn nun eigentlich die Produkte entwickelt,
ist es der Konstrukteur oder der Designer? Der Entwick-
lungsingenieur ist ja angehalten, neue Produkte zu erfinden.

Der Konflikt zwischen dem Konstrukteur und dem Designer ist
also vorprogrammiert. Trotzdem hat sich mein Verhältnis in
den Jahren sehr positiv entwickelt, vor allem nach der Trennung
von meinem Partner vor ungefähr zwölf Jahren.

Aus ökonomischer Sicht hatten wir eigentlich sehr gute Arbeits-
bedingungen, aus ideeller Sicht eher schlechte. Es gab sehr oft
Knatsch. Und da bedurfte es oft der Rückendeckung von einem
der Besitzer, der schließlich intervenierte und sagte: »Es wird
Design gemacht.«

Nach der Trennung von meinem Partner wollte ich unter neuen
Bedingungen auch die Qualität meiner Arbeit auf ein neues
Niveau bringen. Die Entwurfszeit sollte länger dauern, und es
wurden unglaublich wertvolle Modelle gemacht. Schließlich
wurde auch nicht mehr ständig geändert, weil Gardena wußte,
wenn sie noch mal ändern, kostet das wieder Zeit und Geld.
Unter dem Einfluß des Chefs von Gardena haben diese Bedingungen heute noch Gültigkeit. Ich habe eine ungeheure Gestaltungs-
freiheit. Das Bewußtsein, daß Design ein wichtiger Faktor ist,
hat sich dann bei den Leuten von Gardena schließlich auch ohne
die Protektion des Chefs entwickelt.

Auf dem Markt für Gartengeräte waren designorientierte Produkte damals vollkommen neu. Heute gibt es sie überall. Neue
Technologien gaben neue Gestaltungsmöglichkeiten, Werkstoffe
zu nutzen. Gardena hat das als erster begriffen und für seine
Produkte genutzt. Das hat einen stärkeren Wettbewerb zur Folge.

Das neue (oben) und das
alte (unten) Gardena Stecksystem von Franco Clivio

Welchen Einfluß hast Du auf das Schicksal der Produkte, die von Dir gestaltet werden? Stichworte: Marketing, Werbung, Preispolitik.

Ich habe zwar im Moment einen guten Kontakt zur Werbeabteilung von Gardena. Aber mit der Preispolitik habe ich nichts zu tun. Ein Produkt darf eigentlich nicht wegen seiner guten Gestaltung mehr kosten. Es sollte aber so aussehen, daß die Käufer bereit sind, mehr zu zahlen. Der Mythos der Produkte spielt oft eine wichtige Rolle. Es gibt Unternehmen, die wollen wenig verkaufen, aber hochpreisig. Bei Gardena geht es aber um einen hohen Marktanteil, und da sind die Preise nach oben begrenzt.

Du hast gesagt, für Dich sei ein Produkt gut, wenn man nichts mehr weglassen kann. Was gibt es noch für Kriterien, die ein gutes Produkt ausmachen?

Da gibt es verschiedene Interpretationen. Für mich sind es zu allererst die Funktion und die Anmutung. Inzwischen kommen noch andere Faktoren dazu, z.B. die Umweltverträglichkeit, der Umgang mit Ressourcen. Auch der Bezug Mensch/Maschine ist wichtig, und es darf auch noch einen gewißen Pfiff haben.

Das habe ich zwar selber in meinen Produkten noch nicht so geschafft, aber die Brillen aus meiner Sammlung haben beispielsweise diesen Pfiff. Die alten Schweizer Schutzbrillen bestehen nur aus einem Draht. Ich kann sie bewegen wie ich will, sie gehen nicht kaputt.

Bei der Firma Gardena kommt noch hinzu, daß sie neben dem Produkt auch immer die intelligenteste Produktionsmethode sucht. Da werden eben Millionen investiert, um einen Wettbewerbsvorteil zu erlangen.

Was ist von dem Ulmer Franco Clivio übriggeblieben, von seinen Idealen und von der Ausbildung an der HfG Ulm?

Ich möchte das so sagen: wie ein Klavierspieler habe ich in Ulm die Tonleiter gelernt und danach habe ich immer weitergespielt. Die Grundlagen, das Denken ist geprägt durch Ulm. Ulm ist maßgeschneidert gewesen für ein Schweizer Denken. Dieses Rationalistische war maßgeblich. Ulm war von vielen Schweizern besetzt: angefangen bei Bill, Gomringer oder Gugelot. In diesem Umfeld habe ich die Tonleitern geübt und mich außerhalb der Schule weiterentwickelt, aber ohne modisch zu werden. Die einen machen heute Colani und morgen ein bißchen Starck. Ich kann und will das nicht. Ich bin Funktionalist.

Es gibt kaum Ulmer, die so geblieben sind wie sie mal waren. Einer, der sich allerdings kaum verändert hat, war für mich Otl Aicher. Er hat im Moment ein richtiges Revival. Ein

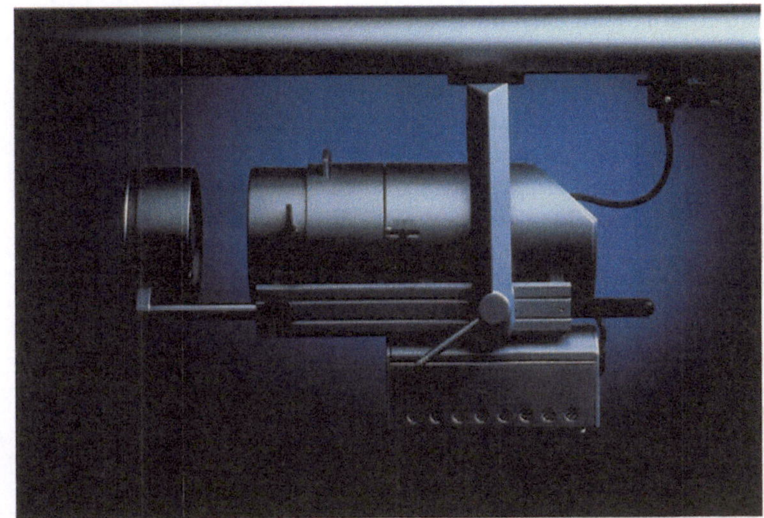

Die ERCO-Leuchte »Stella«
wurde von Franco Clivio
gestaltet. Ein flexibles Programm macht aus dem
Strahler einen Punktstrahler
oder einen Strahler zum
Ausleuchten eines
Raumes. Die Anmutung ist
technisch und kühl. Seit
1994 im Handel.

sie sind? Charles Eames hat zum Schluß nur noch gezeigt, was er sehen wollte. Das »Sehen lernen« ist, was man in einer Gestalterausbildung ausschließlich machen könnte.

Du bist Lehrer an der Schule für Gestaltung in Zürich. Was kann man bei dem Lehrer Franco Clivio lernen?

Ich bin eigentlich ein Macher und arbeite viel aus dem Gefühl heraus. Ich will meinen Schülern ein Bewußtsein für das entsprechende Problem geben. Sie sollen es lösen und keine neuen Probleme hinzuerfinden. Meine Aufgaben in der Schule sind nie groß, ich beginne z.B. mit einer Briefwaage. Aber dann will ich alles von meinen Studenten.

Was ich meinen Schülern beibringe, ist ein ehrlicher Umgang mit den Grundlagen des Designs. Und das ist haupsächlich das Sehen. Meine Studenten müssen z.B. die »2-Franken-Aufgabe« lösen. Sie dürfen Gegenstände mitbringen, die nicht mehr als 2 Franken kosten. Dazu müssen sie dann eine Geschichte erzählen, wie der Gegenstand gemacht ist. Als Designer ist man neugierig, man will doch wissen, warum ein Ding z.B. steht oder nicht.

Wie bereitest Du Deine Schüler auf die oft frustrierende außerschulische Wirklichkeit vor? Die mangelnde Praxiserfahrung ist ein Problem aller Schulen. Wie gehen Studenten und Schüler mit den Dingen um?

Bei mir müssen Studenten ein Angebot für ein Design-Produkt erstellen. Wir lachen uns manchmal wirklich tot über die Herangehensweise oder über Preise. Wichtig ist, daß sie ihre Arbeit vernünftig präsentieren und daß sie diszipliniert genug sind, pünktlich zu kommen und alle ihre Sachen dabei zu haben. Das

Klassiker kann man eben nur werden, wenn man stur ist, über
die Zeit hinaus.

Warum arbeitest Du allein?

Meine ganze Erfahrung aus meiner Zusammenarbeit in den
Anfängen bei Gardena und einem gescheiterten kleinen Büro ist
die ungeheure Schwierigkeit, ein Team zu koordinieren, wenn
nicht die Aufgaben klar getrennt sind. Ein Psychologe hat mir
erzählt, daß eine Dreiergruppe nicht funktionieren kann, weil
immer ein zwei zu eins Verhältnis entsteht...

... das ist ja beruhigend für uns, wo wir ein Dreier-Team sind...

Eigentlich ist es im Team immer so, daß ich mir Ansporn ver-
spreche. Das hat aber nie geklappt. Z.B. arbeitete ich mit guten
Kollegen bei der IBA (Internationale Bauausstellung Emscher
Park). Der eine entwarf ein Bauschild, das totaler Nonsens war.
Wir haben uns nicht getraut ihm zu sagen, daß das Scheiße
ist, weil er sonst beleidigt gewesen wäre. Darum bin ich zu der
Erkenntnis gekommen, daß ich alleine am besten arbeiten kann.
Die Teams funktionieren nur, wenn klar ist, wer welche Verant-
wortung hat. Das ist verdammt schwierig. Man sieht selten ein
Dreier-Team wie Eures. Im Gegensatz zu unserer damaligen
Situation habt Ihr ja gelernt, wie man die Dinge organisiert, wie
man mit Geld umgehen kann usw.

Welche Vorbilder haben Dich auf Deinem Lebensweg begleitet?

Viele. Ich liebe zum Beispiel neugierige Leute, die sich faszinieren
lassen und sich interessieren.

Der Leithammel und Pionier ist natürlich schon Charles Eames,
der auch verhältnismäßig stur war und zum Schluß nur noch
Filme machen wollte. In Italien haben mich Achille Castiglioni,
Bruno Munari und Enzo Mari fasziniert. Der Castiglioni hat in
seinen Produkten einen spielerischen Pfiff drin. Ich habe ihm
mal was für seine Sammlung geschenkt, und seitdem
sind wir befreundet. Er hat die gleiche Leiden-
schaft für das Sammeln wie ich. In Ulm gab es
auch tolle Leute: z.B. Walter Zeischegg oder
Tomás Maldonado.

Der Schlüssel zu meiner Karriere im
Bereich Produktdesign war eigentlich
ein Lehrer meiner Jugend. Er hat mir das
Sehen beigebracht. Das liegt 35 Jahre
zurück, und er hat mir erklärt, wie man
ein Bild anguckt. Heute frage ich mich
immer: warum sehe ich Dinge so, wie

Die Gardena Schlauchtrom
mel von Franco Clivio

lernt man nicht immer in den beschützenden Werkstätten der
Schule. Ich will das den Schülern vermitteln.

Welchen Stellenwert haben Computer in Deiner Arbeit und Lehre?
In meiner Ausbildung in Ulm hatten wir Professor Frank, der uns
Informatik gelehrt hat. Und dann kam Abraham Moles, der
uns Sachen erzählt hat, die für uns unglaublich waren. Er sagte,
es würde eines Tages Maschinen geben, die sich selber produzieren. Wir haben natürlich dagesessen und haben gedacht, der ist
total gaga. Vor sechs Jahren habe ich ihn wieder getroffen und
habe ihm gesagt, daß er mit seinen Prognosen im Grunde genommen Recht hatte. Darauf antwortete er: »Ja. Leider, leider.«

Ein Computer in der Schule war mir immer wichtig. Ich habe
dafür gesorgt, daß die Studenten von Anfang an mit ihm in
Berührung kamen. Als Werkzeug ist er einfach nicht mehr weg-
zudenken. Ich will mir jetzt endlich auch einen kaufen.

Viele Designer brauchen den Computer, wenn sie nicht den
direkten Kontakt mit den Konstrukteuren haben und exakte
Zeichnungen brauchen. Die Vorgaben des Auftraggebers und der
Ingenieure werden außerdem oft auf Diskette geliefert, so daß
der Designer damit weiterarbeiten kann.

**Glaubst Du, daß die Computer die Aufgabenstellung und die Lösungen
in Zukunft verändern werden?**
Ich glaube, daß in Zukunft einiges passieren wird. Der Computer
wird sicherlich den Designer zum Teil ersetzen können, indem
er Lösungsvarianten zeichnet. Die Autoindustrie beispielsweise
baucht im Design neuer Autos viele Merkmale der Vorgänger-
modelle, folglich wird es nur eine gewisse Anzahl von Möglichkeiten geben, die der Computer besser aufzeigen kann. Man
wird es dann dem Computer überlassen. Das Auto wird etwas
niedriger und die Länge wird verändert...

Aber was nützen mir tausende von Lösungen und Varianten,
wenn ich als Designer sage: ich will nur eine Lösung, ich will das
so haben und nicht anders. Der Computer beherrscht eben
nur die unendliche Vielfalt. Es nützt mir auch nichts, transparente
Modelle zu haben, dreidimensional, mit allen bunten Farben.
Die Unternehmen brauchen reale Funktionsmodelle. Ein Stift wie
dieser von Lamy muß sich anfühlen wie der echte und muß
das gleiche Gewicht haben, sonst kriege ich den Entwurf nicht
rübergebracht. Man muß die Dinge in die Hand nehmen können.

Welches Produkt würdest Du gerne mal gestalten?
Den elektrischen Stuhl... nein im Ernst, ich kenne wohl Produkte
die ich nicht machen würde, z.B. ein Auto, einen Fernseher oder

Ein Ausflug auf die Alm

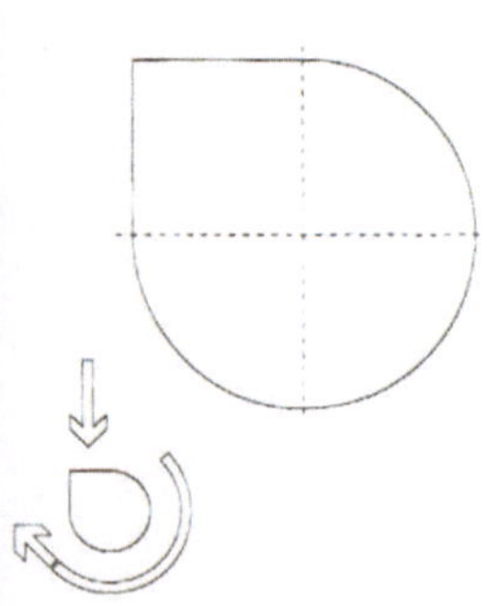

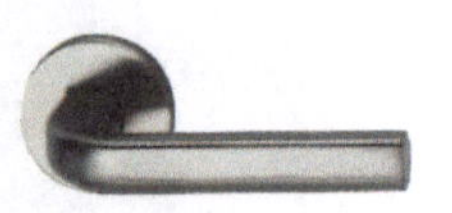

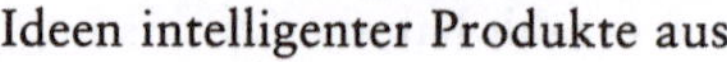

diesen Walkman. Ich würde gerne eine Kamera machen. Das ist eine schwierige Frage. Wenn ich sie beantworten könnte, würde ich mich auch darum kümmern. Ich bin aber eigentlich jemand, auf den die Sachen zukommen müssen. Ich bin nicht der Autor, der selber Dinge erfindet. Wenn es mir gelingen würde, Ideen intelligenter Produkte aus meiner Sammlung, wie zum Beispiel die Brillen und das Prinzip dieser Feder, in einem Produkt zu integrieren, da wäre ich sehr froh.

Eine ganz andere Frage: wie wird man als Designer reich?
Einfach eine reiche Frau heiraten…(lacht) nein, ich glaube das Problem ist, daß der Designer sich nicht richtig zu verkaufen weiß. Auf der einen Seite nimmt er horrende Summen für Kleinkram, und auf der anderen Seite gibt er geniale Ideen für ein Butterbrot ab.

Willst Du mit Deiner Arbeit die Gesellschaft verändert? Zum Beispiel hat Otl Aicher einen hohen Anspruch in seinen Büchern vertreten, wie er sich Gesellschaft vorstellt und sie verändern möchte.
Ja, in Büchern kann man vieles schreiben, aber in der Realität läßt sich nicht soviel verändern. Ich würde mich gerne mal einsetzen für die Kranken und Alten. Aber wenn man sich auf den Gesundheitsmarkt einläßt, ist es wohl genauso wie mit den Gartengeräten. Der eine will eine bessere Schere und der andere einen besseren Computertomografen haben.

Welchen Anspruch haben die Unternehmen, mit denen Du zusammenarbeitest?
Wenn ich die Firmen betrachte, für die ich momentan arbeite, also ERCO, Gardena und FSB, dann sind das alles Unternehmen, die Design als Teil der Unternehmensphilosophie sehen und vertreten. Dadurch wird das Design getragen und kommt zum Erfolg.

Klaus Jürgen Maack von ERCO hat zum Beispiel immer Zeit für den Designer. Es klingelt kein Telefon und wir können uns ungestört über Gott und die Welt unterhalten. Das finde ich toll. Man muß einfach einen persönlichen Kontakt zu dem Unternehmer haben. Design braucht Zeit.

Peter Rea

Peter Rea studied at Wimbledon School of Art, then at the London College of Printing under Ernest Hoch and Tom Eckersley, and at the Royal College of Art under Anthony Froshaug. Peter Rea ran a small private design practice in the 1960s while teaching at Norwich, Wimbledon, Saint Martins, and Middlesex.

In 1971 and 1972 he was at the Philadelphia College of Art as a Visiting Assistant Professor. PCA was the American touchstone for internationalists, influenced by Visiting Professor Armin Hofmann.

From 1972 to 1980 he was head of Advanced Typographic Design at the London College of Printing and then head of Graphic Design at Leicester Polytechnic from 1980 to 1984.

Rea was head of Ravensbourne Graphic Design from 1988 to 1991. He developed the principles and reputation built by the existing staff and led an expansion into moving image design, design for need, photographic design and new type-and-image design using new technologies. Until July 1993, he served as Visiting Specialist to final-year Ravensbourne students.

Peter Rea has spent his life equally between designing and teaching, usually in parallel.

He is now Guest Professor at the Hochschule für Künste Bremen and is developing their new media centre, which serves the three schools of music, fine art, and graphic design. He is also Visiting Professor at Notre Dame University Beirut, Lebanon.

»Educate

Du bezeichnest Dich als Sammler. In Deinem Haus sind überall kleine Gegenstände ausgestellt: hervorragendes, raffiniertes Produktdesign, meist von unbekannten Gestaltern. Warum sammelst Du diese Dinge?

Das Jagen und Sammeln ist das Eigentliche des Menschen. Diese Objekte sind meine Bilder, sie faszinieren mich. Es ist eine Sammlung von Dingen, die ich sehr schätze. Die Gegenstände sind meistens anonymes Design. In meiner Sammlung von Skurrilitäten gibt es keinen Mendini oder Colani. Das Wenige ist von Charles Eames. Sonst bleibt es einfach und anonym. Außerdem: das, was ich auf Flohmärkten kaufe, kauft außer mir sowieso niemand.

»What makes you tick?«

Was mich motiviert, ist das Suchen. Zum einen ist da mein harter Job als Lehrer und Designer, auf der anderen Seite mein riesiger Freiraum, z.B. am Züricher See zu sitzen oder mit Euch hier zu sein und sich Zeit zu nehmen. Das Selbständigsein macht einfach Spaß.

Zürich, 15. August 1994

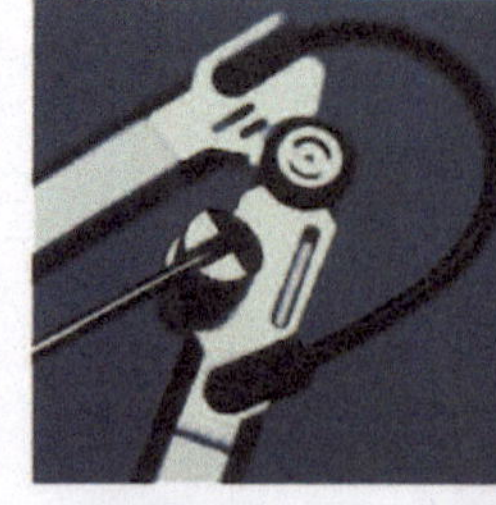

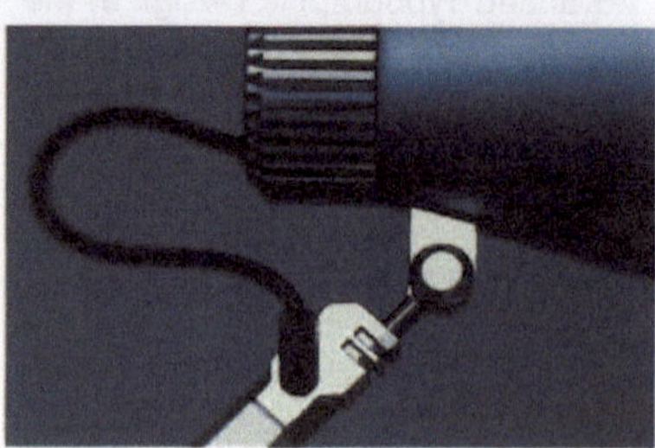

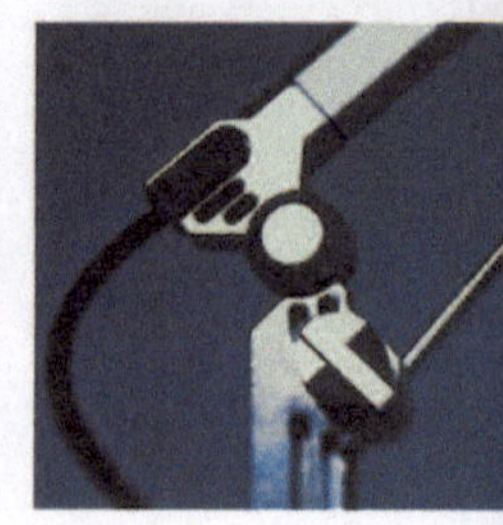

Die Arbeitsplatzleuchte »Lucy«, 1995 für ERCO

for a life-ethic.«
Peter Rea 8869

How would you characterise and name your job?

My job has changed continuously. So anything I say now might
be modified within six months or in a year. I suppose what I try
to be is a communicator – that's the basic idea, the concept.

One of my students, who was studying in London, introduced
me to his parents at the final degree-show. And his mother
said: »Mr. Rea, I'm pleased to meet you, you must be in charge of
administration« – because I was head of school. »No,« I said,
»I'm in charge of inspiration.«

I'm quite a good administrator and quite a good manager and
I suppose I'm a reasonable politician. These are the things you
have to be, to move your way through life, to create situations
where you can try to achieve things. I think that providing a sort
of inspiration is a major part of it as well. I'm inspired for
example by music, books and architecture and travel and by
»the future«.

How did you become a designer?

Where are we going to start? How far do you want me to go
back?

**We would ask you for a curriculum vitae – I think this is better
to write down....**

Do you want the one-page one or the one-hundred-page version?

**The hundred-page one, if you've got it here now. Our interest is,
whether you had an original idea to be a designer, if you can see
a reason for this decision – maybe in your early years?**

In England, at Christmas time, we have the tradition that Father
Christmas will leave you gifts at the end of your bed. When
I was young, four or five years old, one of my presents was a little
rubber printing outfit in a metal box. It's called a »John Bull
printing outfit«. So at about the age of five I was already a printer.

And my father – apart from being an engineer – had been a
sign-writer. This thrill of using a brush, and the way in which the
hairs of the brush bend, and the way in which the paint
left the brush – writing signs, big letters, is still a thrill to me.
I borrowed a ladder, planks and a trek-cart to carry them around
whilst I painted the facias (fronts) of several shops near my
house. So I was already doing lettering when I was twelve.

Then also we had a few books when I was young. We didn't
have many books because of the war. I had one or two. No, I had
three books. So I started a library with my books. I made a little
pocket that went in front of the library books with a card in it.
I would lend these books to other people in the street. Of course

I had an index. I wrote the names of the books down. So I got
involved in information design, in tracking and recording data.

And at grammar school in the art room we had a small printing
press. I discovered that I could sell little bits of printing.
Other boys in school would trade me their bottle of milk and
I would print them some business cards. So the idea that design is
a sort of interaction with other people came very early on.

There was also a gas-burner in the art room, where you put the
gluepot on, to heat the glue for bookbinding. And if you had a
saucepan, I could pour the milk into the pan, the milk that I'd
just swapped with you for the business cards, I'd heat the
milk up and sell you the hot milk back. It was a very good living:
many sorts of trading operations, sharing skills, equipment
resources and I guess inspiration.

The next step was that I went to the art school. The point here
is that artists and designers are often disadvantaged by their
skill. Education tends to let you to do more and more art and
design, and less science, maths or other subjects. We are
disadvantaged in a wide sense. I was studying English Literature,
English Language and Art. But because you get very good at
your skill, the tendency is to say: »Why don't you go to the art
school?« instead of: «Why don't you do English, Science or
French?« So you gravitate very quickly towards »doing« things.
This is a problem, because often thereafter many artists and
designers don't fully develop their intellect in terms of reading,
languages or science. They can »do« but not explain. They
can have visions but fail in persuading others. They can be admi-

red, but not respected.

So I went to the art school almost
automatically. Fortunately I actually went
to a very good grammar school first.

What about your role models at that time?

I studied fine art for two years, so my early
role models were mostly artists. Traditional
ones, like Leonardo da Vinci, Michelangelo, Picasso, English painters such as
Stanley Spencer. I think that was good,
because it involved the idea of expression,
invention, emotion and sensuality, things
that have to do with art, not clinical scientific things, which had to do with design.
But at the end of the two years, I decided

A sight-seeing trip around
London with Peter: »It's
not a tourist trip. I want
to make sure you left
London with some good
things.

So when I say: »Get out
of the car!«, I mean
experience it, not look
at it.«

I wanted to do graphic design. I wanted to be a communicator – transactions from one person to another, from the client to the customer, or from the public service to the public. Designing that transaction, I could also express some of myself – as a thinker (the science of design), an artist (at the time) and with inspiration (ideas which resolve a problem, improve a communication, inspire other people to have inspirations to resolve their own problems... hence, I guess eventually the teacher in me). Out of that I could find people who could be real role models. The one I have always taken with me is Moholy Nagy. He was a photographer, an inventor, a teacher, a communicator, a typographer, a painter. And he had a way of doing things. He would have been whatever was appropriate to be. He is a role model. Many years later, 1978, the Arts Council were making an exhibition in London about Moholy's work and they asked me to design the exhibition. The reason they gave was that they thought the way I did things was compatible with the ideas Moholy Nagy had. That was a really important event to me.

Other role models come along in music. Duke Ellington is the one I like to usually quote – what Duke Ellington achieved is a 60-year working life as a musican. He maintained an approach to his music. Whether it was shortly before he died, whether it was when he was young, he developed, changed and extended his music but he always maintained his way of doing things.

Corbusier had a big influence on me. I like him as a big architect, who has been misappropriated and misunderstood. Also Richard Rogers and Renzo Piano or just good classical, symmetrical design, even though I would classify myself as an asymmetrical designer.

Your curriculum vitae can be read as a list of schools. You changed schools very often. Was this forced by the schools or are these changes your destination?

Sometimes I wish I could have had control over the same school for a long period of time. Some people are in charge for 25 years.

They build something in all these years. But then you see, if
I had done that, I would not have gone to America, not to Africa,
not to Switzerland or Germany, I would not play music, work in
the theatre, make exhibition designs, audio-visual design, struggle
with the computer. I don't think I would have done so many
things. Every change I made has been under my control – more
or less. And everything I have done has been re-invested as a
teacher and designer. I do sometimes feel that I lost the chance to
build my own epitaph in one place, but on the other hand,
I feel that everywhere I've worked I've indeed really worked and
had an effect. And as a student of life I am still learning.

**You were at the London College of Printing from 1972 to 1980 and ran
a postgraduate course in »advanced typographic design«. It was a kind
of programme-teaching with part-time teachers. Could you explain that?**
When I took it on, the course didn't have any particular reputation. We made it something special. The way we ran it was
that we were all part-time teachers. My idea was that I didn't just
go in and I do my thing and you do your thing. We worked
together like musicians to create music. We worked together as a
team to create a course. So every day of the week, every component was part of the event. And the course is the whole year.
At the end of the course is the event and then we come back
right to the beginning, so you can plan how you are going to work
together. Students and staff, year by year, pushing our ideas and
concerns forward all the time as a creative and scientific work in
its own right. I've continued this approach ever since, although
evolving into new subjects or under new conditions ... you can
imagine how we are struggling now, in 1996, in the Lebanon after
17 years of their civil war.

I got involved in structured teaching by Anthony Froshaug
and Ernest Hoch. Their ways combined with what I learnt from
my father as he patiently and inspiringly explained how things
worked, how principles of mathematics and science could be understood and used. And from what I learned from an uncle – a
real teacher – who taught me to apply myself over and over again
until I did not simply »learn« but »understood« and »used«
my knowledge. Out of these influences I got interested in program-
med teaching, planned teaching or what I now call structured
teaching. My grammar school had, because of the war, an officer
training course. One day every week you trained to be an
officer in the army. So if we ever had to go to war again, I would
be an officer(!). In that training, you do everything in reverse

For me »destiny« has a
better meaning than
destination, as I'm still on
my way somewhere and
haven't got there yet.

By coincidence, one of the
students I taught on
the Advanced Typography
Design course at the LCP
in the 1970s, is 20 years
later the person who engineered my invitation to
help re-organise the courses
at Notre Dame University,
Beirut. And as we have
very few design teachers,
we have just given three
22-year-old female
students the chance to be
our new young teaching
bloods – well, if the Beat-
les, the Rolling Stones,
Charlie Parker and Jesus
could do it ... let's try.

order. The idea is, that you state the aim, then you state how you
are going to achieve it. It's »win the war« and then it's structured
all the way back, how we are going to win the war. Then, by
moving forward 1, 2, 3, you win the war. That's the theory anyway,
but a very important concept to achieve anything, particularly
in the field of education: motivation, explanation, communication.

Erik Spiekermann was one of these part-time teachers. Would you give us a remark about him?

Well… He was a deadly serious designer teacher. Erik fitted in
that sort of scheme really well because he was… Erik-Germanic,
yet he was Eric-English, because he was sort of a bit crazy. Erik's
skill is that he has humour and seriousness, knowledge and

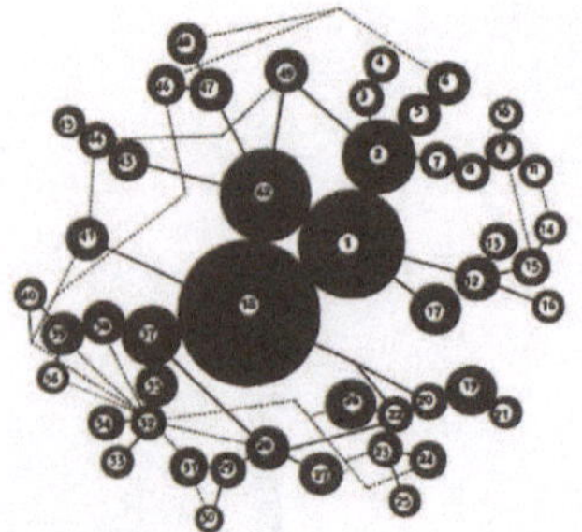

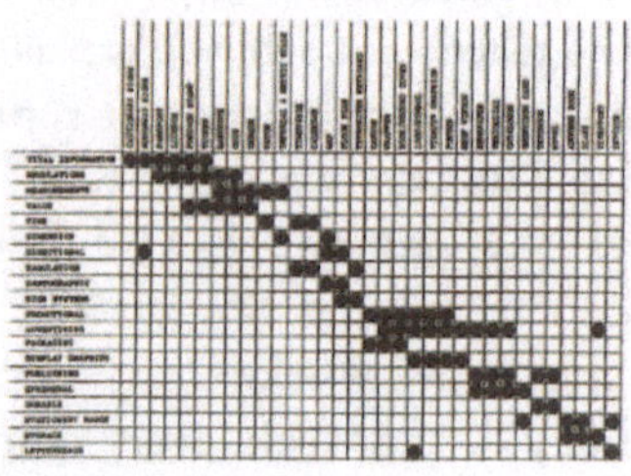

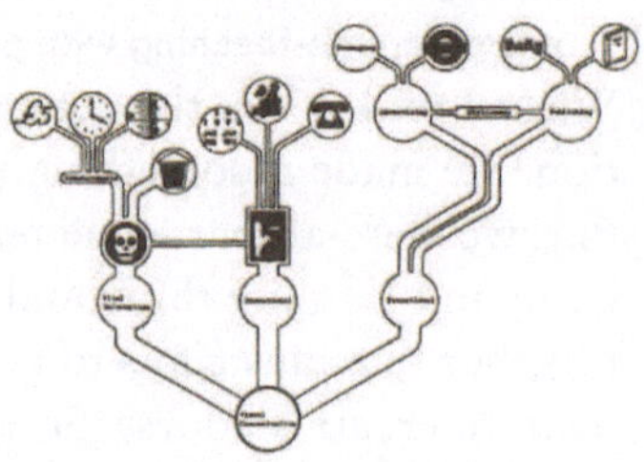

decisiveness. He is very quick – sometimes he is too quick – but
then I'm sometimes too slow. Actually he would have made an
excellent student to work with – always challenging and creating
new ground.

On account of your schoolchanges you will know different working-approaches and conditions. How and what should designschools teach? Which context? What is there to do?

The problem is, the context keeps changing. Twenty years ago
people presumed that design was to do with improving human life
and improving society: product design is to design better products,
furniture design is to design better chairs and graphic design is
to produce better communication. But what happened in the last
years is that the traditional enemies of good work started to
encroach and they got hold of the good work. Our particular
enemies unfortunately are overstated interest, self-expression
and ego, marketing and profit, economics and accountancy.
Design has been perverted to be just another way of selling things,
making something more desirable, making people want something.

So the question »What should design colleges teach?« changed
fundamentally. We were beginning to be designers working

If you want the full
explanation of the way
my teaching methods are
supposed to work
you'll need a long time…
it would be quicker to
come and study with me
for a year!

for commerce, for marketing and the high-street shops and for
ourselves: design for designers, designer-this, designer-that. Selling,
selling, selling and eventually selling credit. Putting people
in debt as they bought more and more. Eventually this led to the
recession. This was heavily motivated and engineered with the
collusion of designers.

To answer your question: currently I feel that we have to educate
for a world where the concept of the work ethic has to change.
The work ethic says that you have to work five days a week in
order to live two days a week. We have to change that, so you
work three days a week and live four days a week. Economically
you have to do that, because there isn't enough work and not
enough money. Spiritually we have to do this to provide meaning
for young people and older people. Life cannot just be for the
»haves« but also for the »have nots«. I believe we have to educate
to help people enjoy life in a way that isn't always consuming.
So you might make a small investment, say you purchase an
instrument and enjoy playing music, but you don't have to sell the
music. We can enjoy the whole day – like we are now – just talk-
ing. Life becomes much more acceptable without always having
to fulfil our self-esteem by work. The meaning of work must – will
change. Other things will have to get equal importance: for
example to keep fit, to talk, to help, to cook, to paint the room,
to enjoy walking, looking, feeling... change the work ethic into
a life ethic, education for living as well as working.

**We talked about the morals of making design nowadays. What is the
social commission of a designer? Which pretension, which remarks are
at the bottom of it?**
If you use your skill very well, if you understand marketing skills,
they are very good skills to communicate. Marketing and
communication are very much the same thing, it's just the reason
why you're doing it. I'm not personally saying you shouldn't
market or you shouldn't advertise. What matters is whether what
you are doing is worth doing, is it improving society or abusing
people? Is our work enriching our visual environment or polluting
it? Are we exploiting our skills for selfish benefit or to help all?

**Ulm had an obvious view to change society, to make things more
human, to get out of the direction which moves to a solely technical
or consumer society. Is this approach possible to realise with design?**
I don't think we are important enough unfortunately to change
society. That is a delusion. You should have become a politician.
These weaknesses in our ability to be politically active (stem),

The dream
I used to have a dream, where I was bleeding at my arm. My designcolleague Sam, who was an extremely methodological person, was plying a bandage and he would ply the most beautiful one: He would wrap it perfectly, the angle would be exactly 45 degrees, but I would be dead. He took too long. In my dream, he won a design award for my bandage. I would have preferred that the bandaging were done quicker. So when it really comes to this point, function is more important than form.
But the two never need to separate. Form eventually becomes intuitive in the way you do things. Form, however, should be driven by the real needs and aims. It is the way you do it, not what you do.

I believe, from the disadvantaged education which as »artists« we accepted when we were young. As adults we are full of ideas and inspiration but have only our artistic and design skills with which we work. You only have to listen to teachers and designers trying to express themselves at committee meetings, giving lectures or conferences, to know that we are very inarticulate.

By developing our skills and technology, working with other enlightened and concerned people, we can change opinion, as the 15th and 16th century humanists did through printing, as writers and journalists have done through newspapers, books and television.

What happens to your students after school? Do they fit into a vocational oriented society?

Vocation has two different meanings. Vocation means doing a job, but vocation also means committed from the heart. A nurse, a doctor or a teacher are presumed to be vocationed by the heart.

I always thought that design is an attitude of mind, so that it lasts all the way through your life, hence that design is a journey – through a job or through your life. I never taught people to do a job. I try to teach people to have an approach to their life. But I always made sure people have skills, that they can do jobs. In fact most of my students are very successful. I think it's because we teach them to have a bigger interest in what they're doing.

But isn't it expectations and misery? In school you have ideas, big interests, morals, you build up your attitude towards design and after school there is misery, being exploited or being a taxi driver.

I would not have been teaching you to get a job, but at the same time I would not be teaching you to waste time and not get a job. I would be teaching you the principles, skills and concerns of our profession and crafts in order that you can be very useful to society and that your way of life has value and meaning to you. To be a graphic designer is not, in my view, a very high or important aim, it is what you do with your life that matters. Graphic design can of course be very valuable and important to people in certain fields. It can also be very expressive, creative and a cultural sign of the times, akin to fine art.

What I try to do is provide an education for life for people who want to use skills such as ours. Some can use the skill of problem solving, and never produce a graphic design again. Others may focus on developing an aesthetic, or a way of working. Others may decide to actively help people in a more personal or direct way than they feel able to through graphic design. Some students, as you suggest, may become taxi drivers ... what's wrong with that? I see nothing wrong, except if there is a misplaced frustration caused by the failure of the teacher to explain that we each do what we can, want or are able. Yes, there is a lot wrong if the teacher has failed to show the context and relative value of what they teach. For example, if the teacher's subject is theoretical, how do you apply it? If it's historical, what bearing has it? If it's a specialism, can you use it? If it's contemporary, how will we evolve it? If it's an aesthetic, or skill, how do you use it, and appreciate it's quality? If your work has to earn you a living, how do you charge and get paid for it? Teachers often fail to pass over the control and responsibility to their students, and then the students find they cannot stand on their own feet without a prop. The teacher may have failed to adapt their subject or methods. Education isn't for today or even tomorrow but for life.

The management will never understand this, because the management has to measure it in the success of their students. Somehow, there are less students full of misery and virtually all my students are with jobs and a way of life. So the management, me and my students are happy.

How would you estimate the value of design as an economic factor? In the last years the designing of our environment is getting more and more – everything is designed. We have this tendency in graphic design as well as in three-dimensional design.

Well... graphic design is a major component of communication. What matters is what the communication is about. And graphic design is important in the economy, but what matters is whether one economy is destroying somebodys else's economy.

So why is it good for example that the European Community comes together? Is it really good that we export our apples

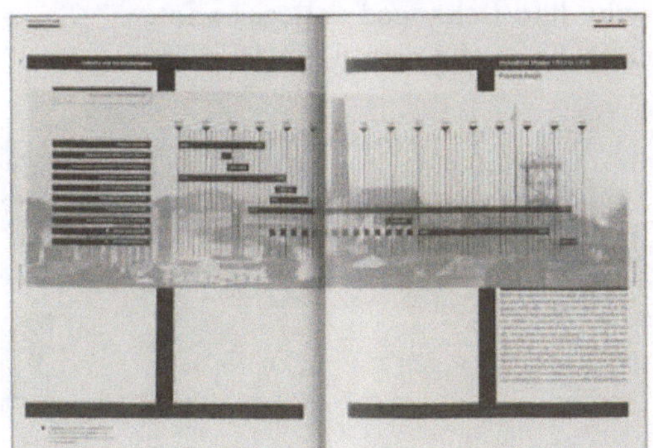

Industrial Image catalogue, exhibition and video designed by Peter Rea, 1986

(Diagrams by Peter and Sam Robinson – the Sam mentioned by Peter in his dream on the opposite page.)

to France and France exports its apples to England? And through the advertisements which we design we sell a lot of English apples in France. The consumer has to pay the cost between the apple in England sold in France. From a social point of view I greatly support European community, from an economic one I have my doubts.

So what is there to do? Is information design on the opposite side to graphic design because it brings information to the point, to communicate faster and rather more clearly? For example, help people find their buses – that is a special problem, to be solved here in London. Let's take the buses if you like. You can approach that problem from at least two perspectives.

One: the designer works on behalf of the public and the user of the buses, to make it easier to use public transport – socially good design.

The other: design is commissioned by the bus company, because they want to sell more tickets, to make more profit, to persuade more people to ride on the buses, to improve the buses.

Somewhere in the middle there is the situation which is good for the economy and good for the people. The idea is always the combination with these two things. But what increasingly happens is that we become polarised much more towards the commercial, economic reason for doing things, instead of for the public good.

You said: »What we ourselves are, what we bring to our work, is very important.« What has playing drums or travelling in different countries or whatever to do with your design work? The designer has to deal with the interests of the client, and not his own. The same people can do the same things, but some people make it different. Two cooks can cook the same meal, but some people make the meal taste different. That's what we bring to the work.

You asked me early on why had I changed colleges a lot. Every change brought something to the next place I've been.

Technological change and industrial design, a guide to employers, 1992

Design and typography by Peter Rea, photographs by Jacky Chapman, digitized type by Carlo Tartaglia

Within the last couple of years, I've been to Switzerland, Germany, twice to Belgium, to Holland, to Zimbabwe, to Hungary, to Canada and America, and five times to Lebanon. And I live in central London. I think all these things come out in your work.

Music has definitely made me aware of rhythm, accent, emotion. Theatre has made me aware of space and relationships, scale and size. Painting made me aware of colour. Architecture makes me aware of relationships to people, to tactile and physical strengths. Journeys have made me aware of what is important to people.

To take an example of what a student might bring to a school of design let's look at Ravensbourne. One guy came in for interview to join the course, his crash-helmet under his arm. He was a motorbike courier. He came right in with boots on, leathers and everything. And we asked: »Why do you want to study here?« And he said: »For the last ten years I've been delivering this stuff, now I want to do it.« So I said: »How did you do this folio, when you are always delivering?« He said: »Well, I went to the evening classes at the London College of Printing.« So we took him. He brought determination, guts, humility and an ability to survive in all weathers. Real grit.

You changed from teaching typographic design at the London College of Printing to teaching moving images in Ravensbourne. Is this a new domain?

I'm interested in music, so I am interested in time-based design. I'm interested in theatre, so in time and emotion and layers of information. It's not a big transition, that you can make graphic design move. I started with theatre and slide-projections in the 1960s, then with tape-recordings, then it became multi-screen-projection and environments. Moving-image is parallel to my typographic design, and to my interests in exhibition design, photography, or to computer aided design. When I was head of graphic design at Leicester in the early 1980s I was able to bring photography into graphic design and to get computing actually into the studios.

It's been a continuity, not a jump. And really it's my students and the teachers who are good, not me. Because students are young at heart and involved in the technology. I'm the person that opens the door.

What is your view on the rapid development in computers and what is their influence on design?

In all things that have to do with a new technology, you have to decide whether or not this technology stays with you. For example the wrist watch: 15 years ago digital watches were very popular, but they didn't last. Now we have all analogue watches again. The »battery« has lasted, but the digital watchface itself didn't. It wasn't satisfactory for the way we use it – good for a machine but not for a human. And now we can see, the Macintosh and PC are going to last.

Before Gutenberg's printing press, the means of communicating was by writing. With the development of printing with re-usable, movable type, you had a split between those people who went with the technology and those people that struggled against the technology. The people that struggled against the technology still had to have a profession and so they moved into law, clerical work and teaching. They tried to maintain the importance of their skill, calligraphy and writing. The people that went with the new technology expanded into new areas of communication. With them went all sorts of other interests: people with anti-establishment views, people with political views, religious people that wanted to publish their views, philosophers and so on. Those that went in the other direction got a narrowing of their skills. That was the only way they could survive. Eventually they had to turn their skill into something special – a craft, a specialism.

I think we are at the same point again. The new communicati-on is the electronic media. That's now the expanding mode. The narrowing mode now are the people that are trying to defend standards which are connected with what is already becoming the old.

Obviously in the expan-ding area – the electronics area – you are going to get really bad things happening. Because what you are doing is democrati-zing the printing and communication business. You're giving to more people this new technology. Whereas the purists will increasingly rely on being the guardians and holders of the standards of a passing age – attractive as that may be. Don't forget: letterpress printing produces really awful designs, yards and yards of terrible printing, really bad books, really bad newspapers, really bad posters – and that's gone on for hundreds of years. And in that some quality as well. So it will be with the new digital media.

And is the visual language changing? Neville Brody or April Greiman use new technology in an advanced way. What do you think?

You are trying to deflect the amazing big view right down to the little view. The big view is what Marshall McLuhan predicted 40 years ago: the world as a global village. This is becoming true. That's the really interesting thing. Gradually the next country across the world is as close as the village that is just along the road.

It took longer to travel from Heathrow airport to Central London than from Bremen to London.

We are able to see the whole world as a country. The specifics for us are that this technology changes things, like the book or visual language. But who changes it? QuarkXPress and Photoshop are only other musical instruments. People like April and Neville are simply playing various instruments. According to the way, they play it, the instruments are important or less important. Pencil or pixel, the skill which matters is the way they and the rest of us think, this is what drives the way that you do it. As April says, her brain is her best tool.

At the »Type & Typo« in Hamburg and the ATypI in Antwerpen you showed a quite advanced piece of work from two of your students, Ian and Carlo. Is this visual language for a special, intellectual audience or is it understandable for the majority? If you have high expectations of your work, don't you only reach five percent of the population?

Well, it's both. Some of the exploration with visual language is very private and in an early stage of experiment, some is for the interested audience and some of it is for the mass audience.

Handbook for ADAR, 1994

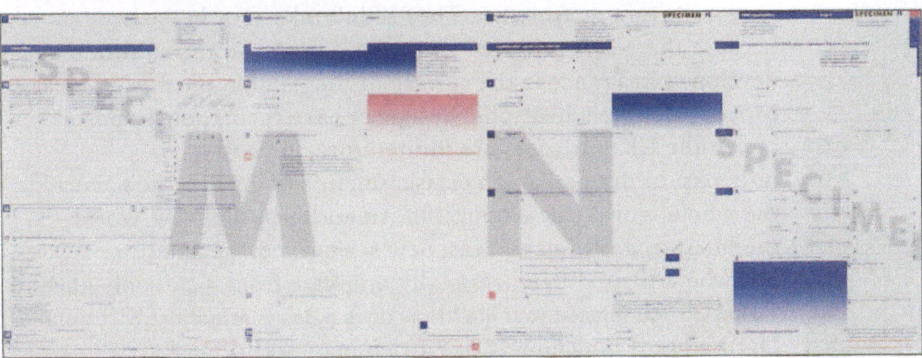

ADAR application forms
1992

We enjoy a pizza that was originally conceived in Italy and that has just been delivered to us from the Brixton Road in London. And it tastes very good, because it is home-made by Turkish people who live around the corner. But it's still England.

Change has to come in visual language. Just as television is a different media to theatre, the message may be the same. Working for a small audience will eventually make its way through to the big audience.

Does the worldwide communication supported by the new technology abolish national distinctions in design?

To some extent it will. At the same time it strengthens peoples' nationalistic feelings as well. So there is something you want to preserve deliberately. In some ways the Germans will feel more germanic, the English will try to preserve their pubs.

What are the reasons for the difference between German and English advertisements? Why does German = scientific? Why is England more humorous?

Well, English advertisements may be more humorous, I think they are often aesthetically beautiful but they are just as scientific in their aims.

An anthropologist can tell you what the reasons really are for the stereotypical differences between the characteristics and attitudes of different nations. The real reasons are probably connected with things like weather or the land mass. In England there are 57 million people in what is really a small country. There are more people living in London than in the whole of Hungary or Lebanon. The real difference has nothing to do with designers. It has to do with human development. Whether the country is flat or not, whether it is small or large, has outdoor or indoor weather.

As to the differences between German graphic design and the UK or America there could be other reasons. For example, the Bauhaus was very advanced in what it was trying to achieve. As a result of Hitler many people who would have developed their ideas in Germany fled and took with them ideas that took root in Britain or America. They didn't take root in Paris, because the Nazis followed them too quickly. So the culture that developed in France is the culture of the painter, the poster artist. Most of the French graphic designers have their roots in poster art. In the UK our roots are in literature, in poetry, in books, in dramatism, in classicism, in »seeing« the new world, the whole world (the empire). In America – in the New World – the interest was in new ideas, new science, new techniques. But where these differences really originate from, I can only guess.

How do you finance your life? How does a designer get rich?

Hard work. I'm definitely not a rich man, so I don't know.

STD calender 1996: November page, design by Peter Rea, photographs by Jacky Chapman, stromfeld techno help by Tom Flemming

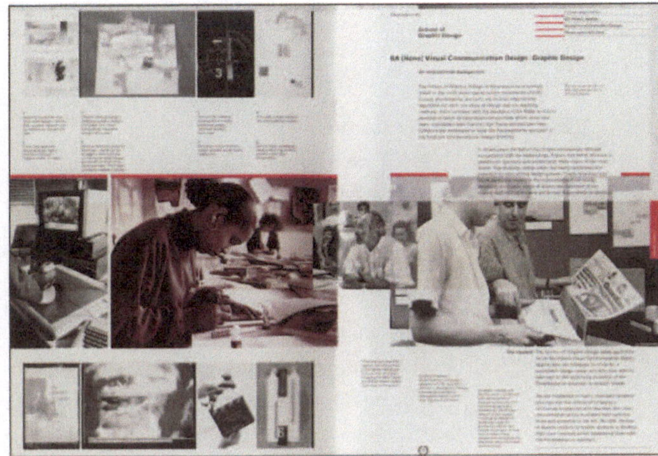

What do you want to do at some time, that you never did before?

I would like to put right as many of the world's economic, political and social problems as I can. I would like to share the valuable money between everybody. I would really like to put right the injustices between countries, continents, people.

And I would like at least another 20 years to find what's going to happen next. And I'd still like to be 20 years old and start again, but still keep my daughters, family, friends and experiences as they are and have been, plus the new ones I would get.

So what makes you tick?

Unfortunately I never see one answer. Some people ask me why I always wear two shirts... it's because I never see that there is only one way. There's always more than one.

So on the one hand I could say, it's having a problem to be sorted out and I like solving problems. It makes me feel my little bit is worthwile. But then experiencing things makes me tick as well. I get great energy out of that. Sometimes I get emotional about things. Men can cry and even graphic designers are allowed feelings. For example this room: I can look at the rhythm of the blinds and the way that the light falls across it. I see the colour around the light on the wood, this is like visual food. And so are the experiences which I encounter on my life-journey, people, places, happenings, food for my design and for my teaching. Design, for me, is a journey.

London, 3 October 1994

Cover and inside pages of the Ravensbourne College Prospectus, 1991/92

Michael Menzel

Geboren 1943.

Nach dem Abitur 1965 ging er in eine Werbekaufmann-Lehre bei McCann in Hamburg, anschließend wurde er Junior-Kontakter und später Kontakter.

Von 1968 bis 1976 stieg er vom Kundenberater bis zum Geschäftsführer bei Ogilvy & Mather, Frankfurt, auf.

1976 gründet er Scholz & Friends und bleibt dort fünf Jahre Gesellschafter.

Seit 1992 ist er Gesellschafter bei Menzel Nolte Heinemann. Michael Menzel führt zusammen mit Randolph Nolte und Gerald Heinemann die gemeinsame Agentur in Hamburg. Die Kunden sind u.a.: Badische Tabakmanufaktur, BMW Automobile, Borco Markenimport (Sierra Tequila und Entwicklungen), Condé Nast Verlag (Architectural Digest), Igepa (Papiergroßhandel), Reemtsma (Entwicklungen), Vorwerk (Teppichboden und Elektrogeräte), Wempe (Uhren und Schmuck).

»Mut ist Geld.«

Wie würdest Du Deinen Beruf bezeichnen?

Ich bin Werbeberater.

Wie verstehst Du Deine Arbeit als Werbeberater?

Die Werbung muß sich wieder zurückbewegen, aus einer zu
starken Arbeitsteiligkeit hin zu ganzheitlichem Denken.
Am Anfang jeder Markenarbeit muß eine Überzeugung stehen,
eine Vision von der Marke, ihrem Markenkern. Die kann
dann mit Hilfe der einzelnen Spezialisten in der Agentur realisiert
werden. So ist dies im Prinzip der Ruf nach dem guten, alten
Werbeberater neuen Stils. Die Werbeleute müssen heute begreifen,
daß aus der Verwissenschaftlichung der einzelnen Schritte kein
lebendiges Produkt entstehen kann. Die Einzelteile sind vielleicht
ideal geplant, aber dennoch entsteht daraus ein »Frankenstein«,
ein zusammengesetztes Etwas, das nicht sehr schön ist.

Für jede Marke muß es einen »Fluchtpunkt« geben, das heißt,
einen Punkt, auf den Perspektiven der Einzelmaßnahmen zielen,
damit ein harmonisches Bild von der Marke entsteht.

Deswegen sitzen bei uns in der Agentur auch immer die Kreativen und die Marketingleute gemeinsam an einem runden
Tisch, wenn es gilt, die Grundzüge einer neuen Konzeption zu
entwickeln. Am runden Tisch gibt es kein oben und unten.
Am runden Tisch kann es keine Frontenstellung geben, kein
Abteilungsdenken. Jeder ist gleich wichtig. So entstehen in positiver
Kooperation Lösungen, die frei von Einseitigkeit sind. Und
gleichzeitig, unmerklich findet ein gegenseitiger Erziehungsprozeß
statt: die Berater verstehen, daß die Kreativen manchmal auch
recht haben, wenn sie das Briefing bekritteln. Sie spüren am eigenen
Leib, daß das tausendseitige Kundenbriefing sich nicht in eine
fetzige Drei-Wörter-Headline umsetzen läßt. Andererseits verstehen
die Kreativen manchmal, daß die Einwände des Marketing-
mannes nicht immer doof und destruktiv sind. Frühe Einsicht
vermeidet lange Fehlentwicklungen.

Wenn alle gleichzeitig und gleichberechtigt zusammenkommen,
entsteht ein gemeinsames Werk. Das ist Werbeberatung wie ich
sie verstehe.

**Wie bist Du zur Werbung gekommen? Als Du angefangen hast, war
Werbung doch eher etwas Anrüchiges?**

Anrüchig war die Werbung erst ab den 68ern. Ich habe aber
1963 angefangen – da war die Werbung ein Traumberuf. Sie war
etwas Glamouröses. Nach der Freßwelle der Nachkriegszeit
war Konsum etwas Tolles, Begehrenswertes. Peter Stuyvesant
erzählte uns, daß die Welt immer größer und freier wird,

daß man sich ins Flugzeug setzt, um andere Menschen zu treffen,
um mit ihnen kühne Projekte zu planen. Damals war auch
»Stewardeß« ein Traumberuf über den Wolken. Heute haben wir
den Salat. Eine Stewardeß ist eine Serviererin mit elend viel Streß
und ewig mosernden, aufgeblasenen Vielfliegern.

Nein, damals, 1963, war Werbung nicht anrüchig. Ich erinnere
mich noch, als ich vom Internat nach Hause kam und meine
Mutter mir erzählte: »Ich habe was gekauft, das fängt mit K. an.«
Es war ein Kühlschrank, das war toll. Heute ist das selbstverständlich. Seinerzeit war das sensationell. Und deshalb war eben
auch Werbung toll. Hinzu kommt natürlich meine Persönlich-
keitsstruktur. Werbung ist ein öffentlicher Beruf, eine Stufe unter
dem Schauspieler und dem Entertainer. Allerdings müssen die
Werber immer Geld mitbringen, damit ihre Witze gesendet werden,
während die anderen dafür bezahlt werden. Das ist eigentlich
der wesentliche Unterschied. Das Entertainment Business fand ich
immer faszinierend.

War es denn Dein Traumberuf, in der Werbung zu arbeiten?
Die Werbung hat eine Wellenbewegung mitgemacht. Als ich anfing,
war das ein Traumberuf, in den Spätsechzigern hieß es dann
»i-bäh, Karriere machen.« Ich laß mich doch nicht auf's Rad
flechten wie mein Alter. Da fuhr man lieber nach Bali (das war die
große Zeit der Camel, mit dem Loch im Schuh um die Welt).

Heute ist die Werbung letzlich wieder ein Traumberuf. Jedes
Mädchen, das ein bißchen hübscher aussieht, will heute in
die Agenturen, weil die da so freizügig sind. Man muß nicht pünkt-
lich erscheinen, es gibt Kaffee frei, und man hat mit dem
Fernsehen zu tun. Vielleicht ergibt sich einmal die Chance, mit
Claudia Schiffer zu telefonieren.

Warum haben Werber bei Designern meist ein schlechtes Image?
Ich habe neulich eine kleine Vorlesung bei Designstudenten an der
Kieler Uni gegeben. Über die Alltagspraxis der Werbung. Da
hat der Dozent mich vorher gewarnt, daß die Werbeleute bei seinen
jungen »Künstlern« nicht viel Respekt genießen, weil das alles so
kommerziell ist, was die Werbung macht. Profan und konsumgeil.

Denen habe ich gesagt: das ist wie mit Steven Spielberg und
Hark Bohm. Auf die Filme des einen freuen sich Millionen. Die
Filme des anderen werden in eher homöopathischen Dosen
gesehen. (Sie haben ja auch meist einen selbsttherapeutischen
Hintergrund des Regisseurs.) Ich für meinen Teil wäre lieber
Steven Spielberg. Ich kann nicht ein gestörtes Verhältnis zum
Konsum haben und dann in die Werbung gehen. Das ist bescheu-

ert – da verbiegt man sich. Ich habe ein sehr positives Bild
von Werbung. Es ist fürchterlich leicht, dagegen zu sein, weil man
meint, das sei tierisch intellektuell. Auch der Intellektuelle ist ein
»Opfer« der Werbung; mag er es noch so sehr bestreiten. Wobei
ja schon das heftige Bestreiten den inneren Kampf andeutet.
Etwas, das mich nicht berührt, bekämpfe ich nicht. Nur braucht
er eben eine andere Werbung als der notorische Zuschauer von
»Gute Zeiten – schlechte Zeiten«.

Was ist Werbung?

Wenn man einen miesen Tag gehabt hat, sagt man sich… »heute
gönn' ich mir was. Heute gieße ich mir Jil Sander in mein
Badewasser – extra üppige Portion«. Der Topf kostet 90 DM, das
ist natürlich völlig bescheuert. Man weiß ja, daß da auch nicht
viel anderes drin ist als in Clif oder Litamin, allenfalls ein sen-
siblerer Duft. Aber dennoch »Man gönnt sich was«. Man schenkt
sich ein Gefühl. Ein Gefühl, das durch Werbung erzeugt wurde.

Die Funktion der Marke – und damit der Werbung – ist es,
persönlich erlebte Defizite zu kompensieren. Ich kann versuchen,
meine Ängste und unerfüllten Wünsche mit Hilfe einer Marke
ein bißchen zu kompensieren. Auf diese Weise hat Werbung eine
gesunde Funktion.

Was ist für Dich eine erfolgreiche Kampagne?

Die erfolgreiche Kampagne ist natürlich eine, die Marktanteile
gewinnt oder neue Märkte aufbaut – Standardantwort. Aber ganz
persönlich gesehen, ist eine erfolgreiche Kampagne eine, die ihren
Erfinder zum Sieger macht. Das ist wie Monopoly mit richtigem

Geld. Das ist, wie ein Hotel auf der Parkstraße zu haben und
der andere würfelt die Zahl, die ihn da raufbringt. Das ist wie
Fernschach mit anderen Agenturen – ich setze dich matt. Ein
gutes Gefühl. Erst die Wettbewerbspräsentation gewinnen und
dann die Marktanteile. Das ist der Kampf des Lebens.

Nur, wie macht man eine erfolgreiche Kampagne?
Die kreativen »hotshops« würden sagen: »Mit ungewöhnlicher
Werbung.« In dieser Zeit der Reizüberflutung muß man in erster
Linie auffallen, man muß Mut zu Extremen haben: Mut ist Geld.
Nur, diejenigen Firmen, die Geld haben, sehen das anders. Die
wollen nicht auffällig sein, sondern »richtig, zielgruppengerecht,
on Strategy«. Es gibt Mengen von Kampagnen, die mörderisch
erfolgreich und überhaupt nicht mutig sind. Ein Beispiel aus
Amerika: ein Amerikaner hat einen Werbefilm gedreht, der
nichts Besonderes war. Auf die Frage warum das Ding so langweilig sei, antwortet er: »Dieser Film hat 15 000 Dollar Produktion gekostet und mehr eingespielt als »Vom Winde verweht«.

Wenn ich aber das Geld vom Kunden nehme, um mein eigenes
Ego auszuleben, dann bringt das nichts. Der Werbemensch lebt
immer in dem Zwist, daß er einen intellektuellen Anspruch hat,
den er mit 5 % der Bevölkerung teilt. Die meisten Produkte
sind aber für die restlichen 95 %. Die Waschmittelmarken wissen
das und Ferrero weiß das auch. Der kommerzielle Auftrag
einerseits und der Egotrip andererseits – das vermischt sich. Und
Jean-Remy von Matt tickt sicher mehr auf der Egoseite als ich.

In dem Augenblick, wo ich selbst als Zielgruppe nicht in Frage
komme, muß ich mich in die Lage der Zielgruppe versetzen,
um für diese Zielgruppe arbeiten können. Wir machen ja jetzt
gerade etwas für Bommerlunder. Da ist die Idee entstanden,
etwas mit dem Traumschiffkapitän zu machen. Ich selber habe
noch nie eine Sendung von »Traumschiff« gesehen. Trotzdem
denke ich, das ist genau das, was die Leute mitten ins Herz treffen
wird. Die Werbeleute müssen sich den Zwängen beugen. Das
haben sie mit vielen Künstlern gemeinsam. Auch Michelangelo
mußte sein Gemälde ändern, wenn sein Auftraggeber, der Papst,
es verlangte.

Sind die Werber vom Geld verdorben?
In jedem Beruf verdienen die Spitzen mehr als die anderen.
Michael Jackson verdient auch mehr als Wencke Myhrre. Steffi
Graf kriegt in einer Woche 500 000 DM und die Basketball-
spieler in den USA fangen unter 20 Millionen gar nicht erst an.
Das ist immer der Mechanismus von Angebot und Nachfrage.

Es liegt in der Natur des Menschen: etwas seltenes ist teuer, deshalb kostet Gold mehr als Sand.

Sind deshalb die Werbeetats so groß?

Der Kunde gibt das Geld ja nur aus, weil er denkt, daß er es ausgeben muß. Wenn er meint, sein Geld mit der Geschäftspapierausstattung machen zu können, würde er es machen. Kann er aber nicht, weil die Leute sein Produkt nicht wegen des Briefbogens kaufen. Ein Werbespot ist preiswerter. Ich kann dort über das Produkt viel mehr sagen, als in einem Briefkopf. Mit einigen Ausnahmen ist das System der Marktwirtschaft schon gerecht. Die Leute geben nicht mehr Geld aus, als sie unbedingt müssen.

Wie teuer ist denn dann guter Rat in der Werbung?

Vor dreißig Jahren gab es eine Zigarettenmarke, die praktisch tot war. Und dann gab es ein Meeting, wie dieses hier und da hat jemand gesagt: »Laß uns mal was mit Cowboys machen«. Und dieser Satz ist heute 33 Milliarden Dollar wert. Jeder Idiot kann heute eine Zigarette herstellen und eine Packung machen. Aber derjenige, der gesagt hat »laß uns doch mal was mit Cowboys machen«, der hat 33 Milliarden Wert geschöpft. Was soll man dem bezahlen? Wenn man ihm 2 Millionen für eine Minute gibt, dann ist der immer noch total unterbezahlt.

Darf Werbung den Rezipienten für dumm verkaufen, oder anders gefragt: ist das Volk so tümlich, wie es die Werbung oft darstellt?

Die Werbung kann die Leute nicht verdummen, das ist ein absoluter Irrglaube. Was ist denn mit den sogenannten »heimlichen

Verführern«? Das ist doch totaler Quatsch. Derjenige, der heim-
lich verführen kann, dem biete ich 20 Millionen Mark, aber den
gibt es nicht.

Ich will das in ein Bild fassen: man muß die Werbung so sehen
wie den fotografischen Entwickler. Die Werbung entwickelt nur
das, was in den Köpfen der Leute belichtet ist. Und belichtet
ist: Neid, Eifersucht, Geilheit, Liebessehnsucht, Wärme, Sicherheit.
Aber wenn einer nicht geil ist, dann kann ich ihn nicht geil
machen. Da kann ich ihm zehn nackte Weiber zeigen, und der will
mit mir über seine Briefmarkensammlung reden. Es wird mir
auch mit 100 Millionen Mark Werbung nicht gelingen, Männer
davon zu überzeugen, einen Büstenhalter zu tragen, das schaff ich
nicht. Welche Bilder also in den Köpfen entwickelt werden
sollen und welche nicht, darüber kann man jetzt lange streiten.

Ein weiteres Beispiel ist das Unternehmen Ferrero, das unglaublich erfolgreich ist. Deren Produkte sind einfach gigantisch gut.
Und im Spiel mit Emotionen sind sie es eben auch. Vielleicht könnt
ihr Euch noch erinnern: »Mon Chérie, wer kann dazu schon
nein sagen?« Da wird ein Skatabend vorbereitet und die Frau sagt:
»Na, ich hab da noch was Süßes«. »Wieso?«, sagt der Mann,
»meine Freunde nehmen doch nichts zum Naschen«. »Mon Chérie
ist ja nicht irgendwas zum Naschen...« und wie üblich, der Abend
geht zu Ende und es ist nur noch ein Mon Chérie übrig. Abitu-
rienten und Studenten kriegen das Kotzen, wenn sie sowas sehen.
Aber Ferrero kriegt Briefe von Leuten, die schreiben, daß sie
einen Skatabend gemacht haben, Mon Chérie hingestellt haben
und keiner hat eins genommen... Der Mann war ehrlich entrüstet.
Man kann gar nicht so schnell gucken, wie die Dinger sich
verkaufen. Du fühlst Dich verarscht, ich fühl mich verarscht. Ich
würde solch eine Werbung auch nicht machen. Das heißt aber
nicht, daß die Leute nicht darauf ticken und sich danach verhalten.

**Wie beeinflußt die Arbeit und Beschäftigung mit der Werbung Dein
Menschenbild?**

Die Frage ist: Mit welchem Menschenbild habe ich angefangen?
Jeder von uns wird im Laufe des Lebens eine Verschiebung des
Menschenbildes erfahren. Meiner Meinung nach wäre es schöner,
die Menschen würden in ihrem Anspruchsniveau weniger ge-
spreizt sein. Aber Konrad Lorenz hat gesagt, daß eine Art, die in
ihrer Vielfalt verarmt, zum Untergang verdammt sei.

Wir Menschen müssen alles das haben, auch wenn es zynisch
klingt. Wir müssen Krieg haben, Vergewaltigung und Betrug.
Das gehört offensichtlich zum normalen Leben dazu. Gäbe es das

nicht mehr, wären wir im Paradies. Und bis dahin ist es ein langer Weg. Die Menschheit lernt mühsam und langsam. In dem Zeitraum, den wir überblicken können, haben sich die Regeln des menschlichen Lebens nicht geändert.

Woher kommt Deine Souveränität, daß du auch mal einen Kunden rausschmeißt?

Ja, das ist Luxus, den ich mir erlauben kann. Ich könnte es nicht, wenn mein eigenes Überleben davon abhinge, weil ich mein nächstes Stück Brot und die Miete noch nicht zusammenhabe. Das habe ich zum Glück. Ich könnte es auch nicht, wenn ich den psychologischen Druck hätte, immer mehr Geld stapeln zu wollen und den Hals nie voll kriegen zu können. Ich brauche das nicht, mir reicht das, was ich habe. Einen Kunden rauszuschmeißen, ist letztlich ein schmerzhafter Prozess. Ich habe ja auch eine Verantwortung für meine Mitarbeiter in der Agentur. Manchmal ist es eben nötig, es aus Firmen-moralischen Gründen doch zu tun. Man sollte sich nur in extremen Ausnahmefällen erlauben, es aus persönlichen Gründen zu tun. Wenn man belogen oder nicht angemessen bezahlt wird, oder wenn die gegenseitige Auffassung von Werbung hinten und vorne nicht zusammenpaßt. Der Rausschmiß muß eine Tat sein, wenn man wirklich weiß, es geht nicht mehr. Aus Großmannssucht sollte man es nicht machen.

Ein Konflikt zwischen eigener Persönlichkeit und dem Wohl der Agentur?
Ja, unbedingt. Ich muß dafür sorgen, daß es der Agentur mit ihren Menschen gut geht. Und ich will das so tun, daß ich im Kreise meiner Freunde nicht ausgelacht werde. Das heißt, daß wir für einschlägig bekannte Unternehmen nicht arbeiten werden.

Wie hat sich Deine Entwicklung vom Marketingspezialisten zum Kreativen vollzogen?

Ich fand zeit meines Lebens die Kreativseite spannender als die Marketingseite. Ich dachte, unabhängig ist man, wenn man eine bestimmte Menge Geld hat. Ich habe da natürlich den Weg gewählt, der mir nach meiner eigenen Einschätzung mit größter Wahrscheinlichkeit eben diese Menge Geld bescheren wird. Das war die Marketingseite. Das war die Sicherheitslösung. Jetzt will ich endlich die andere Seite ausprobieren – die Lustlösung.

Wie sind die Aufgaben zwischen Dir und Deinen Partnern verteilt?

Die Aufgabenverteilung ist anders als im klassischen Fall. Wir sind alles Leute, die schon vorher Gesellschafter in anderen Agenturen waren. Wir haben uns entschieden, die Kunden aufzuteilen. Jeder der drei Gesellschafter Menzel, Nolte, Heinemann ist für seine Kunden allein entscheidend und das Ende der Fahnenstange. Das heißt, wir arbeiten nicht an denselben Projekten zusammen – das erspart viele Konflikte.

Wie sieht der ideale Auftraggeber aus?

Er ist einer, der die Agentur nicht als Dienstleister, sondern als Berater sieht. David Ogilvy hat mal gesagt, die Kunden halten sich erst einen Hund und fangen dann selbst an zu bellen. Solche Kunden gibt es.

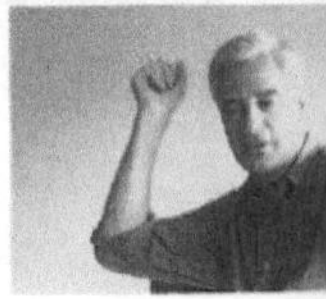

Ich habe mal in einer früheren Agentur zu einem Kunden gesagt: »Sie zahlen uns eine Million Honorar dafür, daß sie nicht einen unserer Vorschläge angenommen haben.« Und so war es. Er berät sich selbst und bezahlt uns dafür.

Aber ich denke, wenn man mit fairen Leuten mit einem Maß an Kompetenz zusammenarbeitet, mit These, Antithese und Synthese, dann ist das ein ideales Verhältnis. Jemand, der bedingungslos ja sagt, ist nicht ideal. Ich brauche Kunden, mit denen man zusammen wachsen kann.

Zum Beispiel treibt Günther Herz von Tchibo die Agentur an. Aber es gibt selten Kunden, die sagen: »Machen sie doch eine Doppelseite statt einer 1/1 Seite«. Es kommt nie einer, der sagt: »Laß uns doch einen teureren Fotografen nehmen, ein teureres Model, wollen Sie nicht in der Headline ein wenig charmanter und witziger werden?« Es geht immer runter, es muß immer weniger sein. Deshalb ist der ideale Auftraggeber der, der an diesen Prozessen kritisch, aber positiv mitwirkt. Und der seiner Agentur im tiefen Inneren vertraut. Der ganze Job basiert auf Vertrauen. Wenn der Kunde den Agenturmann für einen Spinner hält, ist die Kommunikation hin.

Wir sind da zum Glück einer Meinung. Wir sagen, wenn wir die
Hälfte unseres Lebens im Büro verbringen, ist es nicht einzusehen,
warum wir nicht dort dieselben Ansprüche verwirklichen wie
zu Hause. Deshalb will ich nicht in einem schrecklichen Büro auf
Linoleum-Fußboden im Ikea-Stil in Norderstedt arbeiten.
Wir und unsere Mitarbeiter haben es gerne schön um uns rum.

Es gibt nur wenige Fälle, wo das Fernsehen nicht das überlegene
Medium ist. Zapping gibt es in der Zeitschrift wie im Fernsehen.
Alle haben schon mal die Werbeblöcke durchgesessen. Soviel
kannst du gar nicht pinkeln und Bier holen gehen, wie die Werbung senden. Das Fernsehen ist dem Leben am nächsten. Es
ist multisensorisch. Alle gehen eben lieber in den Film »Der mit
dem Wolf tanzt«, anstatt das Buch zu lesen.

Trotzdem, es gibt einen ganz einfachen Trick, Auftraggeber von
Fernsehwerbung zu überzeugen. Man frage die Leute, an welche
Werbung sie sich erinnern. Dann kommt in der Regel die Baccardi-
werbung, der hüpfende Mann mit dem leeren Kanister von
Aral, die Levis Jeans mit dem nackten Mann und die »wahrschein-
lich längste Praline der Welt«. 80% der Antworten sind aus der
Filmwerbung. Alle schimpfen auf die Fernsehwerbung, aber jeder
kennt sie.

Sixt ist eine erfolgreiche Kampagne im Print. Aber vielleicht wäre
sie im Fernsehen noch erfolgreicher. »Lieber zu Sixt, als zu teuer.«
Ein wunderbar einheitlicher Auftritt, ein Spaß an Argumenten.
Jetzt finde ich es an der Grenze, wenn zwei blöd gucken auf einem
Plakat und sagen: »Wir sind nicht so blöd, wie wir aussehen,
wir mieten bei Sixt«. Da sage ich mir, das ist vielleicht schon die
Grenze. Das ist Effekthascherei als Information. Mir sind die
Kampagnen lieber, die mehr vermitteln als bloße Aufmerksamkeit.

In der Werbung wird alles gebraucht. Der Angepaßte muß Ferrero
machen und der Freak macht für SEGA Computerspiele. Der
Emotionsvolle wird gesucht, der die »Wünsch dir was Puddings«
zaubert und große Wolldecken vom Himmel wirft. Und der
kühle Stratege wird auch gebraucht, der die Dinge strukturieren

Präsentationsraum von
Menzel Nolte Heinemann

kann. In der gestalterischen Ausbildung gibt es einen Nutzen, der
da heißt: das Sehen zu schulen und das Handwerk zu lernen.

Aus meiner Sicht des Werbemannes gibt es immer wieder das
Problem des gespaltenen Verhältnisses zur Werbung. Den Hoch-
schulabgängern muß man klar machen, daß wir Auftragsarbeiten
machen und keine Platten-Cover und Buchdeckel. Als ich von
der Schule kam, war ich auch nicht fertig. Ich meine, es wäre
schön, wenn es den Hochschulen gelänge, beides zu vermitteln:
kreatives Forschen und Auftragsarbeit mit konkreten Aufgaben
und konkreten Terminen.

**Wie sind Deine eigenen Erfahrungen mit den kreativen Freiräumen in
der Werbung?**

Jürgen Scholz, der Gestalter ist und zwei sehr erfolgreiche Agenturen gegründet hat, hatte eine Methode, die uns bei Scholz &
Friends weitestgehend vor Nachtarbeit bewahrt hat. Er hat den
Präsentationstermin immer rückgerechnet und einen »Redaktionsschluß« festgelegt. Das war der Tag, an dem man aufhören
mußte, Ideen zu produzieren. Das war der Tag, an dem unweiger-
lich die Realisation der Layouts und Story-Boards begann.

Wenn zu ihm einer nach dem Redaktionsschluß kam und sagte,
er habe noch eine Idee, antwortete Scholz: »Ja, das ist eine tolle
Idee. Das ist besser als das, was wir haben. Aber, leider ist es zu
spät.« Das klingt zunächst bescheuert. Hätte er aber sein System
einmal durchbrochen, wäre es für immer dahin gewesen. Das
führte dazu, daß häufig schon zwei Tage vor der Präsentation

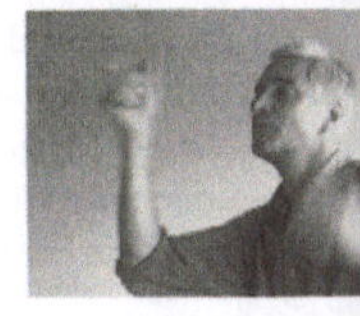

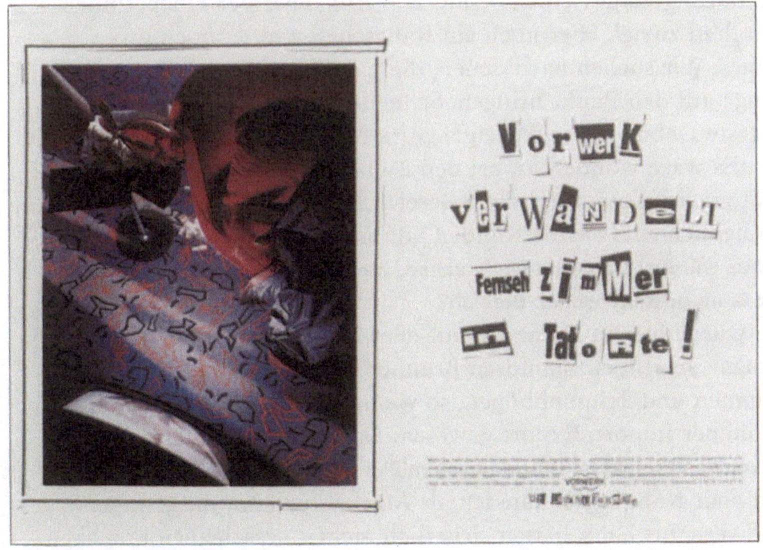

Ein Motiv der Kampagne für
Vorwerk-Teppichböden,
1993/94

Michael Menzel über das
Image von Zigarretten:
Marlboro: Der Einsame
sagt: »Der Cowboy hat es
gut, weil der Freunde hat
am Lagerfeuer.« Wenn es
jemandem zu technisch
ist in unserer Gesellschaft,
dann ist der Cowboy gut
dran. Er ist in der Natur
mit Bächen, Wäldern
und Pferden. Wenn einer
Angst hat vor Kriminali-
tät, weil er schwächlich
ist, dann ist der Cowboy
da, wenn dem einer
dumm kommt, schießt er.
Der Cowboy ist nie ein-
sam, er hat immer eine
Aufgabe, ist in der Natur,
er ist frei und darf sich
abends eine Zigarette
anzünden. Was immer Du
nimmst: der Cowboy hat
es gelöst.

Lucky Strike: Der Hand-
werker hat keine Angst
vor mangelnder Kreati-
vität. Aber: der Schaufen-
stergestalter, der Werber
und der Künstler. Die
rauchen eben Lucky Stri-
ke. Deshalb ist Lucky
Strike eine ganz junge,
städtische Marke.

HB: Wenn einer Angst hat
irgendwo zu stehen und
Angst hat vor dem Frem-
den, dann raucht er eben
HB.

alles fertig in einer schwarzen Mappe an der Wand stand. Denn Scholz hat für die Realisationszeit immer kleine »Katastrophen« eingeplant. Dieses System habe ich für meine Agentur übernommen. Ich hasse regelmäßige Nachtarbeit. Sie ist für mich ein Zeichen für grobe Managementfehler. Soviel zu kreativen Freiräumen und Disziplin und Ordnung.

Dann gibt es natürlich noch den gedanklichen, den inhaltlichen Freiraum. Der ist nicht zu organisieren. Da ist diese vertrackte Gratwanderung zwischen »neu gedacht« und »unsinnig«. Niemand weiß nichts Genaues. Und alles ist im Fluß. Früher war Picasso ein Wahnsinniger, heute ist er fast schon ein alter Meister. Ich habe da kein Rezept. Ich quäle mich selber täglich mit dieser Frage ab.

Wäre es aus Deiner Sicht sinnvoll, wenn man in der gestalterischen Ausbildung auch Marketinggrundlagen lehrt?

Das wäre richtig. Dann müßten aber die Lehrer sagen: »Wenn nicht das und das rauskommt, kannst du deine ganze schöne Gestaltung vergessen.« Die meisten Abgänger der Hochschulen gestalten zuviel. Hier noch ein Rähmchen und da noch was Feines. Wir suchen nach denen, die möglichst wenig gestalten, die Dinge auf den Punkt bringen. Schnelle Kommunikation ist das oberste Gebot in der Anzeigengestaltung, und das heißt: reduzieren. Es wäre wunderbar, bei den BWL-Studenten an der Universität auch im gestalterischen Bereich interdisziplinär auszubilden. Schließlich sind sie die Kunden von morgen.

Was würdest Du gerne mal machen, was Du noch nie gemacht hast, z.B. im gestalterischen Bereich?

Ich würde hier in Hamburg auf dem Klosterstern gerne einen großen, speienden, sinnlosen Brunnen bauen. Es gibt hier so wenig Brunnen und Triumphbögen, so wenig sinnloses Zeug. Hamburg ist immer Import, Export gewesen. Es fehlt einfach die Opulenz.

Welches Projekt ist Dir gründlich mißlungen?

Ein paar Kampagnen, die ich als Marketingmann mitgetragen und verkauft habe, hätten sicherlich nicht zu erscheinen brauchen.

Und ein großes Projekt, das mir nicht gelungen ist, war der Versuch, eine deutsche Beteiligung an der größten und leider auch teuersten Segelregatta der Welt zu realisieren. Ich habe versucht, 32 Millionen Mark an Sponsorengeldern für dieses Projekt zusammenzubekommen. Ich habe von eigenem Geld ein Regattaschiff gekauft. Nicht mal die Hälfte des Geldes habe ich zusammenbekommen. Dabei hätte es faszinierende Formen neuartiger Werbung geben können. Viel intensiver als das blöde Sponsoring, das alle immer gleich im Kopf haben. Meine Schuld. Ich habe nicht den Weg gefunden, der Millionen sprudeln läßt. Leider, denn ich bin begeisterter Segler.

Welche Vorbilder hast Du?

Also, eine ganze Reihe von Regisseuren, zum Beispiel Coppola, und aus der Werbung natürlich David Ogilvy. Der hat alles zur Werbung gesagt, was man sagen kann. Vielleicht ist er etwas verkannt, weil er so einfach verständlich und lesbar schreibt, daß ihn die meisten Leute nicht ernst nehmen. Schwerer Fehler.

Du hast ja zwischendurch aufgehört mit der Werbung und wolltest Dich zurückziehen. Jetzt bist Du wieder dabei. Was treibt Dich immer wieder zur Werbung? What makes you tick?

Ich kann ja nichts anderes. Die Alternative zu Werbung ist, in der Ecke zu sitzen und Zeitung zu lesen. Das halte ich für wenig erstrebenswert. Das habe ich auch mal zwei Jahre gemacht. Den meisten Leuten ist nicht klar, daß Arbeit eine Gnade ist. Nicht nur in Bezug auf das Geldverdienen. Ohne Arbeit stürzen die meisten ins Leere. Die wenigsten sind so neugierig auf das Leben, daß sie sich selbst beschäftigen können.

Der Streß und die Hektik ist nur dann schädlich, wenn man es nicht will. Ansonsten ist es euphorisierend. Das ist Champagner. Man springt vom Recyclingpapier zum Auto, zur Damenbinde und zur Airline. Alles an einem Tag. Das ist einfach toll.

Hamburg, 9. September 1994

Kurt Weidemann

1922 im südlichen Masuren geboren, siedelt er 1926 nach Lübeck.

Er war ab 1940 Kriegsfreiwilliger und bis 1950 kriegsgefangen in Rußland.

Er absolviert 1950 eine Schriftsetzerlehre in Lübeck und danach vier Semester Studium an der Staatlichen Akademie der Bildenden Künste in Stuttgart. Sechs Jahre später wird er für 20 Jahre Professor am selbstgewählten »Lehrstuhl für Information und Grafische Praxis«.

Er war Schriftleiter der Fachzeitschrift »Der Druckspiegel« und freiberuflich tätig als Buchgestalter, Gebrauchsgraphiker, Werbetexter und Journalist. Anfang der sechziger Jahre baute er gemeinsam mit Aaron Burns das ICTA (International Center for the Typographic Arts) auf.

Er war 1970–72 Präsident der Icograda (Internationaler Dachverband der Grafikerverbände) und übernahm für 7 Jahre die Leitung des Künstlerhauses in Stuttgart

Neben einem Lehrauftrag an der Wissenschaftlichen Hochschule für Unternehmensführung in Koblenz im ersten Jahrzehnt ist er seit 1990 Professor an der Hochschule für Gestaltung im Zentrum für Kunst und Medientechnologie in Karlsruhe. Er lebt und arbeitet mit eigenem Atelier in Stuttgart.

»Meine Hoffnung hat noch

keinen Namen.«
Kurt Weidemann 9899

Wie würdest Du Deinen Beruf bezeichnen?

Auf mich trifft keine Berufsbezeichnung exakt zu, sondern nur eine Berufslaufbahn: Schriftsetzer, Schriftleiter, Schriftentwerfer, Werbeberater, Werbetexter, Werbeleiter, Buchgestalter, Buchhersteller, Buchautor. Tätigkeiten als Unternehmensberater, Hochschullehrer an der Staatlichen Akademie der bildenden Künste in Stuttgart, an der Wissenschaftlichen Hochschule für Unternehmensführung in Koblenz und an der Staatlichen Hochschule für Gestaltung in Karlsruhe. Über drei Jahrzehnte als Juror, als Gutachter, als Beirat sind mit einer reflektierten Berufsarbeit und durch »learning by doing« dazugekommen.

Wie bist Du dazu gekommen?

Nachdem ich in der Gefangenschaft Jahre unter freiem Himmel gearbeitet habe, wollte ich einen Beruf mit einem Dach überm Kopf. Gebrauchsgraphiker habe ich mir nicht gleich zugetraut, also schien mir ein Handwerk sicherer. Eine Schriftsetzerlehrstelle war als rüstiger Endzwanziger in Lübeck schwer zu finden. Ein Lehrmeister, der im Krieg in meiner Kompanie war, hatte mit seinem ehemaligen Kompaniechef ein Einsehen.

Wie erfolgreich war Deine Arbeit für Daimler-Benz? Wie bist Du dazu gekommen und was war die Aufgabenstellung?

Mit Alfred Herrhausen hatte ich schon fünfzehn Jahre vor seiner Ermordung Freundschaft geschlossen, ohne zu wissen, was er macht. Für Mercedes-Benz hatte ich schon vorher gutachterlich in Fragen des Erscheinungsbildes gearbeitet. Reuter bat mich um Zusammenarbeit bei Übernahme des Vorstandsvorsitzes 1987. Für das, was man Corporate Identity nennt, habe ich Entwürfe gemacht und den Konzern beraten: Mercedes-Benz und ganz neu Daimler-Benz als Holding und Deutsche Aerospace als Zusammenschluß. Meine Erfahrungen gingen auf die 6oer Jahre zurück, als ich die Erscheinungsbilder für COOP, Merck, Kühler-Behr,

Nanz und andere gemacht habe. Die Schrifttrilogie Corporate
A.S.E. wurde als Hausschrift für den Gesamtkonzern Daimler-Benz
genommen, wobei jeder Unternehmensbereich sich aussuchen
konnte, ob er die Antiqua, die Serifenlose oder die Serifenbetonte
will. Alle drei Schriften sind voll kompatibel, was einen Haufen
Geld spart. Vorher waren 52 Schriften in Gebrauch. Erscheinungsbilder zu betreuen, ist »work in progress«, sonst verunkrauten
sie. Wie erfolgreich das war und ist, müssen andere beurteilen.

**War es nach Deinen Kriegserlebnissen problemlos möglich, für einen
Rüstungskonzern zu arbeiten?**

Wer meint, in einer friedlichen Welt zu leben, lebt in einer Utopie.
Die Nachkriegsjahre haben uns vier Dutzend Kriegsschauplätze
auf der Welt beschert. Die Bemühungen von Edzard Reuter und
Jürgen Schrempp, den Rüstungsanteil zu schrumpfen und das
Know-how in zivile Produktionen zu überführen bei erträglichem
Arbeitsplatzabbau, sind objektiv kontrollierbar und erfolgreich.
Reuters Vision, nicht alleine auf das Auto zu setzen, sondern zu
diversifizieren in andere Bewegungsbereiche, ist weit voraus-
denkend richtig. Ich weiß nicht, was man in meinem Beruf für
»Rüstung« arbeiten, entwerfen, konzipieren kann. Ich würde
es auch nicht machen. Soviel Tränen, wie der Zustand dieser Welt
erfordert, gibt mein armer Wasserstand nicht her. Die Hoffnungs-
losigkeit der Verzweifelten und die Schreie der Protestierenden
kann ich nur dort wahrnehmen, wo ich ihnen begegne.

Wie ist das Designbewußtsein in den Großunternehmen?
Das Designbewußtsein in den Großunternehmen ist oft zu gering
und manchmal nicht nötig. Es ist außerordentlich abhängig
vom Bewußtseinsstand der Führenden. Das reicht für den Einsatz
der Designer als »Strichjungen der Verkaufsförderer« bis zur
gesellschaftsbewußten Verantwortung für Resourcen, Materialien,
Recycling, Kosten/Nutzen, Sicherheit und schließlich auch bis
zum Aussehen. Dem Schlechten
Einhalt zu gebieten ist schwer
bei den Kräften des vielseitigen
Unverständnisses, die sich
Erkenntnissen verweigern. Man
bildet einen »Ausschuß« – das
Wort sagt schon alles. Nicht das
Designbewußtsein ist zu ändern,
sondern vorher das Realitäts-
bewußtsein, um nicht Wahrheits-
bewußtsein zu bemühen.

Die Zuordnung von Schrift
zum Symbol bei Mercedes-
Benz entspricht den
Proportionen des Goldenen
Schnitts.

Warum schlagen beim DB-Logo die Wogen innerhalb und außerhalb der Szene so hoch? Du warst im Fernsehen, und im Spiegel konnte man darüber lesen.

Das kam durch den Wettbewerb um das Erscheinungsbild der Stadt Berlin. Den hat Herr Spiekermann verloren, obwohl es ein Heimspiel für ihn war. Ich war Jury-Vorsitzender und er dachte, ich hätte ihn gekippt. Er ist gleich in der 1. Runde ohne auch nur eine Jurorenstimme rausgeflogen, weil er ganz Unzulängliches gemacht hat. Modisches Zeug, mit einer Spirale, die mal als Schnecke und mal als Spiralnebel auftauchte. Die anderen aufgeforderten Teilnehmer waren bis auf einen Entwurf besser.

Wer hat den 1. Preis dann gemacht?

Jean Widmer. Aber das ist nicht ausgeführt worden. Jetzt ist Spiekermann an dem Auftrag wieder dran – ohne erneuten Wettbewerb. Die Kollegen haben keine Beziehungskiste.

Ist Erik Spiekermann ausschlaggebend für diese ganze DB-Debatte?

Das war Rache. Der denkt wohl, diesen alten Weidemann, den könnte man langsam zum Abschuß freigeben. Es wird Zeit, daß der mal ein bißchen aus der Szene verschwindet und *ihm* Platz macht.

Also keine Diskussion über die Sache...

Belanglos, unsachlich und ohne jedes Niveau: null, null, null.

Ja, weil das angeheizt wurde. Mein bester Zeuge war mein Freund
Henry Maske, Weltmeister im Halbschwergewicht. Dem hat
Günther Jauch, Moderator von »Stern-TV«, beide Logos hinge-
halten und gefragt, welches ihm besser gefällt. Da hat Henry
gesagt: »Ich sehe da keinen Unterschied.« Und genau das wollte
der Auftraggeber eigentlich, man sollte es nicht auffällig sehen.
Du kannst ein Unternehmen, das 67 Milliarden minus hat, nicht
neu ausstatten. Von wegen »Jahrhundertauftrag« – einen ICE
neu anzumalen kostet 450.000 Mark, und er ist für 6 Wochen
aus dem Verkehr. Es sind schlafende Hunde geweckt worden.
Die Neugestaltung war nicht mehr als eine Überklebeaktion.
Die haben allein im ersten Jahr mehrere hunderttausende Mark an
Siebdruckfarbe dadurch gespart, daß das Zeichen nicht mehr
negativ ist, sondern positiv. Um die Stickabzeichen habe ich mich
gekümmert, die werden nach Stichen bezahlt. Das alte hat 1,59
DM gekostet, das neue 89 Pfennig. Mit der Differenz läßt sich die
alte Reichsbahn ausstatten. Das waren die Überlegungen. Ob
du den Buchstaben nun so zeichnest oder etwas anders, das ist
belanglos. Man kann doch nicht sagen, die haben Geld rausgeschmissen. Wenn ich mir da
überlege, daß die naßforschen
Leserbriefschreiber im Spiegel in
diesem Jahr 14 mal in diesem
Land wählen dürfen, dann wird
mir schlecht. Der Spiegel-
Redakteur schreibt, ich hätte 1,2
Millionen Honorar bekommen.

Die hättest Du gern gekriegt?
Nein, das hätte ich doch nicht
genommen, weil das unverschämt
ist. Ich habe dem Jauch gesagt,
ich habe nur 200.000 Mark bekommen. 100.000 Mark pro
Buchstabe, den Rahmen habe ich
geschenkt. Es kommt jetzt eine
Richtlinie heraus. Die enthält
reichlich viele Reinzeichnungen und das ist voll in dem Honorar
mit enthalten. Da komme ich auf den Stundenlohn eines ganz
normalen Grafikers, und mehr verlange ich auch nicht.

Kurt Weidemann
Wortarmut
Im Wettlauf
mit der
Nachdenklichkeit

»Wortarmut. Im Wettlauf
mit der Nachdenklichkeit«
Schriftenreihe der
Staatlichen Hochschule
für Gestaltung Karlsruhe
Band 2, Cantz Verlag

Die Umstellung war notwendig. Genauso notwendig wie die Einführung der neuen Postleitzahlen. Da mußte sowieso das gesamte
Geschäftspapier umgestellt werden. Und aus aktienrechtlichen
Gründen muß an jeder Dienststellentür »Deutsche Bahn AG«
stehen. Muß man dann gleich die Schrift ändern, nur weil man
die Helvetica nicht leiden kann? Ich habe nichts gegen die
Helvetica, so gut wie etliche Neuschöpfungen ist sie immer noch.

Okay, ja, gut, für Fachleute. Aber für den Laien ist ein A ein A.

Die Logo-Ära kann nicht vorbei sein. Ich erzähl' euch mal von der

Bank-Gesellschaft-Berlin: ich habe drei
Striche gemacht, mehr nicht. Da hat einer
der Auftraggeber zu mir gesagt: »Da ist
Ihnen aber nicht sehr viel eingefallen, Herr
Professor!« da habe ich gesagt: »Darauf
bin ich besonders stolz, ein Zeichen ist gut,
wenn man es mit dem großen Zeh in den
Sand kratzen kann!« Ich bin kein Zeichen-
mann, aber die Logo-Zeit kann noch nicht
vorbei sein, weil Kurzformen gebraucht
werden und Identitäten in der Pattsituation
der Konkurrenzprodukte notwendig sind.

Ich lege einen Zettel auf den Tisch und laß meinen Kopf kritzeln.
Die Bankgeschichte hat eine halbe Stunde gedauert.

Nein, ich bin durchaus kommunikationsfähig, aber kein ewiger
»brainstormer«. Ich fange irgendwas an, z.B. am Biertisch oder
in der Badewanne. Ich steh' immer sehr früh auf, zwischen 5 und
7 Uhr, »senile Bettflucht« nennt man das. Dann fange ich an zu
arbeiten. Ich mache eigentlich alle wichtigen Sachen so zwischen
halb 8 und halb 10. Dann fängt das Telefonieren an. In den
großen Agenturen werden Hackordnungsprobleme in »kollek-
tiven Prozessen« abgehandelt. Das gibt's bei uns nicht. Ich hab
nur einen Mitarbeiter, den hab ich jetzt bald 30 Jahre. Er kommt
morgens rein und sagt: »Guten Morgen, Kurt« ich sage:

»Ein Zeichen heute neu
zu konzipieren, heißt, in
einen Wald schießen
und keinen Baum treffen.
Im Bankbereich gibt
es mehr als anderthalb-
tausend international
geschützte Zeichen.«
aus »Wo der Buchstabe
das Wort führt«

»Guten Morgen, Kurt«, wir heißen beide so. Um halb fünf sagen wir beide: »Ade, Kurt«. Wir haben zwei Kästen, an dem einen steht »in«, an dem anderen »out«. Er setzt sich hin, holt bei »in« 'was raus, macht es fertig und legt es bei »out« rein. Er macht die Präsentationsvorlagen und die Reinzeichnungen.

Wie siehst Du die Entwicklung von vielen kleinen, jungen Büros, die mit den neuen Medien sehr schnell arbeiten können?

Das ist eine Tendenz, die gar nicht aufzuhalten ist, und die neben den Vorteilen der Computerisierung die Typografie kaputt machen wird. Ich habe die Buchstaben noch einzeln in den Winkelhaken eingesammelt und spiegelbildlich über Kopf gesehen. Da sehe ich eine Figur besser. Wenn ich einen Entwurf mache, der mir nicht gefällt, drehe ich ihn um, und sehe viel schneller, wo Schwachstellen sind oder wo etwas nicht stimmt – in der Größe oder in der Raumverteilung, in den Proportionen. Das kann man besser, wenn man drei Jahre am Setzkasten gestanden hat. Das kann ich Euch aber nicht vorschreiben. Es gibt Volkshochschulkurse für Kalligraphie, die sind voll besetzt mit Laien, vom Rechtsanwalt bis zum Rentner. Die machen freiwillig Kalligraphie, drängen sich dahin. Von Euch macht das keiner mehr. Ihr wollt gleich an den Computer und trommelt hilflos darauf herum. Klar, der Rechner hat große Vorteile, aber die Möglichkeit, Formen zu erkennen, Formen zu beherrschen und Farben in den Griff zu kriegen, das wird so nicht mehr gelernt.

Also hältst Du das für einen Verlust an Designqualität?

Ja, absolut. Der ist ja bereits eingetreten.

Wie hat sich durch die neuen Medien die Wahrnehmung bei den Leuten verändert?

Sie ist flacher, schneller und oberflächlicher geworden. Wenn wir nur noch auf Tempo schalten, werden Literatur oder die Absicht ein Buch zu machen aussterben. Dann ist der Versuch, einen Text zu schreiben und den zu einem Buch zu verarbeiten, viel zu langwierig und auch viel zu mühevoll. Lesen macht den Leuten Schwierigkeiten. Die neue Rechtschreibreform »Schreibung gleich Lautung« habt Ihr doch schon weitgehend vorweggenommen: Fater mit F wie Fingsten!

Was lehrst Du?

Aschenbecher und Biergläser. Und Schnapsflaschen.

Die letzte von 10 Thesen zur Typographie:
»Gott schütze uns vor der vagabundierenden Kreativität der Typomanen.«
aus »Wo der Buchstabe das Wort führt«

»Im ersten Jahr interes-
sieren mich noch alle
16 neuen Studenten, im
zweiten Jahr nur noch
8, im Dritten 4 und im
letzten Jahr nur noch 2.
Und jeder von Euch hat
die Chance, bei den
beiden dabei zu sein«
Wo Geduld gefordert ist,
kann ich auch sehr
gut zuhören, was viele
nicht können. Manch-
mal habe ich soviel
Lehrmethoden wie ich
Studenten habe.«

Was kann man bei Dir lernen? Ist das Berufsvorbereitung oder ist das Anleitung zur Forschung und zu verrückten Ideen?

Nicht unbedingt, die Studierenden kommen oft mit stumpfen Sachen und haben sich völlig festgerannt in einen Entwurf. »Mach doch zehn. Ich will zehn Scribbles sehen und mal von Dir hören, was Du dazu meinst.« Mich stört die schnelle Zufriedenheit mit irgendetwas, was man macht. Die Intensität fehlt. Wenn die Leute mich fragen: »Kann ich Dich mal sprechen?« und ich sage: »Ja, morgen früh um halb acht«, dann kommen nur noch die, die 500 Mark für 'ne Abtreibung wollen.

Woran liegt das?

An einer gewissen Oberflächlichkeit, und ich vermisse das Engagement, das über das Notwendige hinausgeht. Mich hat alles brennend interessiert, als ich Schriftsetzer war – alles, was damit zu tun hatte. Ich bin durch halb Europa getrampt, um SH de Roos, Dick Doojes, Jan Tschichold, Georg Trump, Herbert Post, Adrian Frutiger kennenzulernen. Dafür habe ich meinen Urlaub genommen. Ich habe eine große Sammlung: Schriftmuster von Bodoni, ich hab' Bodoni-Drucke, Enschede-Schriftmuster, englische Schreibmeister, Didot, Fournier. Ich habe meinen ganzen Lohn in solche Sachen gesteckt.

Welchen Stellenwert hat Sprache im Designberuf?

Ich bin der Ansicht, je intelligenter unser Beruf wird, desto mehr müssen Designer auch denken können, und Denken wird durch Sprache geschult. Ich kämpfe gegen Apathie, Wortarmut, Sprachlosigkeit. Die Typen, die mit dem Pinsel essen, kann man nicht mehr gebrauchen. Heute ist der Anteil an Psychologie, an Soziologie und an Gesellschaftswissenschaft in unseren Berufen eigentlich wichtiger, als ausschließlich von der Kunst zu kommen.

Du sprichst in Deinem Buch über »die Hohldonnerer« und meinst damit die Werber. Welche Erfahrungen hast Du mit Leuten aus der Werbebranche gemacht?

Ich habe meistens ein distanziertes Verhältnis zu den Werbeleuten, weil die vergleichsweise relativ leicht Geld verdienen und arrogant sind. Wenn hier einer von den Topagenturen kommt und ich sage dem, daß ihre Typografie Scheiße ist, dann sagt der: »Wissen Sie, wir gehen da ganz unbefangen ran.« Das heißt doch im Klartext: »Ich hab' keine Ahnung.«

Hattest Du während Deiner Arbeit bei Daimler-Benz Einfluß auf die Werbung?

Ja sicher. Ich habe auch Springer & Jacoby mit reingeholt. Die waren von den Agenturen, die präsentiert haben, die besten.

Ich bin mit vielen Dingen in der Satzqualität nicht zufrieden. Die
Corporate Schrifttrilogie hat 12 500 Figuren, wer damit keine
Typografie machen kann, tut mir leid. Die haben aber angefangen,
die Schrift erst zu quetschen und dann zu sperren: ein Widerspruch in sich. Auf einer grauen Fläche geht das Buchstabenbild
kaputt. Das gibt einen Kaktuseffekt.

**Die Werber machen den Wert ihrer Arbeit nicht vom Gestalterischen
abhängig, sondern vom Mehrwert, den sie für eine Marke schaffen.
Wenn der mehrere Milliarden beträgt, dann sind auch Millionenbeträge
für den Werber angemessen.**

Das ist äußerst schwer meßbar. Das Mehrwertschaffen ist ein sehr
frommer Wunsch. Es gibt auch Leute in der Werbung, die
ganz vernünftig sind, die sagen: »Eine Anzeige, in der kein Preis
steht, verkauft auch nichts.« Wenn sie gelesen wird, ist schon
sehr viel erreicht.

**Michael Menzel sagt: »Werbung hilft persönlich erlebte Defizite zu
kompensieren.«**

Das ist durchaus möglich. Leute mit einem schwachen Selbstbewußtsein brauchen eben einen Chefsessel, der einen halben
Meter höher ist als ihr Kopf. Das sind Prestigestützen. Aber die
Leute, die das brauchen, finden das auch. Ich glaube nicht,
daß die durch Werbung darauf kommen, sich so etwas zu kaufen.
Die gleichen ihre Defizite schon aus. Sicher kann da Werbung
eventuell schneller helfen.

Würdest Du die Werbung als überflüssig bezeichnen?

Natürlich nicht. Die ist ein Teil unserer zivilisatorischen Gesellschaft. Aber sie ist in der Form, wie sie heute gemacht wird,
qualitativ nicht besonders gut und oft zu teuer. Es gibt seriöse
Agenturen. In dem Moment, wo ich überwiegend informativ
und nicht persuasiv arbeite, kann meine Botschaft hilfreich sein.
Werbung ist aber auch ein Urbedürfnis des Menschen. Wenn
Du eine neue Freundin hast, dann ziehste Dein bestes Hemd an
und rasierst Dich und erzählst ihr nicht gleich am ersten Abend,
daß Du Fußpilz und fünf falsche Zähne hast, sondern um-
wirbst sie, bis sie sagt: »Fußpilz hin, Fußpilz her; Du gefällst mir.«

**In Deinem Buch vermittelst Du Deine Lebenserfahrungen und
Deine Vorstellung von der Gesellschaft. Was hat Dein Menschenbild
geprägt und im Laufe der Jahre verändert?**

Es ist weitgehend geprägt durch die zehn Jahre Rußland, weil ich
unter extremen Situationen Menschen genau kennengelernt
habe. Ich überlege heute gelegentlich noch bei der Beurteilung von
Menschen: würdest Du mit dem auf einen Stoßtrupp gehen?

Wer läßt Dich liegen, wenn Du verwundet bist und wer teilt Dein
Schicksal? Darüberhinaus bin ich geprägt durch den Umgang
mit Persönlichkeiten, aber nicht, weil sie Karrieristen sind. Edzard
Reuter ist keiner und Alfred Herrhausen war keiner. Mit Jobst
Wolf Siedler habe ich viele Bücher gemacht, ich habe mit Miro gearbeitet, mit Tapies, mit Jorge Castillo, mit Albert Speer, mit
Alfred Hrdlicka, mit Werner Schmalenbach, mit Werner Niefer,
mit Joseph Beuys. Es ist prägend, wenn man das Glück hat,
mit solchen Leuten zusammenzuarbeiten und befreundet zu sein.

**Was ist die Triebfeder des Menschen? Ist es Neid, Mißgunst, Gier
und Geilheit?**

Das ist nicht wegzuleugnen, aber wenn Du es nicht kompensieren
kannst, dann bist Du halt ein armes Würstchen. Daß die Ver-
führungen und Rücksichtslosigkeiten in dieser Richtung heute
größer sind, als sie es waren, das ist klar. Es sind aber nicht
die einzigen Triebfedern: Glaube, Liebe, Hoffnung gibt es doch
wohl auch noch?

**Vor welchem gesellschaftspolitischen Hintergrund arbeitest Du?
Hast Du eine politische Motivation?**

Ich hab' keinen gesellschaftspolitisch fixierten Hintergrund. Ich
bin in keiner Partei. Ich bin in keinem Golfclub, ich habe kein
Segelboot und auch kein Haus im Tessin, weil mir das »kleine
Helle« zum Feierabend reicht. Ich bin damit aber nicht meinungs-
und haltungslos. Mut und Gelassenheit, Offenheit und Unabhän-
gigkeit muß man täglich unter Beweis stellen. Haltungen zu
vermitteln ist dauerhafter als Detailwissen, Unkorrumpierbarkeit
wichtiger als Gefälligkeit.

Ich bin noch an den
Begriff Vaterland
gebunden. Für mich ist
Deutschland das Land
meiner Sprache, mein
Mutterland, mein Vater-
land. Ich könnte mir
nicht vorstellen, daß ich
nach Neuseeland aus-
wandere und dort
Krickett spiele in frischer
Luft, um noch ein paar
Jahre länger zu leben.
Ich möchte hier in diesem
Land leben, mit diesem
Land, mit seinem Schick-
sal und mit den Begriffen,
die Ihr nicht mehr kennt.
Wogegen ich nichts
habe. Aber für mich sind
Heimat und Vaterland
und Muttersprache noch
ganz konkrete Begriffe
ohne nationalistische
Einfärbung. Als ich nach
der Gefangenschaft die
ersten Male geflogen bin
und ich über Deutschland
die Wälder gesehen
habe, sind mir die Tränen
gekommen. Das ist
schon möglich, wenn man
von den ersten drei
Lebensjahrzehnten eines
in Rußland verbringen
mußte.

Also schon eher ein latenter Hang zu Mitte-links?

Es gibt keinen bedeutenden Schriftsteller, der bekennender CDU-Mann ist. Es gibt keinen wichtigen Künstler, der betont rechts steht. Wolf Siedler hat mir mal erzählt, er sei eingeladen worden zu einem Gespräch über Kulturpolitik mit dem Vorstand der CDU. Es sei nur peinlich gewesen. Er sei beim Eintritt gefragt worden, ob er Bildhauer sei. Man war nicht darauf vorbereitet, wer da kommt. Sein Fazit: »Ich verstehe eigentlich nicht, warum die Künstler immer wollen, daß die Politiker sie lieben, und die Politiker wollen, daß die Künstler sie lieben, anstatt daß sie mit respektvoller Mißachtung miteinander umgehen.« Das Maximum, was erreichbar ist zwischen Politikern und Leuten des künstlerischen Bereiches ist, seiner Meinung nach, »respektvolle Mißachtung«, nicht mehr.

Welchen Anspruch hast Du an Deine Arbeit? Willst du gesellschaftlich etwas verändern?

Bewußtseinsveränderung strebe ich dort an, wo ich wirken kann. Als Beispiel: es gibt einen Kreis hier, der praktisch nicht bekannt ist, weil der keine Öffentlichkeit braucht und will. Seit über 20 Jahren mache ich 3 bis 4 mal im Jahr ein sogenanntes »Culturfrühstück«, zu dem ich unterschiedliche Persönlichkeiten einlade. Das funktioniert sehr gut, weil es da drei Regeln gibt: 1. Es wird draußen nichts publiziert, 2. Es werden keine Geschäfte und es wird keine Politik gemacht und 3. Es wird offen miteinander geredet und auch kontrovers diskutiert. Die Aufhebung gesellschaftsschichtlicher Fixierung und beruflicher Scheuklappen macht diese Begegnung wirksam.

Hattest Du zu Aicher ein besonderes Verhältnis?

Zu Otl Aicher? Nein, er war ja auch in dieser Alliance Grafique International, er ist dort aber nie aufgetreten, weil er uns für Schwachköpfe hielt. Er hat sich von allen Kollegen-Kontakten zurückgezogen und hat auch mehr oder weniger alle anderen für kapitalistische Lohndiener gehalten.

...und zu seiner Arbeit?

Es ist alles ein bißchen klösterlich streng, ein bißchen freudlos und von Überzeugungstäterschaft durchdrungen. Es hat keinen befreienden »Human touch«, keine Sinnlichkeit, keine Vielfalt, kein Spaß, kein Witz. Es ist alles bekennend und einzigrichtig.

Er hat im Moment eine Renaissance, gerade weil er einen dezidierten Standpunkt vertreten hat.

Er hat sehr gute Sachen in der Nachkriegszeit für die Volkshochschule Ulm gemacht. Und durch seine Frau, Inge Aicher-Scholl, war das auch eine klare Haltungsgeschichte. Bekenntnisse und Standpunkte in unserer Zeit sind gefragt, aber doch keine alleinseligmachenden. Den fliegenden Kranich von der Lufthansa im Kreis halte ich für völlig verfehlt. Ein Flugtier kann man nicht in einen Kreis einsperren, der stößt mit dem Schnabel hier an die Kante und mit dem Schwanz da. Und dann steht eine fette Helvetica daneben – was fliegt, muß leicht sein.

Wie wird man als Designer reich? Franco Clivio hat gesagt, man muß eine reiche Frau heiraten.

Das ist kein Hinderungsgrund. Man kann sogar eine reiche Frau lieben. Selbst das ist möglich.

Wie wird man als Kurt Weidemann reich?

Zum Essen wirst Du erst eingeladen, wenn Du es selber bezahlen kannst. Ich habe als Kind gehungert, mein Vater war arbeitslos, und ich bin mit meinen Brüdern nicht satt geworden. Das kann sich heute keiner mehr vorstellen. Meine Mutter war krank. Sie ist schon sehr früh gestorben, und es war geradezu erbärmlich. Dann kamen Krieg und Gefangenschaft. In den ersten 30 Jahren meines Lebens habe ich häufiger außerhalb als in einem Bett geschlafen. Entweder in den Zeltlagern der Hitlerjugend, im Graben, im Bunker oder auf Erdpritschen in Rußland. Zweimal, als ich verwundet war, habe ich ein Bett gesehen, sonst nicht. Wenn mich die materielle Geschichte wirklich interessiert hätte, wäre ich heute mit Attributen des Wohlstandes versehen. Geld hat mich interessiert, solange es Freiheit bedeutet. In dieser Gesellschaft, ob das nun gut ist oder nicht, ist ein gewisse Freiheit an eine gewisse Summe Geldes gebunden.

Was war Dein spannendstes Projekt?

Es ist immer das nächste. Ich bin kein Superdesigner. Aber ich kann manchmal weiter denken als andere, und ich kann Konzeptionen entwickeln. Und ich kann die auch in eine einigermaßen vernünftige Form bringen – wenn der Umstand es will auch auf einem Bierdeckel.

Gibt es ein Projekt, das Dir gründlich mißlungen ist?

Nein, gründlich mißlungen eigentlich nichts. Was meinen Selbstanspruch – bei überschaubaren Fähigkeiten – verläßt, landet im Papierkorb.

Oder welches ist nicht so richtig gut geworden?

Da gibt es, glaube ich, nichts. Durch die schmallaufende Bibelschrift werden die Leute frommer, weil die in der gleichen Zeit automatisch noch mehr über ihr Seelenheil lesen können.

Ich habe der Bahn geholfen, nicht Geld auszuge-
ben, sondern Geld zu sparen. Ich habe bei Merck
in der Pharmazie Maßstäbe gesetzt, die nach
30 Jahren noch zählen. Ich habe den Postwettbe-
werb damals zurückgegeben, weil die das alte
Posthorn nicht mehr wollten. Das war ein ziemlich großer Auftrag. Aber ich habe dann zu
dem Gscheidle gesagt, als er damals angerufen
hat: »Es ist Schluß, macht euern Scheiß alleine.«

Wie siehst Du das Erscheinungsbild der Telekom?
Ich finde es belanglos, den Namen mit diesen
Blockmalzbonbons in Tortenrosa. Das ist doch
instinktlos. Wenn ich gelb sehe, sehe ich Post, sehe ich Kommunikation. Und wenn ich Post sehe, dann eher das Posthorn.

**Was willst Du unbedingt mal machen, was Du noch nie gemacht hast,
einen Traum, den Du im Kopf hast?**
Bei dem Buch, das ich gerade durchstehe, gibt es einen ganz
nostalgischen, festlich fröhlichen Abgesang auf die Typografie.
»Wo der Buchstabe das Wort führt« heißt es. Da gibt's ein
Kapitel: »Typografie in Halbtrauer«, links und rechts mit einem
schwarzen Rand versehen, und da ist die Knochenerweichung
der Typographie zu sehen. Die anderen Kapitel zeigen die
vielhundertjährige Schönheit dieses Handwerks, das von Zeit zu
Zeit zur Kunst wird.

Manche Leute wollen Fallschirmspringen oder Drachenfliegen…
Also, was Abenteuer betrifft, da hab ich ziemlich früh meinen
Bedarf decken müssen und können. Ich muß auch nicht nach
Acapulco oder nach Indonesien oder auf Erlebnisurlaub
in die Antarktis, das kann ich mir ja im Fernsehen angucken.

Ist Porsche Dein Abenteuer?
Porsche hatte kein Geld, als ich bei denen das Wappen und diesen
dreimal vom LKW überfahrenen Schriftzug überarbeitet habe.
Die haben dann gesagt: »Gut, Sie können ja ein Auto kriegen.«
und daher hab ich diesen »Carrera 4«. Aber ich habe auch früher
schon mal Porsche gefahren, weil ich ein schlechter Autofahrer
bin. Ich hab mir gesagt, du mußt ein sicheres, schnelles Auto
haben. Beim Überholen eines LKW hab ich nur 300 Meter Angst
und nicht 700 Meter. Meine Kinder sind natürlich über den
Porsche nicht ganz unzufrieden. Werner Niefer hat mal zu mir
gesagt: »Worum foarscht'n du koan Merzedäs?« meine Antwort:
»Also Werner, erstens mal sitzen da immer so Leute drin mit
Hut und Mantel und können den Kopf nicht drehen. Dazu gehör'

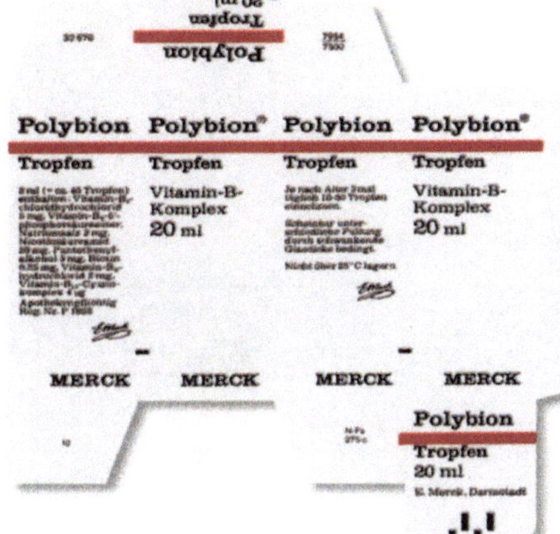

Das Mitte der sechziger
Jahre für das Pharmazie-
unternehmen »Merck«
erarbeitete Erscheinungsbild
ist in seinen Grundzügen
seither unverändert.

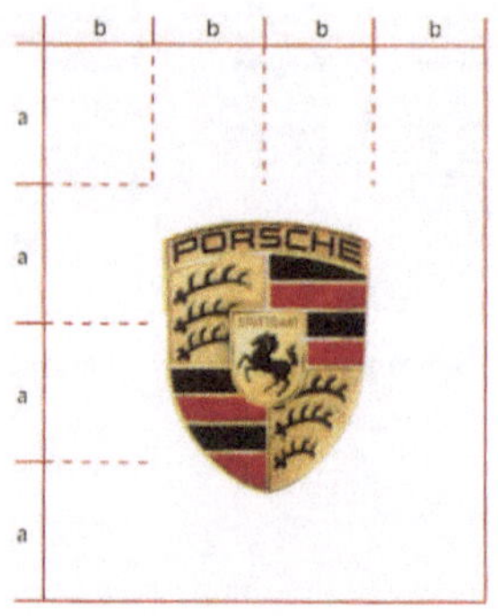

ich nicht. Und außerdem liegt das Durchschnittsalter des Mercedes-Fahrers bei erschreckenden 52,4 Jahren, soll ich das etwa noch raufdrücken?«

Du bist also rundum zufrieden?

Ich will mich nicht mehr vordrängen, wenn ich nicht gebraucht werde. Ich möchte weniger arbeiten. Ich arbeite häufig 12 Stunden am Tag, wozu zunehmend viel Beratung gehört. Meine Kinder sind gut versorgt, und ich selber brauche nichts mehr. Ich muß auch nicht mehr die Welt sehen. Ich bin im vergangenen Jahr – ohne je daran zu denken – in den Steinbrüchen an der unteren Wolga gewesen, dort habe ich über Jahre gearbeitet habe. Die Ciba-Geigy hat mir das geschenkt als Honorar für eine Beratung, die ich bei denen gemacht habe. Das war ein atemstockendes Erlebnis für mich.

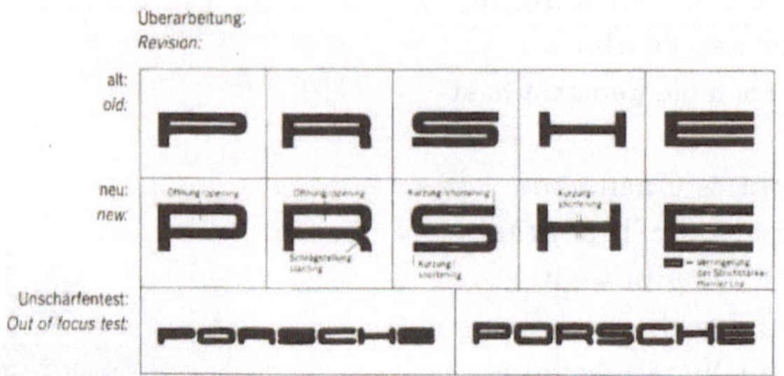

Geringfügige Korrekturen am Corporate Design von Porsche

What makes you tick, warum machst Du das eigentlich?

Wenn ich ein ganz reicher Mann wäre und gar nichts mehr tun müßte, würde ich wahrscheinlich das gleiche machen. Also ich kann kein Immobilienhändler sein, und ich kann auch keine Chemische Reinigung oder Versicherungsvertretung betreiben. Ich würde das gleiche machen, und das macht mich ticken. Ich bin der Ansicht, daß Arbeiten sinnvoll ist. Ich kann mir kein Leben in Freizeit vorstellen. Vom Anfang meiner Berufswahl an hat mich das Thema Schrift fasziniert. Wenn ich mehr Zeit hätte, würde ich vielleicht mehr schreiben, mehr Abstand haben und mich noch mehr um Freunde kümmern. Jeder dritte Brief an mich fängt an mit: »long time no see.«.

Und das, was Du machst, willst Du auch machen oder sind das auch Zwänge? Was mußt Du und was kannst Du?

Es sind keine Zwänge. Ich bin nicht frei von selbstauferlegten Verpflichtungen. Ich kann Heinrich Klotz, mit dem ich eng befreundet bin, in Karlsruhe nicht im Stich lassen, obwohl ich dort auf Handwerker-Stundenlohn unterrichte. Aber dort wird mal wieder ganz weit nach vorne gedacht, und das interessiert mich. Was wird aus den Kommunikationsberufen? Was wird aus

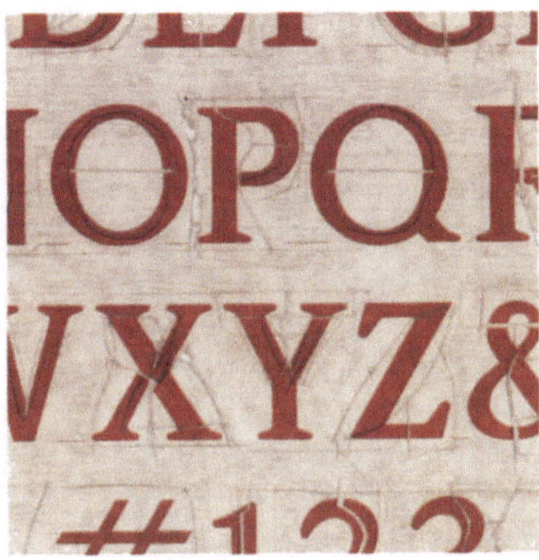

den Designberufen? Dort können eventuell Signale gesetzt
werden. Das macht mich neugierig, deswegen möchte ich gerne
dabei sein. Dafür hätte ich auch gern mehr Zeit. Ich kann
den Markus Merz an seiner im privaten Risiko gegründeten und
staatlich anerkannten Akademie nicht allein lassen. Ich habe
große Bedenken gegen die Art, wie der Staat heute mehr bremst
und verhindert als ermutigt und freisetzt. Insofern ist das schon
ein Mitwirkenwollen an den gesellschaftlichen Zuständen. Ich
möchte auch, daß junge Leute freier denken, daß sie intensiver
an ihren Beruf rangehen, dafür muß ich Beispiele geben. Ich habe
auch Freunde, die unanstrengend sind. Das ist ja auch wichtig.
Die erzählen mir von ihren Ferien und von ihren Autos und
Segeltörns. Das erholt mich gelegentlich. Ich kann mich nicht
jeden Abend mit Geistesheroen unterhalten oder mit Leuten, die
Weltprobleme wälzen.

Wie lang willst Du das noch machen?
Ich bin fit, aber ich möchte häufiger beim Jan Peter Tripp im Elsaß
sein, bei Günter Brus in Graz, bei Erwin Fieger in der Toskana.
Die Freunde, die ich in Amerika seit über 30 Jahren habe, sind fast
alle hochgebildete Juden mit bedeutenden Berufsleistungen.
Und ich möchte nach wie vor mit jungen Leuten, wie Ihr das seid,
zusammensein, weil die meinen Kopf ein bißchen aufmischen
können. Wie meine drei Kinder, die sehr okay sind und mich
freundschaftlich anerkennen: »Unser Alter, der ist voll drauf. Als
wir ihn entmündigen wollten, hat er uns enterbt.«

Michael Erlhoff

Michael Erlhoff promovierte in deutscher Literaturwissenschaft, Soziologie und Kunstgeschichte. Später war er einige Jahre lang Wissenschaftlicher Assistent für deutsche Literaturwissenschaft an der Universität Hannover, arbeitete für den Hörfunk und gab gemeinsam mit Uta Brandes die Zeitschrift »Zweitschrift« heraus (zehn Ausgaben von 1972–1981).

1979 organisierte er im Sprengel-Museum Hannover eine Ausstellung zum »Aussehen der Wörter«, 1982 schrieb er gemeinsam mit Uta Brandes und Rolf-Peter Baacke das Buch »Design als Gegenstand – der neue Glanz der Dinge«.

1985 war er verantwortlich für die umfassende Retrospektive der Arbeiten von Robert Filliou, außerdem gab er eine Kunstedition heraus (»Edition Copie«), hielt Vorträge, war zwischenzeitlich Chefredakteur einer Kunstzeitschrift und Gastredakteur beim NDR.

Ende 1986 betreute er die Redaktion des Buches »Die Moral der Gegenstände« über die HfG Ulm und wurde in den Beirat der »documenta 8« berufen, wo er auch dafür sorgte, daß Designer in die »documenta« integriert wurden.

Im Januar 1987 wurde er Fachlicher Leiter und Geschäftsführer des Rates für Formgebung/German Design Council in Frankfurt, veranstaltete Symposien und gab dazu Publikationen heraus, stellte deutsche Design-Ausstellungen für Singapur, Japan, Los Angeles, New York und Montréal zusammen.

1991 war er Gründungsdekan und wurde Professor des neuen, von ihm konzipierten Fachbereichs Design an der Fachhochschule Köln. Außerdem gründete er gemeinsam mit Uta Brandes »B.E. Design Consult & Research«, wurde Präsident der Raymond Loewy Stiftung, arbeitet in vielen Jurys mit und schreibt weiterhin Texte.

Er lebt und arbeitet in Köln.

»Tönung

statt Bildung.«

Wie würden Sie Ihren Beruf bezeichnen?
Wahrscheinlich bin ich irgendeine Mischung aus Vermittler,
Autor und Theoretiker.

Was fasziniert Sie so am Thema Design?
Das Wort fasziniert würde ich nicht verwenden, weil es die
Reflektionsmöglichkeit unterschlägt. Faszinosum ist etwas, was
unterhalb des Bedenkens abläuft. Ich sag es simpel: Design
ist eine der kompliziertesten, komplexesten und bedeutsamsten
Entwicklungen im Kontext von Kultur, Ökonomie und Sozialität.
Mit Design hat man nicht die Chance auszubüchsen, wie in
freier Kunst, Musik und Literatur. Man hängt mitten in den
Widersprüchen. Zugleich ist Design sicherlich eine Inkarnation
von Moderne. Design nämlich ist immer noch keine richtige
Disziplin oder ist so etwas wie eine undisziplinierte Disziplin,
die in der Lage ist, Lebensfähigkeit und Überlebensfähigkeit
wieder herzustellen.

Wie kommt man vom Studium der Kunstgeschichte zur Designtheorie?
Von Hause aus bin ich Literaturwissenschaftler, Sozialwissen-
schaftler und habe auch Psychologie studiert. Ich war an der
Uni Hannover Ende der 6oer Jahre, und Radikalität war damals
selbstverständlich – nie als Geste, sondern immer als Versuch,
die Dinge zu verstehen. Mich hat der ganze Kontext der
Frankfurter Schule sehr geprägt. Interessiert hat mich stets eine

wer denkt abstrakt?

assoziative Wahrnehmungsstruktur, d.h.: Was bedeuten Erfahrungen, Wahrnehmungen, Transformation, Transfer, und was heißt
Widerspruch als substantielle Qualität einer Gesellschaft? Dem-
gemäß war es selbstverständlich, früh mit Kunst und mit Design
zu tun zu haben. Uta Brandes und ich verdienten 1973, als ich
wissenschaftlicher Assistent war, erstmals Geld und gründeten
eine Zeitschrift: eine linksradikale Zeitschrift für avancierte Form
der Literatur, bildenden Kunst, Architektur, Design, Musik und
Theorie. Wir haben damals etwa John Cage, Natalini, Christo,
Jandl oder 1974 z.B. Mendini veröffentlicht, allemal mit Original-
beiträgen.

Mendini übrigens hat damals etwas völlig Richtiges gemacht.
Er hat einen perfekten Entwurf einer Garotte, eines spanischen
Würgeeisens gestaltet. Sie kennen sicherlich den Film eines Ame-

rikaners, der sich selbst als den Designer für die »electric chairs«
bezeichnet. Es ist ein völlig Besessener, der sich als unheimlich
human begreift, weil er sich darum kümmert, daß alles schnell
abläuft, die Leute nicht den Stuhl vollscheißen und so weiter.
Er bezeichnet sich als Designer. Das ist der Widerspruch in dem
wir uns befinden.

Mich interessiert der Versuch, eine Möglichkeit von neuen
Kooperationen und Vermittlungsformen zu finden. Das ist Design.
Mich interessieren keine Gegenstände.

Gab es auf Ihrem Weg Vorbilder?

Sicher nicht. Es gibt Leute, die ich ganz gerne wahrnehme und
ganz gerne lese. Adorno z.B. ist sicherlich einer der klügeren
Denker, Oskar Negt, Oswald Wiener und viele andere. Im Design
selber gab es »disegno radicale« in Italien. Das waren gute
Intellektuelle, inklusive Sottsass, die in der Facon sehr Pop-Art-
mäßig auftraten, aber die versucht haben, über Gegenständlich-
keit und Identität offen und radikal zu sprechen. Das sind
spannende Figuren und Einstiegsmöglichkeiten für mich gewesen.
Wenn die Italiener ein Produkt machen, ist es eben kein Produkt.
Es ist grandios, wenn man Bonsiepe und Franco Clivio auf
der einen und auf der anderen Seite jemanden wie Anna Castelli
Ferrieri sieht. Man kann das Radio von Sapper/Zanuso neben
das Braun-Radio stellen und sieht sofort, daß das Braun-Radio
kein Essay ist, sondern immer die Behauptung, es sei ein
Gegenstand, der so da ist. Zeitgleich läuft das Zanuso-Radio,
das sagt: ich bin eine Möglichkeit.

Design wird allgemein als Oberflächengestaltung gesehen.

Wie versteht sich da der Designtheoretiker?

Da passiert was ganz Komisches. Ich schreibe gerade etwas über
»Design als Quelle bewußter Mißverständnisse«. Als wir hier
in Köln den Fachbereich Design eröffnet haben, gab es darüber
großen Frust in der SPD-Fraktion: »Oh, jetzt kommt Schickimicki
nach Köln«. Nach fünf Jahren heißt es wieder frustriert: »Die
stellen ja nicht mal was her, was du hinstellen kannst.« Dies beides gehört ganz komisch zusammen.

Was ist passiert? Dieselben Leute verachten Design als Schnickschnack, aber wollen Design auch nur als Schnickschnack haben.
Einerseits, um es verschenken zu können, andererseits um etwas
zu haben, worauf man herumtreten und was man beschimpfen
kann. Diesen Knoten kann man kaum auflösen. Selbst relativ kluge
Leute kriegen dieses Ding nicht auf. Die wollen Design als
Schnickschnack haben. Wenn man mit denen über ein Thema

reden will, wie neue Kategorie von Arbeit, neue Distribution, neue Kategorien von Kommunikation, dann sind die sauer. Weil sie nicht wollen, daß man ernsthaft diskutiert.

Liegt das daran, daß Designer nicht mehr ernstgenommen werden?
In Deutschland hat das natürlich drei Gründe. Design ist keine alte, tradierte Disziplin. Man kann sich mit Design nicht auf einem bildungsgestreßten Podium schmücken.

Das zweite Problem: der Umgang mit Alltagskultur. Das hat in Deutschland etwas mit der Zerstörung durch den Faschismus zu tun. Das führte dazu, daß auch bei aufgeklärteren Intellektuellen ein Vorbehalt da ist.

Das Dritte ist: es wäre gewissermaßen etwas Katastrophales, wenn Design etwas Ernsthaftes wäre. Wogegen sollte man da schimpfen? Dann fehlt doch etwas. Es lohnt den Streit, und ich glaube, die Designer sollten darum streiten. Es ist so, wie die Leute Philippe Starck kaufen und trotzdem sagen, so ein Scheißdesign. Leute, die nie 500 DM für ein Kunstwerk ausgeben würden, die können sich jetzt natürlich einen Stuhl von Starck kaufen, stellen ihn hin, wie ein Kunstwerk, haben aber für sich die Selbstlegitimation, etwas Funktionales gekauft zu haben. Niemand benutzt doch die Zitronenpresse als Zitronenpresse, alle aber als Skulptur. Das gilt auch für die »Braun«-Geräte.

Wie würden Sie Design definieren?
Als eine sehr komplexe Kompetenz der Vermittlung und Organisation.

**Sie hatten eben von Braun gesprochen. Wie kommt es dazu,
daß Geräte plötzlich zum Statussymbol werden?**
Das hat zwei Seiten, mindestens. Wir leben in einer bildungsgestreßten Zeit, in der Bildung angesagt ist, aber Halbbildung rauskommt. Studienräte als Exempel, die vor einem monochromen Bild von Yves Klein stehen und fragen, was dahinter ist. Die trauen sich nicht mehr zu sagen: »Es ist blau«. Ähnlich ist

ohne Eigenschaften

das mit Braun. Du mußt den Beweis führen, dich mit bestimmten Dingen zu umgeben. Da kommen dann die remakes des Bauhauses, und Braun hat es ganz geschickt geschafft, da hineinzurollen.

Das Zweite ist eine realexistierende Verunsicherung der Menschen angesichts der Überfülle von Produkten, die man erwerben

kann. Sie sind zurückgeschmissen auf ein Geschmacksurteil, was
sie nicht mehr fällen können. Also spielen Produkte eine große
Rolle, von denen andere schon formuliert haben, daß diese Produkte relevant sind. So funktionieren die Namen der Produkte.

**Erstaunlich ist, daß es gerade bei Braun eigentlich um das Produkt
ging und nicht um die Überhöhung des Gegenstandes – also nicht
um die Aura.**

Das ist ein psychischer Mechanismus. Wenn sie jemand erwischen
bei einer Projektion, wird er immer sagen, er hätte keine. Das ist
klar, er kann es nicht zugeben.

»Bewähren sich die Dinge im Gebrauch«, haben sie noch Zeit dazu?

Es war allgemein bekannt, daß Braun-Geräte die schlechteste
Akustik hatten, deshalb nannte man es ja auch den Taunus-Sound,
weil die Bässe immer zu tief waren. Die Techniker von Braun
waren auch stets deprimiert.

Der Mixer in der Küche ist absoluter Schwachsinn. Man braucht
endlose Zeit, ihn zu reinigen. Ein reines Mythosobjekt. In Japan
ist ein Rasierer von Braun teurer als hier, weil die Japaner
total auf Brandnames abfahren, und in den USA billiger, weil
dort Braun niemanden interessiert.

Was macht den Gegenstand aus, was muß Design zeigen?

Design müßte vielleicht so sein, daß es dem Menschen noch eine
Erfahrung des Gegenständlichen, also des Widersetzlichen mit-
teilt. Design müßte die Menschen in einem aufklärerischen Sinne
dazu bringen, sich eine Möglichkeit der Nutzung zu überlegen,
sie gestalterisch tätig werden läßt. Die Erfahrungsvermittlung
spielt dabei eine große Rolle, denn du müßtest den Menschen
quasi dazu qualifizieren, es nutzen zu können.

Die Realität ist so, wenn keine Aschenbecher mehr da sind,
wird alles Mögliche als Aschenbecher benutzt. Computer werden
zu eigenen kleinen Miniausstellungen von Urlaubsbildern usw.
In Parkanlagen sind die geraden Wege eingezeichnet, und überall
gibt es die Abkürzungen durch den Rasen, die Trampelpfade.
Das ist quasi die Empirie, also der Gebrauch, die Abkürzung zu
nehmen.

**Ist das, was Sie gerade erklärt haben, »Soziales Design«? Bonsiepe
spricht in diesem Zusammenhang vom »sozialen Effizienzbegriff«.**

Es wäre sicherlich so, wenn die Möglichkeit gegeben ist, daß wir
Forderungen an uns selbst stellen. Wir müssen ein erfahrungs-
haltiges Angebot an Nutzungsmöglichkeiten offerieren. Es reicht
nicht zu sagen: »interaktiv«, da landet man wieder in der Beliebigkeit. Die Frage ist, wie man durch Gestaltung eine Erfahrungs-

haltigkeit schafft, kompetent und eigenständig mit den Dingen
umzugehen. An dieser Stelle ist der Knackpunkt. Es geht ja nicht,
daß man sagt: Jeder kann jetzt seinen eigenen Gegenstand herstellen. Wir müßten die Menschen erst in die Lage versetzen, es
auch tun zu können.

Muß man in Zukunft den Benutzer ernster nehmen?

Ja. Funktionalismus lief, auch von seinem Ansatz her, immer
Gefahr, eine Zurichtung der Handlungsweise und damit der
Menschen selber zu liefern. Ich unterstelle immer noch, daß die
Subjekte ein gewisses Maß an Erfahrungen, auch an Ambiva-
lenzen und Widersprüchen haben, die sie dazu befähigt, selbstbe-
wußt und emanzipativ handeln zu können.

Die Produkte und die Designer müssen näher an die Nutzer heran.

**Das heißt doch eigentlich, daß sie ganz spezielle Beziehungen schaffen
müssen?**

Richtig, Beziehungen schaffen, Angebote schaffen und den
Gebrauch, nicht im Sinne des Nutzens, sondern ihn selber ernst-
nehmen. Dazu gehören auch die Träume und Projektionen.
Das ist ja der Selbstbetrug der Firma Braun und des Dieter Rams,
zu glauben, sie könnten das ausblenden. Gleichzeitig finanzieren
sie aber den Mythos Braun, durch eine Zeitschrift wie »Der
Braunsammler«.

Wie sieht die Entwicklung des Designs in Zukunft aus?

Gegenstände frustrieren mich zusehends. Es gibt eigentlich nichts,
was so richtig funktioniert. Die Gegenstände interessieren mich
eher im nostalgischen Sinne.

Wir werden in Zukunft Dienstleistungen gestalten. Abläufe und
Prozesse gestalten, Beziehungen, von denen wir momentan
kaum wissen, wie sie funktionieren. Dienstleistungen meine ich
im Sinne von Leasing, gemeinsamer Nutzung, vorübergehendem
Gebrauch und all diese Abläufe.

Bei der »Orgatech« wird jetzt deutlich, was verkauft wird:
Arbeitsmöglichkeit, Kommunikationsmöglichkeit. Bei Vitra ist
das Zentrum ein Cafe. Drumherum ein Museum, in dem
dich Leute ansprechen. Im Prinzip etwas, was unsere Studentis
vor zwei Jahren unter dem Titel »Wohnen im Büro« gemacht
haben.

**Ist das eine Reaktion auf die Individualisierung der Gesellschaft in
immer weniger überschaubare und fraktale Gruppen?**

Es ist ja nicht so easy. Individualität ist ein Traum. Selbst der Versuch von uns hier, individuell angezogen zu sein, ist schon vom
Versuch her konform. Insofern war es irgendwie nichts mit der

Geschmack statt Gesicht

Individualität. Wir haben auf der Marketingschiene kompensatorische Angebote. Die Menschen werden allerdings feststellen, daß sie dadurch auch nicht individueller werden.

Michael Menzel sagt über Werbung, sie sei die Kompensation von persönlich erlebten Defiziten. Stimmen Sie dem zu?

Das ist mir zuwenig. Hier ist interessant, daß wir nicht mehr unterscheiden zwischen Individuum und Person, oder individuell und persönlich. Persönlich ist die Abstraktion des eigentümlerischen Kleingeistes. Das ist aber heute das, was wir mit Individualität verwechseln. Individuum wäre etwas, was sich zu gesellschaftlicher Realität verhält. Aber persönlich meint einfach nur: ausgegrenzt auf das eigene Gucken und: »Hauptsache die Kohle stimmt«. Es gibt im Moment nur noch persönliche Interessen und überhaupt kein gesellschaftliches Bewußtsein mehr. Das macht die politischen Katastrophen aus. Design muß an dieser Stelle gegensteuern.

Streben nicht alle Menschen nach einer möglichst großen Form der Autonomie?

Es gab auch mal eine andere Kategorie dazu, das war die Mutualität, übersetzt etwa mit Nachbarschaftlichkeit und Gemeinwesen – dem Bewußtsein, daß Autonomie nur möglich im Rahmen eines Gemeinwesens ist. Ich kann mich nur als autonom begreifen, wenn mir andere Autonomien entgegentreten. Wir haben die Schwierigkeit, daß wir bis heute nicht in der Lage sind, das modellhaft darzustellen. Wir haben eigentlich in der Geschichte nur Hierarchien gehabt.

Systemdesign heißt also nicht, alles zu fraktalisieren. Wir müssten es schaffen, die Ordnung im Chaos zu finden. Aber dazu sind wir nicht in der Lage. Wir wissen oder ahnen, daß es ein Ordnungsprinzip gibt, aber wir laufen hinterher.

Welche Möglichkeiten hat der Designer überhaupt? Kann er nur Entwicklungen hinterherlaufen oder kann er entwerferisch tätig sein, Gesellschaft mitentwerfen?

Es gibt erstaunlich viele interessante Projekte, die DesignerInnen selbstständig entwickelt haben – bis in die heutige Zeit. Es gibt Hartmut Esslinger, der immerhin Projekte macht, die nicht beauftragt sind. Pull-push-Projekte, wo erst geforscht und dann dafür das richtige Unternehmen gesucht wird.

Raumschiff Enterprise

Auf der anderen Seite gibt es das Drama der »Deformation Professionelle« der Designer, das ist das gebrochene Rückgrat der Designer. Mit dieser Aussage habe ich mir schon mal alle deutschen Designerverbände vergrätzt. Es gibt kein Selbstbewußtsein des Designers. Das ist auch ein Grund für den »Lucky Strike Designer Award«. Da versuchen wir auf der Star-Schiene das Selbstbewußtsein des Design zu entwickeln.

Als Vorwerk mit den Künstlerteppichböden anfing, da gab es den Roy Lichtenstein, der wollte, daß sein Teppichboden an bestimmten Stellen weiß sei. Und die Techniker sagten, daß das nicht gehe. Es gäbe keinen weißen Teppichboden. Daraufhin hat Roy Lichtenstein gesagt, er verzichte. Nach einem halben Jahr gab es doch einen weißem Teppichboden von ihm. Das hätte kein Designer geschafft, weil sie nicht das gesellschaftliche Ansehen haben.

Nun gibt es ja auch einige Beispiele, wie sich Designer durch Eigendarstellung und Entertainment diese gesellschaftliche Akzeptanz erarbeiten.

Ja sicher, ein gutes Beispiel ist der Philippe Starck. Irgendwann mußte ich mal auf einer Preisverleihung reden. Und abends gab es ein Gala Diner. Da saß dann ein wichtiger Professor aus Düsseldorf, der erzählte, daß er alle paar Monate zu seinem Schneider nach Sizilien fliege. Und Norman Foster erzählte, daß er mit seinem Jet eingeflogen sei. Vignelli prahlte, daß er 200 000 Dollar im Monat verdiene. Und genau in diesem Moment kam ein Telegramm, das laut vorgelesen wurde, weil es von Philippe Starck war: »Kann leider nicht am Gala-Diner teilnehmen, diniere mit Mitterand.« Und ich war ziemlich sicher, daß er in der Kneipe nebenan saß.

Am nächsten Tag war um 11.00 Uhr die Preisverleihung, alle waren schon um 10.00 Uhr da, nur Starck nicht. Und ich wußte, daß er sicher einige Minuten vor elf Uhr erscheinen würde. Die Abwesenheit war der wesentliche Bestandteil seiner Anwesenheit. Alle haben darüber geredet. Er spielt das einfach durch, er spielt mit den Verhältnissen.

Wie wird man als Designer reich, oder gibt es ein gespaltenes Verhältnis zwischen gutem Design und Geld verdienen?

Es wäre dumm, wenn es das geben würde. Reich werden ist ja wahrhaftig nichts Fatales. Berühmte Zufälle spielen eine wichtige Rolle, aber da gibt es viele Chancen für die Designer. Die eigene

PR-Arbeit gehört natürlich dazu. Eines ist sicher, Opportunismus
nützt nichts, auch in dieser kapitalistischen Gesellschaft. Das
Risiko muß man eingehen, entweder auf die Schnauze zu fallen
oder rumzuspinnen.

Es gibt eine Vereinbarung zwischen meinen Studenten und mir,
wenn bei uns Industrieunternehmen präsentieren. Wer dort die
argumentativ begründetste, provokativste Frage stellt und bei
demjenigen eine Praktikumsstelle aushandelt, kriegt von mir eine
Flasche Champagner. Ich habe erst zwei Flaschen verloren. Es
ist gerade für junge Designer unheimlich wichtig zu lernen, daß
ihn die provokative Frage entweder endgültig absegeln läßt,
oder ihm den richtigen Zugang bietet. Aber die gemischt getönte
Frage der Beliebigkeit kann ihm keine Chance bieten.

**Design wird immer mehr als Wirtschaftsfaktor verstanden. Wohin wird
diese Entwicklung gehen?**

Ich denke, wir werden zwei Wege haben. Erstaunlich ist doch, daß
die ganzen Kunsthandwerker noch nicht begriffen haben, was
momentan passiert, und da nicht einsteigen. Diese ganzen Klein-
kisten zu gestalten, ihnen Mythen und Totems zu geben, die
die Menschen offensichtlich brauchen, um Wünsche binden zu
können, kommunizieren zu können. Das wäre doch ein Feld für
den Kunsthandwerker.

Das Design sehe ich auf anderen Wegen: und zwar mit massiv
wirtschaftlicher Bedeutung. Design kümmert sich in Zukunft um
Fragen von internen und externen Koordinationsmaßnahmen,
von neuen Produktionsformen, neuen Arbeitsstrukturen und von
Dienstleistungen und Kommunikationsprozessen. Noch geht
es um Unterscheidbarkeit am Markt, längerfristig ist das aber
relativ uninteressant.

Der Markt der Hardware wird irrelevanter werden. Design hat
die Aufgabe, Logistikprobleme zu lösen, Akzeptanz für neue
Entwicklungen zu schaffen. Warum gibt es keinen Möbeltausch?
Jedes halbe Jahr könnte man doch sein Wohnzimmer neu einrichten durch Tauschsysteme – das wird bereits praktiziert.
Es gibt doch Leute, die sich in Boutiquen regelmäßig zum Wochenende Klamotten zur Probe mit nach Hause nehmen und diese
am Montag zerknittert wieder zurückbringen. Die brauchen die
Klamotten nur zu einer Fete. So etwas muß sich Design einfallen
lassen. Das ist für mich eine Designaufgabe.

Warum ist Ihnen der Diskurs über Design so wichtig?

Wir verfügen offenkundig und zurecht über keinen gesetzmäßigen
Konsens von Design. Wenn wir aber nicht über so eine Gesetzes-

struktur verfügen, bedarf es umsomehr eines Diskurses, in dem
wir immer wieder versuchen herzustellen, wo im Moment die
Qualität von Design ist. Insofern braucht es eine kommunikative
Gesellschaft im Design.

Außerdem ist es mein eigenes Vergnügen. Es gibt 30 Leute, mit
denen ich gerne über Design diskutiere, weil wir alle etwas davon
haben. Fragen, die wir hier ja partiell angesprochen haben.
Deshalb fand ich das Symposium »Positionen zur Gestaltung« in
Bremen sehr gut, weil es nicht so entertainig waren. Öffentliche
Vorstellungen leiden immer etwas unter dem Eventcharakter.
Mir ist ein kontinuierlicher Diskurs lieber.

War das der Grund für die »Design News«?
Ja, eine Zeitschrift auf 4 Seiten oder 8 Seiten und rubrifiziert. Da
kriege ich den Klatsch mit. Dann spar ich mir den Rest. Das
Projekt war vielleicht ein Stück zu früh. Es scheiterte daran, das
wir keine vernünftigen Fotoarchive von Designern haben. Versuchen sie mal von Designern vernünftige Fotos zu kriegen. Wer
von denen teilt mit, was er gerade macht. Es gibt bei Designern
keine richtige Öffentlichkeitsarbeit. Jede Werbeagentur macht so
etwas.

contradictio in adiecto

Wie ist Ihr Verhältnis zur Werbung und zu Werbern?
Werbis sind für mich wunderbare Kulturträger. Man muß einfach
zugeben, etliches, was in der Kunst geschehen ist, haben sie
popularisiert. Man muß akzeptieren, weniger in Deutschland,
aber in England – daß sie phantasieanregend sind. Ich glaube
aber, daß durch die Werbung nicht mal ein Prozent mehr verkauft
wird. Wenn neue Namen auf den Markt kommen, dann ist
die Werbung sinnvoll. Die Angst der Zigarettenindustrie ist nicht,
daß sie bei Werbeverbot keine Zigaretten mehr verkaufen,
sondern, daß sie keine neue Marke mehr auf den Markt bringen
könnte. Dafür braucht man Werbung. Mir selbst macht es
ein partielles Vergnügen, Werbung anzuschauen, weil sie mir neue
Bilderwelten entwickelt.

Eine Frage, die sich mir stellt, ist, inwieweit die Werbung so
etwas wie eine eigene Legitimationsfähigkeit entwickeln könnte,
das, was wir im Kontext von Produkten und Gebrauch und
Gebrauchern gerade diskutiert haben, zu forcieren und darüber
aufzuklären.

**...zum Beispiel Design in komplexer Form zum Thema der Werbung
zu machen?**

Richtig. Die Verantwortung von Unternehmen gegenüber der
Gesellschaft muß sein, ihre Produkte mit den Aspekten kultureller,
sozialer und ökologischer Art zu verbinden. Das tun die Unternehmen aber kaum. Was sie tun ist, daß sie sich auf der Ebene der
Hochkultur freikaufen. Z.B. im Rahmen von Sponsoring.

Es ist ein Skandal, wenn man eine Designausstellung mit Unter-
nehmern macht und die das für Sponsoring halten. Dabei ist
das genauso, wenn ich meinen Bäcker dadurch sponsore, daß ich
bei ihm die Brötchen kaufe. Es muß doch eine ganz normale
Beziehung zwischen Designern und Unternehmen geben können.
Diese Beziehung ist nur vergessen worden. Es gibt eine Verantwortung der Unternehmen für die Alltagskultur.

**Welche Rolle übernimmt die Werbung, wenn sie diese Verantwortlich-
keit der neuen Unternehmen kommunizieren soll? Ein Stück
Alltagskultur zu fördern und nicht nur zu verkaufen?**

Die Frage ist eben, ob Werbung, abgesehen vom Unterhaltungs-
wert, nicht genau im Rahmen dieser Verantwortung für
Alltagskultur und Sozialität selber aktiv werden müßte. Nicht
einfach ideologische Legitimation am anderen Ende und in
fernen Welten aufzusuchen. Was hat das Sponsoring Schleswig-
Holsteinischer Konzerte von Audi mit ihren Autos zu tun?
Die sollen sich erst einmal um ihre Unmittelbarkeit kümmern.

**Kann denn Werbung/Design noch eine Glaubwürdigkeit von
Unternehmen kommunizieren, bei so viel Unglaubwürdigem und
Oberflächlichem?**

Ich meine schon. Es gibt ja diese Geschichte bei Mercedes-Benz.
Die Pläne, kein Auto mehr zu verkaufen, sondern einen Schlüssel,
mit dem ich einen Mercedes benutzen kann. Das wäre eigentlich
die Aufgabe von Werbung, nicht nur Autos zu verscheuern,
sondern eben auch Akzeptanz für neue Verfahren zu schaffen,
nicht das Besitzen zu kommunizieren, sondern das gemein-
schaftliche Benutzen. Das wäre ökonomisch und ökologisch sehr
sinnvoll. Die Aufgabe der Werbung müßte sein, dieses gesellschaftliche Vorhaben zu kommunizieren und zu verdeutlichen,
weil gesellschaftlich bereits ein ganz anderes Wahrnehmen dieser
Besitzverhältnisse existiert. Diesen »Besitz auf Zeit« muß man
nur richtig verstehen, und dazu könnte die Werbung ungeheuer
viel beitragen. Nur: da müßten sie sich auf etwas völlig Neues
einlassen. Die Deutsche Bank wirbt damit, daß sie sich über die
Kategorie Arbeit neue Gedanken machen will und dafür neue

Leute sucht. Damit schafft sich solch ein Unternehmen eine
wirkliche Legitimität. Andere Nutzungskonzepte zu entwickeln,
das wäre auch Aufgabe der Werbung, zum Beispiel Banken
und Caféhäuser zusammenzuschmeißen.

Arbeiten Sie selber eng mit Unternehmen zusammen?

Ja. Ich werde gern mit Innovationsstudien beauftragt, die die
Unternehmen gut bezahlen, aber meistens in die Schublade
packen. Sie glauben, nun hätten sie etwas für die Innovation
getan, und das macht mir gerade nicht mehr soviel Spaß. Das ist
ein Problem.

Um wirklich reich zu werden, müssen sie einfach zeitgleich sein
und nicht avanciert. Herr Sieger verdient deshalb soviel Geld,
weil er immer genau in der Zeit ist. Wenn Karstadt die Postmoderne entdeckt, ist Herr Sieger da und macht die Postmoderne.
Und Karstadt ist das Maß. Wir machen uns alle etwas vor.

Meine Qualität ist, daß ich relativ gut Sachen und Leute vermitteln kann und mit einer brauchbaren assoziativen Logik
versuche, die Dinge zu verstehen.

**Sie sind Gründungsdekan der FH Köln. Können Sie die Idee des
Kölner Modells knapp zusammenfassen?**

Die Basis unserer Ausbildung ist, das Studieren von Design im
Selbstbewußtsein der Gesellschaft zu stärken. Unsere Studierenden
wollen Design studieren und sind keine verkrachten Künstler.

Zweitens ist unsere Aufgabe, tradierte Einzeldisziplinen in eine
integrierte Designausbildung zu fassen – unter der Aufgabe
der Hochspezialisierung und Forderung nach Generalistentum.
Deshalb gibt es bei uns Gruppenarbeit und Kurzprojekte, wo
eben mit viel Power gearbeitet wird. Wir beharren auf einer
hohen Wissenschaftlichkeit von Design. Es ist nicht mehr der
Wissenschaftsbegriff des 19. Jahrhunderts. Unsere Ausbildung ist
sehr realistisch, auch wirtschaftlich.

**Zu dem generalistischen Ansatz. Ist es nicht ein Unterschied, ein gutes
Plakat zu gestalten oder eine Teekanne zu entwerfen? Gibt es da
nicht andere Aufgabenstellungen und andere notwendige Fähigkeiten?**

Ich denke, die Leute müssen beides können. Das Mindeste ist,
daß sie Leute finden, die sie dafür anstellen können, die ihr
Spezialistentum in Projekte mit einbringen können. Ein Architekt
legt ja auch keine Steine aufeinander. Warum wollen wir die
ganzen Handwerker erledigen. Ich muß wissen, wie die Dinge
funktionieren, ich brauche Grundkenntnisse. ich brauche aber
auch Freiraum, zu sagen, ich will das, auch wenn es nicht geht.
Und das dann durchsetzen. Daraus entsteht Innovation. Wie

sind die neuen Töne im Jazz entstanden. Da hat sich jemand ver-
spielt, und die Leute fanden es gut. So sind neue Sachen entstanden.

Sie sagten einmal, daß Sie keine Grundlagen vermitteln. Sie fangen bei Ihren Studierenden immer mit Projekten an. Wie geht das?

Ganz einfach. Die Sachen passieren im Arbeitsprozeß. Zum Beispiel geht es darum, ein Windrad zu entwickeln, was eine
Stunde lang eine Glühbirne zum Leuchten bringen soll. Montags
Briefing und freitags Präsentation. Jetzt müssen die erst einmal
ausschwärmen und fragen, wie funktioniert der Wind, was gibt es
an Möglichkeiten, welche Materialien werden verwendet, welche
Gelenke etc.; dann soll das Ganze noch präsentiert werden, also
auf dem Dach eine Videoanlage installieren, damit es im Hörsaal
simultan präsentiert werden kann. Die Grundlagen sind alle in
diesem Prozeß vorhanden.

Man muß doch nicht wie in Alt-Ulm einen Würfel feilen aus
der freien Hand und nachher überprüfen, ob der rechte Winkel
stimmt. Die Dinge müssen sich im Prozeß entwickeln. Die Studierenden sind ja nicht blöd. Man muß eher aufpassen, daß man
sie aus den Kompetenzen, die sie ohnehin schon haben, rausholt,
damit sie sich auf etwas einlassen, was sie noch gar nicht kennen.

Welchen Stellenwert hat Sprache in Ihrer Ausbildung?

Sie sollte wahrscheinlich noch einen höheren Stellenwert haben.
Das Banalste ist, daß die Studies bei uns Englisch lernen. Es
werden bei uns Seminare gegeben, wo Referatsthemen erarbeitet
werden müssen, oder es werden Lektürekurse angeboten.

Dann gibt es ein Seminar, das heißt Produktkritik. Einzelne
bekommen ein Produkt, das sie mit 5400 Anschlägen schriftlich
interpretieren müssen und dann in anderer Form in einer
mündlichen Diskussion. Das heißt, ich nehme die sprachliche
Form sehr ernst. Manchmal überlege ich mir, ob es nicht besser
wäre, vielleicht auch einen Rechtschreibkurs anzubieten.

Welchen Einfluß haben die neuen Medien auf den Designprozess?

Das durchschaue ich ja nicht so
ganz, da ich selber mit diesen
Dingen nicht umgehe, denke ich
trotzdem, daß ich darüber reflektieren kann. Ich lese ja auch
darüber. Ich durchschaue nicht langfristig, welche Auswirkungen
die Arbeit mit den Computern haben wird. Auf grafischer Ebene
ist der Einfluß sicher sehr groß. Zur CD-ROM habe ich eine
Distanz. Was ich an der CD-ROM unsinnig finde ist, daß ich jetzt

Digitale Analogie

Aus seinen über 40 000 Büchern zeigte uns Michael Erlhoff ein Buchstabenbuch. Beim Umlegen der Seiten entsteht durch Ausstanzungen und Überlappungen das Alphabet.

massenhaft Texte vom Bildschirm lesen muß. Da habe ich unseren Studentis, die ein Kölner Jahrbuch auf CD-ROM produziert haben, einen simplen Vorwurf gemacht: warum sind die Texte nicht vorgelesen worden? Dann hätte man natürlich wahnsinnige Bilderwelten entwerfen müssen. Die Studenten hatten offensichtlich vergessen, daß so ein Medium auch die akustische Seite hat. Aber insgesamt sehen diese Oberflächen für mich eher putzig aus.

Was wird denn aus euren Generalisten?

Das ist spannend. Ein Student wollte bei einem Unternehmen ein Praktikum machen. Ich rief also den Unternehmer an, und die Reaktion war: »Mensch toll, endlich mal einer von eurer Schule«. Der Junge hat aber dennoch keinen Praktikumsplatz bekommen, weil der dort tätige Designer ihn nicht haben wollte.

Der Wurm ist sicher das operationelle Mittelmaß. Wir müssen es schaffen, dieses Mittelmaß zu unterlaufen. Andere Unternehmen sind sehr daran interessiert, ob wir schon Absolventen haben. Die haben bereits Studien bei uns beauftragt, die sonst nach Detroit gegeben werden. Es gibt viele Unternehmen, die gerne mit uns zusammenarbeiten, z.B. Pizza Hut. Für dieses Unternehmen muß eine offene CI definiert werden. Es geht von der Beratung bis zu kompletten Lichtanlagen, Service z.B. wie zur Pizza gleich ein Video dazubestellt werden kann, bis hin zu Informationssystemen und interner Kommunikation. Das ist ein Super-Projekt. Ich begleite die empirische Ebene.

alles falsch

Hat Europa im internationalen Markt die Kraft, eine eigene Designqualität zu entwickeln? Wie groß ist die Angst vor dem »Data-High-way«, dem internationalen Schrott und davor, bei Innovationen den Anschluß zu verpassen?

Es gibt den niedlichen Übersetzungfehler bei dem Begriff »Data-Highway« von Bill Clinton. Ein Highway in Amerika ist eine Landstraße. Freeway ist die Autobahn der USA. Und in der Tat muß man feststellen, daß Europa in diesem Bereich viel weiter entwickelt ist. Das hat den Grund, weil wir später angefangen haben. ISDN ist etwas, was es in den USA so noch nicht gibt. Davor muß man keine Angst haben.

Aber zur Frage: ich war vor kurzem in Japan, und eine japanische Zeitschrift hatte gerade eine Umfrage gemacht: »Welchem

Design trauen Sie am meisten zu«. Da stand Deutschland ganz
weit vorne. Und zwar in den Bereichen Ökologie und Service und
nicht mehr in der Hardware-Frage. Ich war auch nur deshalb
eingeladen, weil sie genau diese Designkiste bei sich haben wollen.
Insofern bin ich über die Zukunft des deutschen Designs nicht
besorgt. Wir werden in Zukunft einen zunehmend harten Konkur-
renzkampf zwischen den Hochschulen haben.

Gibt es für Sie Highlights in der deutschen Hochschullandschaft?
Naja, es gab früher welche, die es heute nicht mehr sind. Tradi-
tionell war es Schwäbisch-Gmünd oder Offenbach. Aber das
ist out. Es sind eher die Schulen wie HdK Berlin, oder die Staat-
liche Akademie in Stuttgart. Aus Weimar hätte man etwas
Tolles machen können.

Was wollen Sie denn in den nächsten Jahren noch machen?
Ach, unendlich viel. Wir planen gerade an der FH Köln eine Master
Postgraduate-Kiste darüberzusetzen. Wir planen eine Gesell-
schaft für Weiterbildung im Design, so daß wir demnächst eine
Sommerakademie anbieten können. Dann will ich versuchen,
ein Forschungsinstitut aufzubauen.

Wieviel Stunden hat denn dann Ihr Tag?
Ich schlafe nicht sehr viel. Das ist aber ganz vergnüglich. Ich bin
um halb sechs ins Bett gegangen und um halb zehn wieder
aufgestanden. Uta Brandes und ich arbeiten beide sehr viel. Und
wenn wir mal ganz dicht sind, fahren wir danach in irgendein
englisches Schloßhotel. Da weiß man, daß es dauernd regnet und
du mußt nicht rausgehen. Man liest Zeitung, guckt aus dem
Fenster und schwimmt ein bißchen. Da kann ich dann zwölf
Stunden schlafen. Deshalb liebe ich auch Langstreckenflüge. Weil
ich immer etwas unausgeschlafen bin, schlafe ich sofort ein und
habe auch nie Jetlags.

Welches Projekt ist Ihnen gründlich mißlungen?
Das ist schwer zu sagen. Im Hochschulbereich eigentlich nichts.
Und sonst, ja also das mit der »Design News« war Pech. Ich habe
das Gefühl, irgendwie fällt man aber doch wieder auf die Beine.

What makes you tick?
Ja, wahrscheinlich habe ich doch die Naivität zu denken, man
könnte noch etwas verändern. Mir macht es enorm Spaß zu kommunizieren, und ich habe deshalb auch soviel gelernt.

Köln, 7. November 1994

Fritz Hahne

Geboren 1920.
Er leitete Wilkhahn seit 1946, ist
Initiator der Orientierung zum Design-
Anspruch und hat die Entwicklung
des Unternehmens entscheidend
geprägt. So ist die seit 1971 prakti-
zierte umfassende Beteiligung
der Mitarbeiter am Betriebsergebnis
maßgeblich sein Verdienst.

Er zog sich 1982 aus dem Tages-
geschäft zurück und war bis Mitte
1994 Vorsitzender des Wilkhahn Ver-
waltungsrates.

Für sein sozialpolitisches Engagement wurde Fritz Hahne auf Vor-
schlag des Betriebsrates 1985
mit dem Bundesverdienstkreuz ausgezeichnet. Das Land Niedersach-
sen verlieh ihm das Große Nieder-
sächsische Verdienstkreuz.

1992 wurde er von der Commission
of the European Communities
mit der Nominierung für den Sonder-
preis des Europäischen Design-
Preises geehrt, der Persönlichkeiten
oder Institutionen auszeichnet,
die sich um die Designförderung auf
internationaler Ebene verdient
gemacht haben. 1996 wurde Wilkhahn von der »Deutschen Stiftung
Umwelt« mit dem höchstdotierten
Umweltpreis Europas ausgezeichnet.

Fritz Hahne ist Mitglied des
Deutschen Werkbundes, Vorstands-
mitglied des Internationalen Design
Zentrums Berlin und gehört dem
Kuratorium des Bauhaus-Archivs
sowie dem Rat für Formgebung in
Frankfurt an.

Fritz Hahne lebt in Hannover.

»Design —

Fritz Hahne 130 131
eine Bildungsfrage.«

Wie würden Sie Ihren Beruf bezeichnen?

Das ist eine interessante Frage, aber ich weiß keine vernünftige Antwort. Fabrikant scheidet aus. Die nächste Möglichkeit: Unternehmer, aber dieses Berufsbild ist stark vorbelastet. Architekt stimmt auch nicht, nicht zuletzt, weil Architektur nicht unbedingt mit dem Aufbau und der Führung einer Organisation verbunden ist. Eine krumme Formulierung, wie »Design-Unternehmer« trifft es auch nicht. Es ist schwierig, ich habe keine Antwort.

Welche Entstehungsgeschichte hat die starke Design-Orientierung des Unternehmens Wilkhahn?

Nach dem Krieg gab es hier in der Gegend ungefähr hundert kleinere und mittlere Unternehmen, die alle Stühle produzierten, alle die gleichen Stuhltypen. Als ich in das Unternehmen kam, war meine Motivation für den Aufbau von Wilkhahn einerseits mein Interesse für moderne Entwicklungen und andererseits der Wunsch, mich selbst und das Unternehmen zu profilieren. Es bot sich in der damaligen Situation geradezu an, etwas anderes zu machen, um sich von den Mitbewerbern abzuheben. So verband sich mein Interesse an der Moderne und der Architektur mit dem Aufbau von Wilkhahn. Später lernte ich Georg Leowald kennen, der damals an der Werkkunstschule in Wuppertal bei Jupp Ernst Lehrer war. Durch ihn bekam ich den Kontakt mit Ulm, weil er dorthin wechselte. In Ulm hat's dann bei mir so richtig geschnackelt, das hat gesessen. Ich hatte früher schon Kontakt zu den Deutschen Werkstätten. Sie waren »das« Kulturinstitut der deutschen Möbelwirtschaft – dem Werkbund sehr nahe. In einigen Grundauffassungen waren das für mich damals unwahrscheinlich große Leute. Aber erst die Haltung von Ulm hat bei mir ganz deutlich Wurzeln geschlagen und ist für mich und für das Unternehmen der harte Kern des Handelns geworden – auch heute noch, trotz Postmoderne und Memphis.

Was hat Sie an dem Ulmer Arbeitsansatz fasziniert?

In Ulm sprach man von einem Behälter, wenn man einen Schrank meinte. Das heißt, man intellektualisierte, man abstrahierte herkömmliche Produktvorstellungen. Außerdem war in Ulm nicht nur von Design die Rede, sondern Ulm verkörperte eine Weltanschauung der Wahrhaftigkeit. Es wurden nicht Produkte konzipiert, die einer traditionellen Vorstellung entsprachen. Vielmehr gab es eine technische Idee, die Funktion war eine Vorgabe, und daraus entwickelte sich das Design des Produkts oder auch einer Produktfamilie. Diese intellektuelle Seite, die meistens die Ausgangsposition war, hat mir großen Spaß gemacht. An dieser Auf-

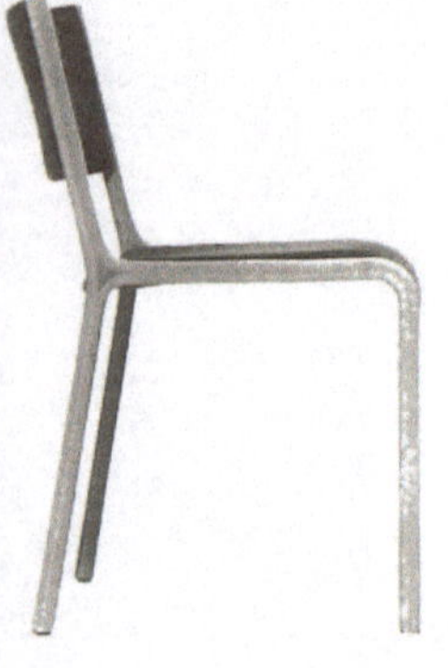

Schichtholzstuhl
Programm 400
Entwurf: Wilhelm Ritz
Dieser Stuhl hat viele Auszeichnungen erhalten und
wird seit 1962 produziert.

fassung hänge ich auch heute noch, und wir praktizieren sie bei Wilkhahn, wo immer wir dazu imstande sein.

Wie lautet – in Kurzform – die Unternehmensphilosophie von Wilkhahn?
Vorweg: eine Unternehmensphilosophie hat nur dann einen realen Wert, wenn das Unternehmen erfolgreich ist. Sonst träfe zu, was im Berliner Volksmund so heißt: »Keene Strümpfe, aber Gamaschen!« Unsere Philosophie besagt grundsätzlich: das Unternehmen muß Gewinne machen, damit es existieren kann. Diese Aussage vorweg, um Andersgläubigen den Wind aus den Segeln zu nehmen. Wenn ich davon spreche, wie ich das Unternehmen sehe, meine ich, daß die Wilkhahn-Philosophie mit dem Begriff »Wahrhaftigkeit« identisch zu sein hat. Ich versuche, den Konsens zwischen Kapital, Arbeit und Ästhetik zu finden. Ich bin mit mir dabei im Reinen, auch wenn dieses Ziel in einem Unternehmen nur schwer durchzusetzen ist. Möglicherweise ist das von Natur aus ein unlösbarer Widerspruch, aber es lohnt, sich einer Lösung durch ernsthaftes Bemühen wenigstens zu nähern. Unsere Philosophie unter der großen Überschrift »Wahrhaftigkeit« unterteilt sich in vier Säulen: Zum einen das Produktdesign, zum anderen die auf Fairness gegründete soziale Haltung, die sich einmal in der seit 25 Jahren praktizierten, 50prozentigen, vermögensbildenden Ergebnisbeteiligung der Mitarbeiter ausdrückt; ihnen gehören inzwischen über eine Beteiligungsgesellschaft rund 30 Prozent des Unternehmens. Aktuell betreiben wir intensiv die Einführung neuer Arbeitsformen, weil wir überzeugt sind,

Links das Kesselhaus, das die neuen und einen Teil der alten Hallen mit Wärme bei hohem Energienutzungsgrad versorgt.

In der Mitte Produktionshallen von Thomas Herzog, die den aktuellen Erfordernissen des Umweltschutzes in besonderem Maß Rechnung tragen – gebaut 1992.

Rechts dahinter die Produktionspavillons für die Polsterei von Frei Otto – errichtet in Holz-Hängestab-Konstruktion 1988.

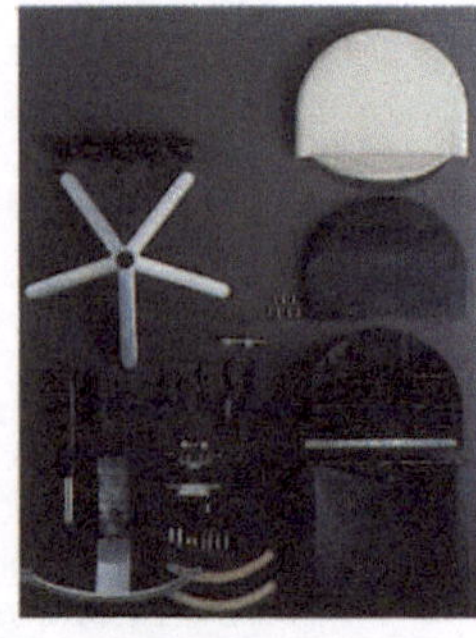

daß nur so aus fremdbestimmten Menschen »Mitunternehmer« werden, die verantwortlich planen und handeln. Und schließlich das ökologische Anliegen, das in den vergangenen Jahren zur Headline des Unternehmens geworden ist. Ich würde heute alles den ökologischen Erfordernissen unterordnen, weil davon der Fortbestand der Spezies Mensch für die Zukunft abhängt. Wenn wir das nicht akzeptieren, wird es schiefgehen. Davon bin ich zutiefst beseelt. Ich bin aber auch davon überzeugt, daß man trotz des ökologischen Prinzips ein Unternehmen mit Gewinn führen kann – weil die Ernsthaftigkeit dieses Anliegens immer mehr Menschen erreicht und Kunden werden läßt, die unsere Überzeugung teilen und sich engagieren. Das etwa ist unsere Haltung. Sie findet nicht zuletzt in der Architektur unserer Gebäude sichtbar Ausdruck. Architektur muß nach meinem Verständnis Ökologie, Ökonomie, Humanität und Ästhetik auf

einen Nenner bringen – nicht unbedingt in dieser Reihenfolge. Bei
den Pavillions von Frei Otto und den neuen Produktionshallen
von Thomas Herzog ist das beispielhaft realisiert.

Was heißt »Design-orientiertes« Unternehmen?
Ich unterscheide bei Design-orientierten Unternehmen zwei Kategorien: auf der einen Seite sehe ich Unternehmen wie Rosenthal
oder FSB. Das sind Design-Verlage: ein Franco Clivio, neben
Bellini, neben Starck und so weiter. Auf der anderen Seite gibt es
Unternehmen mit einer ganzheitlichen Designhaltung. Für diese
steht zum Beispiel Dieter Rams mit Braun. Es ist eine Auffassung,
wie sie unserem Streben bei Wilkhahn entspricht und auch spür-
bare Realität geworden ist.

**Wie hat sich diese »Philosophie« im Unternehmen und nach außen
entwickelt?**
Erstens ist festzustellen, daß die immer in der Entwicklung befind-
liche Philosophie einen bestimmten Menschentyp angesprochen
hat. Im Vertrieb war es so, daß sich ein Kreis von Architekten
bildete, der erkannte, welche Melodie gespielt wird. Dadurch sind
wir zur Objekteinrichtung gelangt, ein Feld, das deutlich von den
Architekten beeinflußt wird.

Sowohl durch die Produkte als auch durch die Sozialphilosophie
fanden Führungskräfte zu uns, die sich damit identifizierten.
Alle leitenden Persönlichkeiten, die wir im Lauf der letzten
30 Jahre bei uns hatten, sind gekommen, weil sie von der Unternehmensphilosophie fasziniert waren, von der Vision. Wenn
ich ein paar Stunden mit einem Aspiranten geredet hatte, hatte
ich ihn überzeugt. Ich habe im Gespräch nichts geschönt, habe
eine Vision gezeichnet, und gerade dadurch spürte er, daß
das Unternehmen auf gewachsenem Boden steht. Diese Menschen
waren von der Intelligenz her meistens imstande, die Philosophie
nicht nur zu verstehen, sondern sie auch weiterzutragen.
»Blacky« Schwarz, der hier seit 30 Jahren die Öffentlichkeitsarbeit
machte, hat sehr viel zur Verbreitung unserer Philosophie beige-
tragen. Er saß anfangs beinahe mit an meinem Schreibtisch, hatte
so vollständigen Überblick und konnte kompetent schreiben.

Offenheit ist ein wichtiger Punkt. Über Jahrzehnte habe ich
keine Geschäftsleitungsbesprechung gehabt, ohne daß der Betriebs-
ratsvorsitzende mit am Tisch saß. Einer, der von der Anständig-
keit und der Redlichkeit des Wollens weiß, kann nicht mehr quer-
schießen. Er ist mit eingebunden. Inzwischen bin ich mit dem
Betriebsratsvorsitzenden befreundet, er gehört zum Kreis der
Entscheidungsträger.

Die Wahrhaftigkeit im Umgang mit den Menschen ist das Erfolgsrezept im Unternehmen Wilkhahn?

Ein sehr großes Stück unserer Existenz baut auf diesem Begriff auf. Mit anderen Worten: bei aller Unzufriedenheit über die Unzulänglichkeiten stellt man immer wieder fest, daß der Umgangston und das Führungsverhalten bei uns schon eine Ausnahmesituation in der Wirtschaft darstellen.

Beschreibt die Vision, von der Sie vorhin sprachen, die Ziele von Wilkhahn in den nächsten 5 bis 10 Jahren, die über die Philosophie hinausgehen?

Zur Vision der nahen Zukunft zählen vordergründig Marktpläne, unter Einbeziehung wahrscheinlich kommender Veränderungen. Kontinuität ist für uns ein wesentlicher Marktfaktor. Eine Optimierung aller Aspekte unserer Unternehmensphilosophie ist einerseits Ausdruck unserer Überzeugung, die man nicht ständig wechselt, und vermittelt andererseits unseren Handelspartnern und Mitarbeitern Berechenbarkeit. Seit einigen Jahren spreche ich davon, daß wir 60 von 100 möglichen Punkten erreicht haben. Das heißt, daß wir sublimieren können und wollen. Unser weiteres Wachstum soll nicht zur Preisgabe unserer Grundsätze führen.

Man kann den Erfolg mit Design nicht übers Knie brechen. Es ist ähnlich wie mit dem berühmten englischen Rasen: zweimal wöchentlich mähen und wässern, und das hundert Jahre lang. Eine bestimmte Zeit – und die ist nur in Jahren zu messen – ist ebenso notwendig wie eine fundierte Haltung, um kontinuierlich eine bestimmte Richtung beizubehalten. Auf diese Weise haben wir im Lauf der letzten Jahrzehnte deutliche Spuren hinterlassen.

Wer entwickelt das weiter, wenn Sie sich immer mehr zurückziehen?

Willy Brandt sprach in seiner Situation von Enkeln. Das greife ich gern mit einem Schuß Ironie auf. Auch hier gibt es eine Handvoll »Enkel«. Ich rede vom engeren Führungskreis, der sich aus Menschen zusammensetzt, die von unseren Grundsätzen beseelt sind.

Ich ziehe mich in dem Maße zurück, in dem ich die Kontinuität der Unternehmensphilosophie abgesichert sehe. Deren Verwirklichung ist mir so viel wert, daß ich wertvolle Jahre meines Lebens, über das normale Pensionsalter hinaus, daran gegeben habe. Diese Kontinuität weiß ich durch die Mitarbeiter gesichert. Ich bin verfügbar, wenn mein Rat und meine Kritik sinnvoll sind, so lange der Vorrat bei mir reicht. Trotz vieler Rückschläge bin ich tief zufrieden mit dem Lauf der Dinge.

Wie definieren Sie Design?

Design ist ein wertneutraler Begriff, der nichts über die Güte aus-
sagt. Alles ist Design, auch Haarlocken sind Design. Wenn
wir aber davon sprechen, bauen wir unser Verständnis von gutem
Design mit ein. Ein Stuhl ist heute in den Augen mancher
Menschen nur dann modern, wenn eins der vier Beine nach oben
zeigt – auch solcher modischer Nonsens ist Design. Wir betrachten die Philosophie des Bauhauses und der Ulmer Schule nach
wie vor als Fundament unserer Designhaltung. Die Produktgestaltung bei Wilkhahn soll, weil sinnvoll, funktional sein.

Gutes Design ist also funktionalistisches Design?

Gutes Design in unserem Verständnis ist das, was wir anstreben:
logisch! Für uns ist der Satz »Form follows function!« auch
heute noch gültig. Das, was die Bauhaus-Leute damals gemacht
haben, war vom geistigen Ansatz her hervorragend. Es war
nur gelegentlich inhuman. Inhuman deshalb, weil ein Mensch, der
über bescheidene Mittel verfügt, selten den Sprung schafft,
sich auch mit äußerlich sparsamen Dingen zu umgeben, die seinem
Geldbeutel entsprechen. Stattdessen möchte er sich verständ-
licherweise auf eine Weise ausstatten, die mehr hermacht. Das ist
der Ursprung des Gelsenkirchener Barocks. Die Formensprache
des Bauhauses war zu reduziert, zu intellektuell. Understatement
ist genau so verkehrt wie Overstatement. Das heißt, wenn man
die intellektuelle Seite überzieht und nicht gleichzeitig eine ausreichend große Zahl von normal empfindenden Menschen damit

Wilkhahn.
Erstens Funktion. Erstens Form.

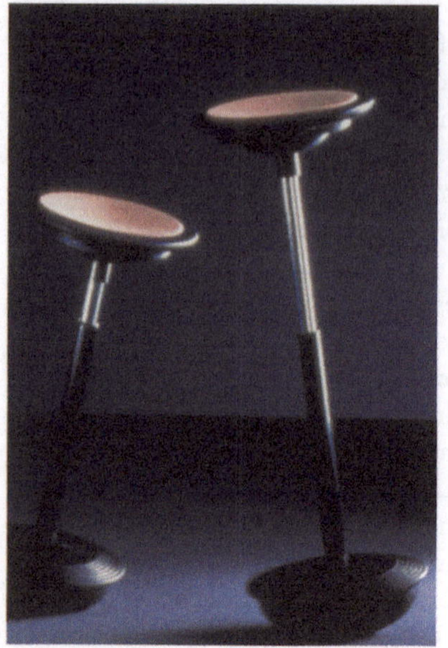

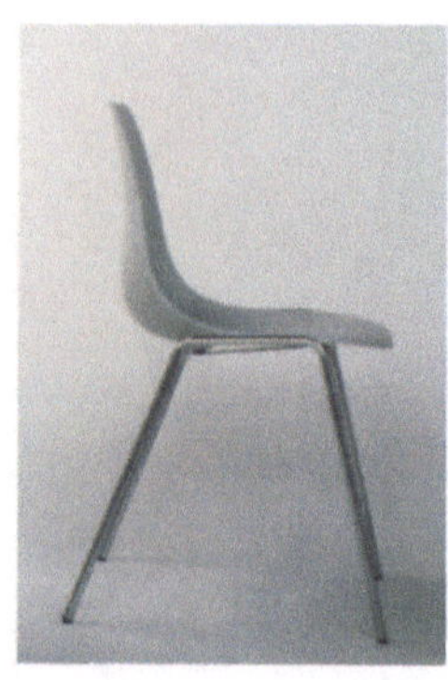

erreicht, muß man seine Arbeit in Frage stellen. Ergo: unsere Produktphilosophie ist anhaltend die, daß die Form nach wie vor der Funktion folgen soll, allerdings auf eine sehr humane, dem Gefühl zugängliche Weise. Im Gegensatz zur Arbeit unserer geistigen Lehrmeister aus dem Bauhaus berücksichtigen die Dinge, die wir heute produzieren, den humanen Aspekt, wie das Handschmeichlerische und auch das optisch Angenehme. Die Form soll Menschen mit normalem Grips und normalen Empfindungen ansprechen können. Das ist für mich gutes Design. Wenn sie allerdings einen Vertreter der sogenannten Avantgarde befragen, wird die Antwort vermutlich von meiner Auffassung erheblich abweichen.

Was macht für Sie den Gegenstand aus? Wann sagen Sie: »Den Stuhl finde ich gut, der wird so gemacht?«

»Das wird so gemacht« würde ich nicht sagen, so autoritäres Verhalten ist mir hoffentlich nicht eigen. Die involvierten Mitarbeiter würden das auch nicht lange tolerieren. Die Praxis ist eine Gratwanderung: autoritäres Gehabe würde unseren Grundsätzen widersprechen. Andererseits würde eine Demokratisierung des Entscheidungsprozesses zu Mittelmäßigkeit führen. Bleiben also die persönliche Autorität und die Kompetenz des Einzelnen in der Runde. Wenn wir in einer Gruppe zusammensitzen, gibt es eigentlich nie anhaltende Diskrepanzen in der grundsätzlichen Beurteilung einer Entwicklung. Es gibt Dinge, die müssen wir nur ansehen, um uns schnell einig zu sein. Wir sind verdammt gut aufeinander eingespielt.

Die Urteilssicherheit wächst im Lauf vieler Jahre, in denen man ein überdurchschnittliches Gefühl für Dinge entwickelt. Diese intuitive Fähigkeit ist wichtig, denn mathematisch kriegt man es ja nicht hin. Natürlich gibt es bestimmte Grundregeln, die bei einem neuen Produkt erfüllt sein müssen. Im übrigen ist es nicht unser Ziel, den 137. Stuhl zu machen. Mit jedem neuen Produkt muß

eine innovative Problemlösung verbunden sein, möglichst ein
zukunftweisender Weg beschritten werden.

Ist gutes Design notwendigerweise teuer?

Die Frage haben schon unsere Väter gestellt. Billig ist es jedenfalls nicht. Daß die Produkte des Bauhauses heute zu Irrsinnsprei-
sen in den Schaufenstern der teuersten Einrichtungshäuser stehen,
war von ihren Schöpfern sicher nicht gewollt. Sie sind meistens
schlicht, weil sie ja ursprünglich für große Serien konzipiert
wurden. Stattdessen werden sie heute in kleinen Stückzahlen hergestellt – kein Wunder, daß dabei die Preise weglaufen. Hinzu
kommt, daß sie heute als elitäre Objekte nach Art einer Galerie
angeboten werden.

Nach meinen Erfahrungen beginnen Designprodukte bei einer
gehobenen Mittelpreislage. Darunter ist es schwierig. Uns ist es
jedenfalls noch nicht geglückt, aber unser Ziel ist es immer wieder,
Produkte zu entwickeln, die wir zu wesentlich niedrigeren Preisen
anbieten können. Der Erfolg ist allerdings bis jetzt übersehbar.

Ist das Design-Interesse des breiten Publikums gestiegen?

Nein, nicht nennenswert. Nach 30 Jahren, die ich im Bereich
Design engagiert bin – sei es in unserem Unternehmen oder
in verschiedensten Design-Institutionen, wie dem Rat für Formgebung, dem IDZ oder dem IF in Hannover – muß ich sagen,
daß das Interesse für Design in der Bevölkerung prozentual wenig
gewachsen ist. Wenn ich die Bemühungen der Design-orientierten
Firmen und der Design-Institutionen am Ergebnis messe, muß
ich zu der Erkenntnis kommen, daß der Aufwand ein mäßiges
Resultat gezeitigt hat. Aber die Menschen in solchen Unternehmen
sind Überzeugungstäter, und schließlich haben zum Beispiel wir
damit ein weltweites Geschäft aufgebaut.

**Sie haben in ihrem Buch »Zwischen den Stühlen« dem deutschen
Management die Mentalität nachgesagt: »Wasch mich, aber mach mich
nicht naß«. Warum?**

Sehen wir uns doch mal Manager an: Wer sind sie? Wie treten sie
auf? Wo wollen sie hin? Ich beschränke meine Betrachtung auf
mittlere Unternehmen mit Designanspruch. Durchgängig kann
man feststellen, daß wir es mit extrovertierten Menschen mit aus-
geprägtem Prestigebewußtsein zu tun haben. Sie neigen eher zur
S-Klasse als zum VW. Nur wenige haben sich, aus welchen Gründen auch immer, zur Normalität durchgerungen, zur Natürlichkeit.

Im Grundsätzlichen ist zu unterscheiden zwischen Unternehmen, die sich dem Design aus Marketinggründen verschrieben
haben, ansonsten aber konventionell und durchschnittlich sind,

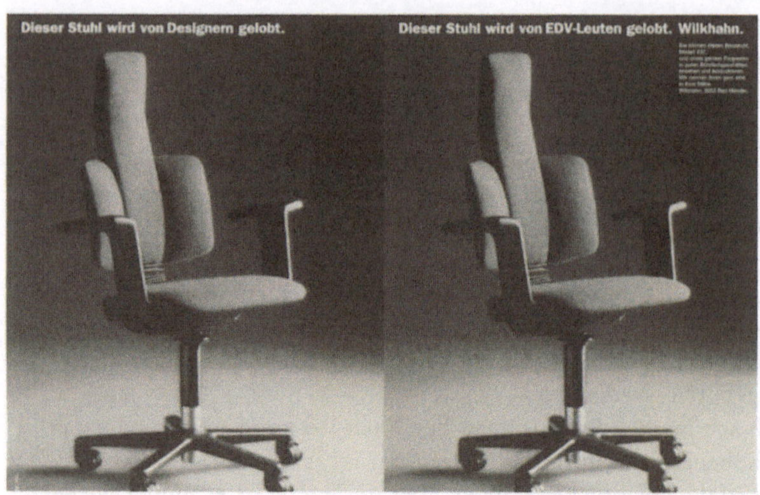

und solchen, für die Design Bestandteil einer durchgängigen Unternehmenshaltung ist. Die Hinwendung zum Design ist risikovoll, weil die Konzeption das ganze Unternehmen einbeziehen muß, um auf Dauer erfolgreich sein zu können. Eigentümer können als Manager natürlich mehr Risikobereitschaft zeigen als angestellte Führungskräfte, deren Erfolgsnachweis die Bilanz ist.

Übrigens ist selbst bei Gewerkschaftsfunktionären ein latenter Hang zum konservativen Habitus unverkennbar. Die Bereitschaft zu einer eigenen Ausprägung wurde durch Godesberg weggeschwemmt. Seitdem wurde eine Hinwendung zur »Goldwährung« vollzogen. Der Wohlstand behindert eine wünschenswerte Entwicklung, weil die reichlich verfügbaren finanziellen Mittel und ein verführerisches Warenangebot einer klugen, gereiften Auswahl entgegenstehen. Der Wohlstand ist schneller gewachsen als der Bildungsstand breiter Schichten.

Sehen Sie in Wilkhahn eine Vorbildfunktion für die Zusammenführung von Design und Management?

Den messianischen Ansatz habe ich aufgegeben. Wir konzentrieren uns auf das, was wir selbst erreichen wollen und setzen soweit wie möglich ein Beispiel. Aber in erster Linie sehen wir unser eigenes Unternehmen, das auf den beschriebenen drei Säulen steht. Es auszubauen, zu entwickeln und mit ihm erfolgreich zu sein, ist dann ohne weiteres Zutun beispielhaft.

Wenn Sie mich nach dem großen Umbruch fragen, dann bin ich sehr skeptisch. Die Menge der konservativen Leute in unseren Kreisen stimmt mich nicht hoffnungsvoll. Der Wertewandel ist, frei nach Günter Grass, eine Schnecke.

Bei Wilkhahn ist die Identifikation mit der Philosophie neben der
gewachsenen Überzeugung für viele Mitarbeiter auch ein
Quell des eigenen Prestiges. Die Identifikation ist dann möglich,
wenn der Kreis geschlossen ist, den die Grundsätze beschreiben.
Ich kenne keine bessere Unternehmensphilosophie als unsere.
Ich bin tief überzeugt, daß sie stimmt, weil sie in sich schlüssig ist.
Ihre vollständige Verwirklichung ist eine ständige Aufgabe, die
nie enden wird.

Gab es bei Wilkhahn Überlegungen, mit Aicher zusammenzuarbeiten?
Aicher kannte ich viele Jahre. Von einer Zusammenarbeit abge-
halten hat mich, daß er ein Mann von sehr, sehr starker Prägungs-
kraft war. Ich habe mir gesagt, daß es nach einer Anfangszeit
nur zwei Möglichkeiten gäbe: er oder ich. Da habe ich mich für
mich entscheiden müssen. Wo Aicher gearbeitet hat, ist die
Prägung unverkennbar sauber und konsequent.

Welches Verhältnis haben Sie zur Werbung?
In den 5oer Jahren habe ich geglaubt, daß wir keine Verkäufer
brauchen. Ich war der Meinung, daß Werbung die Menschen
verhohnepiepelt und wir darauf verzichten sollten. Aber diese
Form des christlichen Marxismus ist in der Praxis nicht machbar.
Die beratende Funktion des Verkäufers und die informierende
der Werbung sind notwendig. Wir versuchen, Design und Ökologie
zusammen mit den anderen Elementen unserer Unternehmenskultur nach draußen zu vermitteln. Das ist eine konzertierte Aktion für das Marketing, die Werbung und Public Relations.

Gab es Vorbilder in Ihrem Leben?
Wahrscheinlich viele – ich bin nicht im luftleeren Raum aufge-
wachsen. Es gibt sicherlich eine Reihe von Persönlichkeiten,
die meinen Weg beeinflußt haben. Über Namen müßte ich nachdenken. Einer ist sicher Philip Rosenthal, auch Georg Leowald,
oder Walter Heyn von den Deutschen Werkstätten.

**Unter dem Titel »Zwischen den Stühlen« haben Sie Erinnerungen und
Erkenntnisse Ihres Lebens zusammengefaßt. Zwischen welchen
Stühlen sitzen Sie?**
Da ist einmal unsere Produktauffassung, die nicht unbedingt dem
vorherrschenden Geschmack entspricht. Wir sitzen damit zwischen
den Stühlen, weil wir weder der Postmoderne noch irgendeinem
modischen Trend folgen. Zum anderen trifft es auf unsere Sozialphilosophie zu, die nicht gerade gängig ist: ein Unternehmer
hat normalerweise eine andere Einstellung als ich. Meine Kontakte tendieren mehr zur Sozialdemokratie und den Grünen, weil
dort – trotz aller Gegensätzlichkeiten – mehr Übereinstimmung

Strandkorb aus glasfaser-
verstärktem Polyester, 1969

mit meiner Grundauffassung auszumachen ist. Mein Bild paßt
nicht in den Rahmen, der für Unternehmerporträts gedacht ist.
Aber, nebenbei bemerkt, ich fühle mich ganz wohl in dieser Rolle.

Was ist Ihnen gründlich mißlungen?

Richtig große Böcke habe ich eigentlich nie geschossen. Einige
Projekte waren nicht durchzusetzen, wie unsere Strandkörbe und
eine Reihe anderer Produkte, die im Lauf der Jahre kamen
und gingen. Bei Bewerbungsgesprächen frage ich mein Gegenüber
immer »Wo sind Sie stark, wo sind Sie schwach?« zu ihren
Stärken können die meisten viel sagen, aber bei den Schwächen
heißt es »Verdammt nochmal, so sehr ich auch überlege – mir
fällt dazu nichts Rechtes ein.« Ähnlich geht es mir im Moment
bei Ihrer Frage.

**Was wollen Sie unbedingt nochmal machen? Welches Projekt wollen
Sie in den nächsten Jahren unbedingt noch realisieren?**

Erstens möchte ich die kontinuierliche Entwicklung der Unternehmensphilosophie auf allen Gebieten abgesichert wissen.
Zweitens entwickeln wir gerade neue Arbeitsformen und stellen
dazu die Organisation auf den Kopf. Es sind bis jetzt 27 Arbeits-
gruppen gebildet worden, die ihre Aufgaben und Vorstellungen
in ihrem jeweiligen Arbeitsbereich selbst definieren und umsetzen. Dabei soll aber keine totale Demokratie entstehen, denn das
bedeutet den direkten Marsch in die Mittelmäßigkeit. Man
braucht schon die Entscheidung von Fachleuten. Aber die Tatsache, daß die Unternehmensführung die Mitarbeiter ausreichend
informiert und offen für Probleme ist, ist mehr als 50 Prozent auf
dem Weg zu demokratischen Verhaltensweisen. Wahre Demokra-

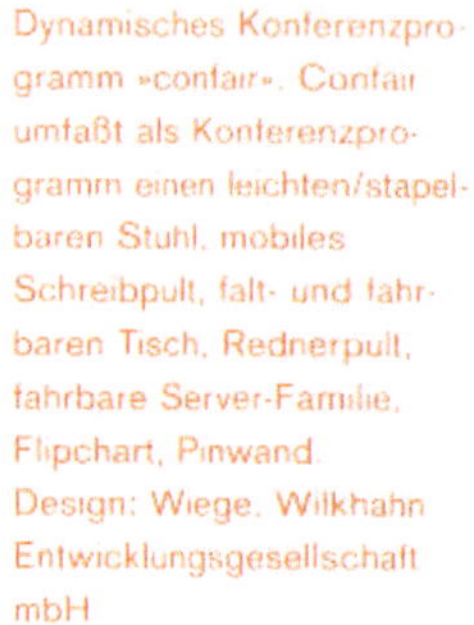

Dynamisches Konferenzpro-
gramm »confair«. Confair
umfaßt als Konferenzpro-
gramm einen leichten/stapel-
baren Stuhl, mobiles
Schreibpult, falt- und fahr-
baren Tisch, Rednerpult,
fahrbare Server-Familie,
Flipchart, Pinwand.
Design: Wiege, Wilkhahn
Entwicklungsgesellschaft
mbH

tie in der Wirtschaft ist im Prinzip aber kaum möglich. Und drittens liegt eine Neuordnung der Geschäftsführung an.

What makes you tick, Herr Hahne?

Ich bin beseelt von dem Gesagten, und ich habe Erfahrung genug, um zu wissen, daß machbar ist, wovon ich rede. Es sind keine Utopien. Ich bin Atheist und weiß, daß das Ende absolut ist. Ich kann sehr ehrlich sagen, daß ich mich selbst nicht wichtig genug fühle, um mein Verhalten auf späteren Nachruhm hin auszurichten. Ich bin Überzeugungstäter und reif genug, um nicht hehre Ziele aus egoistischen oder Prestigegründen zu verkünden. Ein Wort von Albert Schweitzer fällt mir wieder mal ein: »Ich bin Leben, das leben will – inmitten von Leben, das leben will.«

Bad Münder, 14. März 1995

Jürgen W. Braun

Geboren 1938 in Berlin.
Er studierte Rechtswissenschaft an
den Universitäten in Bonn und Paris
und absolvierte dann das erste
und zweite juristische Staatsexamen
in Düsseldorf.

Fünf Jahre arbeitete Braun bei der
Daimler Benz AG in Stuttgart und
weitere fünf Jahre bei NTN (Kugel-
lager) in Düsseldorf.

Seit 1981 ist er Geschäftsführer
des Türklinkenherstellers FSB.

»Man ist blind,

wenn man verliebt ist.

Wie würden Sie Ihren Beruf bezeichnen?
Ich habe gerade ein kleines Büchlein von Herrn Dr. Hammer von
der Universität Essen bekommen. Darin hat er unserem
Berufsstand den Titel »Stille Designer« verliehen. Eine hübsche
Bezeichnung. Ich glaube demgegenüber aber, daß wir eher
»Schreiende Designmanager« sind. Unsere Aufgabe als Designmanager besteht darin, den »Stillen Designern« Aufgaben zu
stellen, ihnen als Gesprächspartner zur Verfügung zu stehen, um
dann die Ergebnisse draußen im Markt anzupreisen. Als
Geschäftsführer des Unternehmens bin ich für die Planung, die
Konstruktion, die Produktion und den Verkauf unserer Türklinken zuständig. Davon lebt unsere Mannschaft. Kurzum, strei-
chen wir die Zusätze still und laut und bezeichnen wir uns als
das, was wir sind, nämlich »Manager des Designs«.

Wie verstehen Sie dieses Designmanagement?
Den Begriff des Designmanagements leite ich von dem italieni-
schen Wort »disegno« ab. Unter disegno versteht man seit der
Renaissance den künstlerischen Gestaltungswillen, der bei allen
Kunstwerken herausleuchten muß. Dieser Gestaltungswille
zeigt dem Kenner auf einen Blick, wer der Autor des Werkes ist.
Genauso muß es bei uns in der Wirtschaft sein. Die Handschriften
der Herren Maack, Hahne, Bulthaup oder Braun müssen auf
Anhieb erkennbar sein. Für den typischen »FSB-Stallgeruch« bin
ich zuständig, das ist der Inhalt meines Designmanagements.

Wie sind Sie Designmanager bei FSB geworden?
Ich gehöre dem Jahrgang 1938 an, der infolge der Kriegswirren in
der Regel verspätet vom Kindergarten in die Schule entlassen
wurde. Danach lief dann alles bürgerlich normal: Abitur, Bundeswehr, Studium. Da ich nicht genau wußte, was ich werden sollte,
studierte ich aus Verlegenheit Jura. Nach dem zweiten Staatsexamen bin ich in die Wirtschaft gegangen, um mal zu sehen, was
die Betriebs- und Volkswirte so alles anstellen. Meine Lehrjahre
verbrachte ich mit Autos (Daimler Benz) und Kugellagern (NTN).

Dann las ich eines Tages im »manager magazin«, daß ab sofort
das Managen im »Grünen« angesagt sei. Also entschied ich
mich, die Betonwüsten der Großstädte zu verlassen, um ins Grüne
überzusiedeln.

Meine Annäherung an die Türklinke war nicht ganz problemlos.
Zunächst war ich damals sehr erschrocken, als mir mein Vor-
gänger langsam seinen neuesten Katalog vorstellte: Türklinken,
Türklinken, und nochmals Türklinken, dazu undefinierbare
Zubehörteile. Aber mein Gesprächspartner war hartnäckig und

ließ nicht locker. Zudem lockte er mit einer großen Wohnung in
seiner Gründerzeit-Villa, einem grünen Park und der ruhigen
dörflichen Umgebung. Also beschlossen wir, zunächst einmal für
fünf Jahre, in das reizvolle Weserbergland zu ziehen.

**Wie kam die besondere Affinität zum Design zustande? FSB und Design
gehören ja mittlerweile eng zusammen.**

Da spielen die berühmten Zufälle eine große Rolle. Zunächst war
es ein Glücksfall für mich, daß ich bei FSB in Johannes Potente
den Prototyp eines anonymen Industriedesigners kennenlernte.
Seit mehr als 50 Jahren hatte er sich bei FSB ganz nebenbei mit der
Gestaltung der Produkte auseinandergesetzt. Fast 100 Türklinken-
entwürfe samt der dazugehörenden Türknöpfe stammten von
ihm. Die Hälfte davon war in Produktion gegangen. Ein Dutzend
zählt inzwischen zu weltweit kopierten Klassikern. Und trotzdem war dieser Mann in der Öffentlichkeit völlig unbekannt. Ich
hatte also in Brakel ein Juwel gefunden, das nur noch geputzt
und vorgestellt zu werden brauchte. Aus dem anonymen Industriedesigner mußte ein Autor werden.

Ein weiterer Glücksfall war, daß ich im Spätsommer 1984 bei
einem Flug von Lyon nach Frankfurt neben Klaus-Jürgen Maack
von ERCO saß. Über das Blättern in unseren Katalogen kamen wir
ins Gespräch. Damals lief es in der Bauwirtschaft sehr schlecht.
Berufsmäßig begannen wir zu jammern. Herr Maack berichtete
mir, daß er seit geraumer Zeit mit einem gewissen Otl Aicher
über seine Unternehmensstrategie nachdenke. Er gab mir den Rat,
für FSB auch einen derart kompetenten Berater zu suchen.

Jürgen W. Braun in Rotis.
»Aicher hat mich immer
wieder gezwungen,
die Dinge auf den Punkt
zu bringen. Die Entste-
hung eines Buches begann
stets mit einer »Wand-
zeitung«. Wochenlang
wurde ausgetauscht, neu
umgeheftet, umformuliert
und geändert.«

Beim Verlassen des Flugzeuges fragte ich damals meinen Sitz-
nachbarn, ob er seinen Berater nicht für die Türklinke begeistern
könne. Drei Monate später klingelte bei mir das Telefon. Herr
Maack sagte mir, daß Otl Aicher an einem Gespräch über Türklinken interessiert sei. Also fuhr ich nach Rotis und wurde dort
nach einigen Irrungen und Wirrungen letztendlich als Lehrling
akzeptiert.

Die Lehrzeit war sehr hart. Otl Aicher gab Themen und Tempo
vor. Die Arbeit mußte man selbst erledigen. Und dann wurde man
dafür auch noch kritisiert! Ein Baustein kam zum anderen.
Im Januar 1990 durften wir uns mit einem neuen Erscheinungsbild
präsentieren. Zuvor hatten wir unseren Leidensweg mit fünf
Büchern über Greifen und Griffe gepflastert.

Johannes Potente öffnete mir die Augen für die Schönheit
gestalteter Artefakte. Klaus-Jürgen Maack vermittelte mir den Kontakt nach Rotis. Otl Aicher brachte mir das Denken bei. So kamen
FSB und die Türklinke in die Welt des Designs.

**Wie haben Sie die Umkehrung des Auftraggeber-Auftragnehmerverhält-
nisses ertragen? Wie konnten Sie diesen Weg auch in Ihrem
Unternehmen gehen?**

Das ist eine ganz einfache Geschichte. Ich habe mich in die Türklinke verliebt. Und Sie wissen ja, wie das ist, wenn man verliebt ist. Man sieht nicht mehr nach links oder rechts, man ist
verblendet und marschiert immer geradeaus. In einer derartigen
Stimmungslage kann einen nichts vom rechten Wege abbringen.

Wahrscheinlich hat sich meine Liebe für die Türklinke auf alle
Kolleginnen und Kollegen des Unternehmens übertragen. Vom
Schleifer bis zum Verkäufer, von der Pforte bis zur Buchhaltung.
Unser Zuchtmeister aus Rotis hat unsere Liebe zu den banalen
Allerweltsprodukten dann noch geschürt. Er eröffnete uns immer
neue Perspektiven. Aus banalen Allerweltsprodukten wurden
Abbilder der Philosophie und der architektonischen Entwicklung.
Wir kamen aus dem Staunen nicht mehr heraus.

Und dann gab es da noch die liebe Konkurrenz. Sie lachte über
uns. Mir verlieh man den Titel »Professor Türklinke«. Inzwischen
ist unseren Wettbewerbern das Lachen vergangen. Klammheimlich
hat man sich in unseren Windschatten geschlichen.

Was ist die Philosophie von FSB, kurz gefaßt?

Wir verstehen nicht viel von dieser Welt. Unser Wissen beschränkt
sich auf »Greifen und Griffe«. Wir sind Spezialisten für »Greifen
und Griffe«. Nur hierüber reden wir. Das ist unsere zentrale Botschaft. Geschwollen ausgedrückt könnte man sagen, daß wir so

etwas wie Gralshüter der menschlichen Hand und ihrer Artefakte
sein wollen.

Wie hat Ihre Philosophie Ihr Unternehmen verändert?
Zunächst müssen wir unsere Vorgängergenerationen loben. Wir
zählen zur vierten Unternehmensgeneration. Jede Generation
vor uns muß auf ihre Weise die richtige Philosophie gehabt haben.
Ein gesunder Firmenbaustein wurde auf den anderen gelegt.

Als unsere Generation das Firmenruder übernahm, waren wir
ein bekannter Lagerlieferant des Baubeschlagfachgroßhandels.
Durch unsere gezielte Arbeit sind wir in den vergangenen zehn
Jahren zusätzlich zu einem Trendsetter in der Architekturszene
geworden. Aus einem braven Lieferanten wurde ein aufmüpfiger
Angreifer. Die Gegebenheiten des Marktes wurden nicht mehr
akzeptiert. Immer wieder versuchen wir, vom eingefahrenen Weg
des Marktes abzuweichen. Wir sind einfach risikobereiter geworden. Wir haben den Kampf mit dem Zeitgeist aufgenommen und
versuchen, diesem unseren Stempel aufzudrücken.

Kann man eine Philosophie kaufen?
Nein. Am besten lesen Sie einmal das Märchen von des Kaisers
neuen Kleidern. Dort beantwortet Andersen Ihre Frage genauso
deutlich wie ich. Wenn Sie eine Firmenphilosophie kaufen, dann
stehen Sie am Ende nackt da. Wenn Sie sich aber dem guten
Rat eines Freundes anvertrauen, zum Beispiel »sich mehr im Rat
(sprich: Markt) als in der Garderobe herumzutreiben«, dann
kann es durchaus passieren, daß Sie eines Tages zu Ihrer eigenen
Philosophie finden.

**Ist Ihre Philosophie Ihre eigene, oder ist es die Philosophie von
Otl Aicher?**
Eine interessante Frage, über die ich schon oft nachgedacht habe.
Otl Aicher war unser Lehrer. Wir waren seine folgsamen Schüler.
Er hat uns Anregungen gegeben. Als brave Schüler haben wir stets
unsere Hausaufgaben erledigt. Otl Aicher hat unsere Hausauf-
gaben durchgesehen, korrigiert und ab und zu mit Noten versehen.
Oft mußten wir Schüler nachsitzen. Wahrscheinlich würde die
richtige Antwort lauten, daß die FSB-Firmenphilosophie gemein-
sam erarbeitet worden ist.

Ich darf diese Aussage an einem Beispiel verdeutlichen. Im
Sommer des Jahres 1985 saßen wir mit Otl Aicher in der Werkstatt unseres Alt-Designers Johannes Potente. Kurz vorher hatte
Otl Aicher Johannes Potente seine Aufwartung gemacht. Er hatte
den damals 77 Jahre alten anonymen Industriedesigner kennenlernen wollen. Nun saßen wir in der ehemaligen Werkstatt des

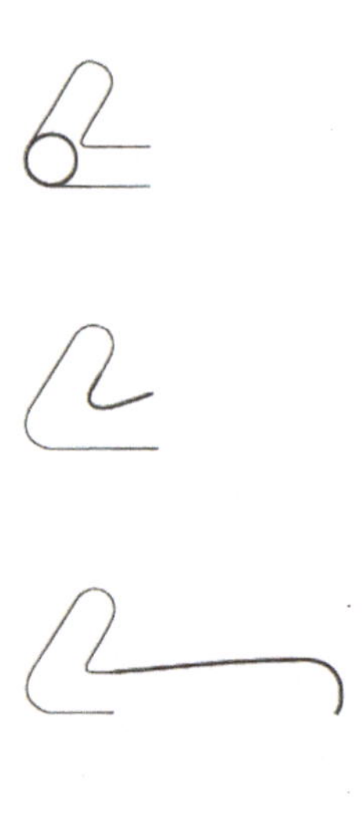

Johannes Potente zusammen und versuchten, die Gestaltungsphilosophie des Johannes Potente zu definieren. Otl Aicher forderte uns auf, einfach mal frei heraus zu sagen, worin sich die Entwürfe des Johannes Potente gleichen. Einer von uns sagte, daß alle Klinken aus der Werkstatt des Johannes Potente handformschlüssig seien. Otl Aicher nahm einen der Entwürfe in die Hand. Wir entdeckten einen Platz für den Daumen, einen Ort für den Zeigefinger, die Balligkeit und das Volumen. Otl Aicher hörte unserem Geplauder aufmerksam zu, dann nahm er einen Stift und ein Blatt Papier und schrieb die Stichworte Daumenbremse, Zeigefingerkuhle, Balligkeit und Greifvolumen nieder. Darüber setzte er den Titel »Kategorien des Greifens«. Innerhalb von 15 Minuten hatten wir zusammen mit unserem Lehrer die vier Gebote des Greifens entdeckt. Sie sind inzwischen Gemeingut der Branche geworden. So wie bei den Herstellern von Beleuchtungsgegenständen das Licht als vierte Dimension der Architektur gehandelt wird. Genau dies war der Stil von Otl Aicher. Er band sich und seine Partner in die gemeinsame Arbeit ein.

Ist die Erarbeitung einer Philosophie eine unternehmerische Notwendigkeit, oder war es bei Ihnen in erster Linie persönliche Vorliebe für dieses Thema?

Jedes Unternehmen hat eine Firmenphilosophie. Ob es das nun expressis verbis wahrhaben will oder nicht. So hat auch FSB immer eine Unternehmensphilosophie gehabt. Ein Unternehmen kann ohne eine Unternehmensphilosophie gar nicht überleben. Jede Generation ist immer wieder gefordert, die Unternehmensphilosophie fortzuschreiben. Genau das haben wir getan. Diese Art der Arbeit hat nichts mit einer persönlichen Vorliebe zu tun. Es ist einfach eine unternehmerische Notwendigkeit.

Wie beurteilen Sie die Qualität des Managements in deutschen Unternehmen?

Aus kompetenter Feder kann man in einschlägigen Magazinen nachlesen, daß es solche und solche Manager gibt. Zu welcher Kategorie man selbst gehört, ist auch eine Glücksfrage. Man muß schon Fortune haben, um erfolgreich zu sein.

Herr Littmann von der Firma Boss sagte vor kurzem in einem Spiegel-Interview, daß es ihm angst und bange um das Management in deutschen Unternehmen sei. Sie seien zu feige, um neue Ideen zu verwirklichen. Wie sehen Sie die Entwicklung in Zukunft?

Herr Littmann hat in seinem Managerleben viele Unternehmen kennengelernt. Er scheint also aus Erfahrung zu sprechen. Wahrscheinlich bestand seine Fortune darin, daß er immer

»einen feigen Laden« gefunden hat, den er dann mit seinen zün-
denden und mutigen Ideen wieder in Schwung bringen konnte.
Mehr wollte Herr Littmann mit seiner pauschalen Aussage sicherlich nicht in den Raum stellen. Ich kenne Herrn Littmann
als einen intelligenten Gesprächspartner. Er wird sich kaum über-
schätzen und wird wissen, daß immer wieder neue Manager
nachwachsen, die dann einen Littmann, Maack, Hahne, Bulthaup
oder Braun ersetzen werden.

**Wir haben über Management gesprochen. Wie würden Sie Design kurz
und knapp definieren?**

Diese Frage sollten Sie eigentlich einem Theoretiker stellen.
Jeder Hochschulprofessor des Designs schüttelt Ihnen ein Dutzend
Bausteine für diesen Begriff aus dem Ärmel. Als Praktiker
begnüge ich mich mit dem Hinweis auf »disegno«. Für mich ist
Design nichts anderes als die Verkörperung des Gestaltungswillens.

In meinen Vorträgen zu Fragen des Designmanagements erkläre
ich Design immer dreifach: Design als Akt der Gestaltung, als
Kommunikation und als ästhetischen Kulturbeitrag. Diesen
Definitionsversuch unterlege ich mit Bildern aus der Entwicklung
der Schrift. Die römische Capitalis wurde mit dem Meißel in den
Stein gehauen. Ein Beispiel für Gestaltung. Mit der karolingischen
Minuskel begann die Kommunikation. Damit wäre der zweite
Baustein erläutert. Hält man dann Capitalis, Fraktur und Grotesk
nebeneinander, so erkennt man auf einen Blick, daß Design ein
Kulturbeitrag ist. Ohne große Schwierigkeiten läßt sich anhand
der Schriften die jeweilige kulturelle Epoche definieren.

Wie arbeiten Sie mit den Designern zusammen, die für Sie Türklinken gestalten?

Im Rahmen unserer Europastrategie arbeiten wir laufend mit Designern zusammen. Ende unseres Jahrtausends wollen wir aus allen europäischen Ländern einen Designvorschlag in unserem Programm haben. Das Procedere ist sehr einfach. Wir sprechen zum Beispiel ganz gezielt einen skandinavischen Designer an und laden ihn zu einem Besuch nach Brakel ein. Gesprächspartner ist dann unser Entwicklungsteam. Diesem gehören neben dem Entwicklungsleiter und einem Vertreter unserer eigenen Designabteilung auch der Geschäftsführer als »Designmanager« an. Es erfolgt eine ausführliche Betriebsbegehung, bei der die unter-

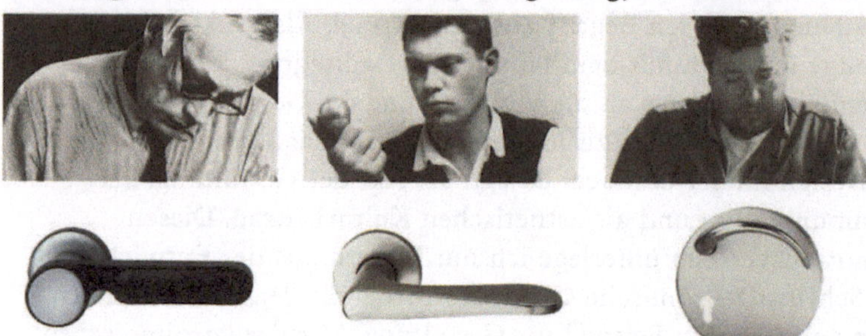

schiedlichen Fertigungsmöglichkeiten studiert werden. Anschließend werden technische Datenblätter erläutert, in denen die außer- und innerbetrieblichen Standards definiert sind, und dann macht sich unser Gast auf die Heimreise und denkt ein bis zwei Monate über die gestellte Aufgabe nach. Meist erhalten wir anschließend ein ganzes Dutzend von Ideenskizzen. Bei einem weiteren Besuch in Brakel schauen wir die Ideenskizzen zusammen durch. Jede Idee wird auf ihre Innovationskraft und ihre Fertigungsmöglichkeit hin abgeklopft. Auf diesem Wege kristallisiert sich schließlich der eine oder andere Favorit heraus.

Nun liegt Ihnen ja viel am Bücher machen, welches Buch ist als nächstes geplant?

Ich rede ungern über ungelegte Eier. Da Sie aber so nett sind, will ich Ihnen ein wenig verraten. Im Jahre 1951 fand in Wien die erste große Wohnausstellung nach dem Kriege statt. Im Rahmen dieser Ausstellung hatten die Herren Zeischegg und Auböck mit dem Titel »Hand und Griff« eine kleine ergonomische Sonderschau veranstaltet. Da jegliche finanziellen Mittel fehlten, konnten sie sich keinen Katalog leisten. Wir haben uns zum Ziel gesetzt, den Herren Zeischegg und Auböck postum einen Katalog für ihre längst vergessene Ausstellung zu schenken. Eine wundervolle Forschungsarbeit. Wir sind inzwischen allen Spuren nachgegangen, die damals von diesen Herren hinterlassen wurden. Wir haben Material aus Skandinavien, Tschechien und den USA zusammengetragen. Wir haben eine sehr fleißige Autorin gefunden. Wahrscheinlich wird sie mit dem Buch »Hand und Griff« die Geschichte der Ergonomie neu schreiben. Zur Buchmesse 1995 ist es soweit.

Herr Braun, was ist die Vision von FSB im Jahre 2010?
Diese Frage übersteigt unseren Planungshorizont. Wir sind ja ein mittelständisches Familienunternehmen, das vom Markt lebt. Wir geben uns keine nicht erfüllbaren Pläne vor. Wenn Sie von mir aber dennoch eine Aussage zum Jahre 2010 haben wollen, so kann ich Ihnen zwei zur Auswahl anbieten:

Zunächst einmal ist ganz sicher, daß ich im Jahre 2010 zu den Rentnern von FSB gehören werde. Falls man mich dann noch zu den jährlichen Betriebsversammlungen einlädt, werde ich erfahren, was ich Ihnen heute hätte voraussagen sollen. Zum anderen bin ich sicher, daß Menschen auch im Jahre 2010 noch Häuser bauen oder ihre Behausungen renovieren werden. Also wird man auch im Jahre 2010 noch Türklinken brauchen. Ich baue darauf, daß der Mensch weiterhin seine Artefakte pflegen und entwickeln wird.

Wie ist Ihr Verhältnis zur Werbung bei FSB?
Werbung verstehen wir als Kommunikation. Über unsere Werbung gewinnen wir aus dem Kreise der Endverbraucher, der Architekten und der Meinungsmacher Freunde, die uns helfen, daß wir in der Kommunikation mit Handelspartnern und Verarbeitern ein

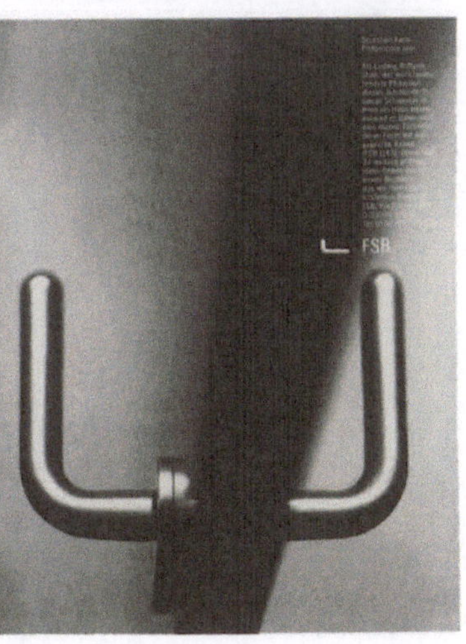

Werbung für Türklinken. Die beiden Motive mit den Titeln: »Was schenken Sie jemandem, der schon alles hat?«, bzw. »So schön kann Philosophie sein.«
Foto: Hans Hansen

lebendiges Unternehmen bleiben. Nur über die Werbung können
wir sicherstellen, daß zum Beispiel unsere Botschaft von den
vier Geboten des Greifens die sich steigernden Adjektive »schön,
schöner, am schönsten« der sonst üblichen Werbung in die
Flucht schlägt.

**Ihre Hausagentur ist Kreutz & Partner, welches Verhältnis verbindet
Sie mit ihr?**

Herr Kreutz hat den Vorteil, daß er bei Otl Aicher »gelitten« hat.
Otl Aicher hatte eigentlich prinzipiell etwas gegen Werbung.
Ich erinnere mich noch gut daran, daß wir einmal 24 Stunden mit
Otl Aicher und Bernd Kreutz in Rotis zusammensaßen, um über
Werbung nachzudenken. Otl Aicher empfahl uns damals, uns darauf zu beschränken, in der Werbung wahre Geschichten zu
erzählen. Wir haben uns an seinen Rat gehalten. Wir haben aber
auch nicht vergessen, daß Otl Aicher seine Ausführungen mit
Skizzen konterkarierte. So skizzierte er zum Beispiel einen leicht
beschwingt nach Hause kommenden Ehemann, der vorsichtig
die Tür öffnet, nur von Katze und Hund begrüßt wird, und nicht
so recht weiß, was er mit seinem mitgeführten Luftballon anfangen soll. Wir haben Otl Aicher diese Skizze damals »entwendet«
und einige Jahre danach als Anzeige geschaltet.

Hatten Sie Vorbilder auf Ihrem Lebensweg?

Eigentlich versucht man sich nur egoistisch selbst zu verwirklichen.
Ich kann auf meinem bisherigen Lebensweg nicht erkennen, daß ich versucht hätte, einem Vorbild nachzueifern. Wahrscheinlich wäre ich eine sehr schlechte Dublette geworden. Falls Sie Vorbild mit Lehrmeister gleichsetzen, kann ich Ihnen Otl Aicher zitieren. Er wurde in den wenigen Jahren unserer Zusammenarbeit zu einem väterlichen Freund. In dieser Zusammenarbeit hatte ich nie das Gefühl, daß es um

In einem Gespräch skizzierte Aicher seine Ideen zur Werbung. Die Zeichnung wurde später als Anzeige geschaltet.

geschäftliche Dinge ging. Otl Aicher freute sich zum Beispiel über sechs Flaschen Wein mehr als über eine bezahlte Rechnung.

Kommt man nicht, wenn man sich permanent mit Design und Designern beschäftigt, auf die Idee, selbst gestalterisch tätig zu werden?

Gott sei Dank fehlt mir das Talent, mit Designern in Konkurrenz zu treten. Das wäre ja furchtbar, wenn der Chef »selbst kochen könnte«.

Wie sehen Sie die Ausbildung an den deutschen Gestaltungshochschulen, wie die Verzahnung zwischen Praxis und Theorie?

Wir bekommen laufend Besuch von Designhochschulen. Meist wird der Besuch durch eine Gestaltungsvorgabe vorbereitet. Nach einer ausführlichen Betriebsbesichtigung diskutieren wir dann mit Studenten und Professoren über die Ergebnisse. Beide Seiten lernen in diesen Fällen voneinander. Vielleicht haben Sie von unserer sehr erfolgreichen Zusammenarbeit mit Herrn Professor Rambow und seinen Karlsruher Studenten gehört. Wir hatten uns gemeinsam das Ziel gesetzt, ein Buch über das Greifen zu machen. Zwölf Monate standen wir in einem engen Gedankenaustausch. Unser Buch »Übergriff« wurde zu einem grafischen Bestseller. Die Stiftung Buchkunst zeichnete das Buch als eines der schönsten Bücher des Jahrgangs 1993 aus.

Von wegen, daß sich der Funktionalismus nur auf das Notwendige beschränkt. Das ist eine freundliche Schutzbehauptung. Aus der Ferne besehen mag diese These stimmen. Betrachten wir aber einmal einige Wunderwerke des Funktionalismus aus der Nähe:

Beginnen möchte ich mit einem Produkt aus unserem Hause. Dem Griffprogramm von Dieter Rams. Weniger ist mehr, lautet seine These. Entsprechend dieser Regel schuf er für uns klassische Griffe. Funktionale Maschinenhebel zum Öffnen der Türen. Nimmt man diese Griffe in die Hand, so kommt man aus dem Staunen nicht mehr heraus. Materialien werden gekonnt miteinander kombiniert. Oberflächen werden unterschiedlich strukturiert. Gerade und ballige Zonen stoßen aufeinander. Ein ganzer Mikrokosmos an Formenvielfalt.

Eine gleich große Vielfalt an verspielten Formen kann man an jedem Rasierapparat aus dem Hause Braun entdecken. Schwarze Noppen durchbrechen glatte Metallflächen. Querrippen sichern das Zugreifen. Glatte und matte Oberflächen wechseln einander ab.

Aus ähnlichen Elementen setzen sich viele funktionale Leuchten aus dem Hause ERCO zusammen. Ganz gleich ob man nun die Serie von Knud Holscher oder von Franco Clivio betrachtet. Die eine Serie nimmt Gestaltungselemente eines Sextanten auf, um zu zeigen, daß Licht gezielt gerichtet werden sollte. Die andere Serie deutet über Kühlrippen an, daß Licht etwas mit Wärme zu tun hat. Die eingesetzten Gestaltungs-Codes regen die Phantasie an.

Mit anderen Worten: auch funktionale Gegenstände sind mit Liebe gestaltet und stecken voller romantischer Visionen. Dagegen ist so lange nichts einzuwenden, wie sich die benutzten Codes der Funktion unterordnen. Mir macht es bei meinen Gesprächen mit den funktionalistischen Bannerträgern immer großen Spaß, die versteckten Codes zu dechiffrieren und kritisch zu hinterfragen.

»Übergriff« Nummer 8 der FSB-Edition

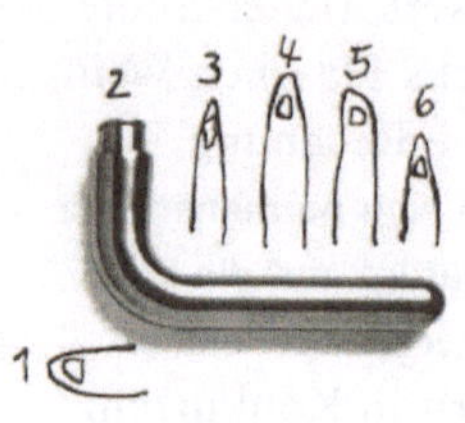

Die im Zusammenhang mit dem Buch entstandene Plakatserie erhielt die goldene Toulouse-Lautrec-Medaille. Herr Professor Rambow mußte am Ende der Zusammenarbeit den warnenden Finger heben. Seine Studenten hatten in der praktischen Zusammenarbeit mit unserem Unternehmen Erfolge für sich verbucht, von denen Herr Professor Rambow wußte, daß sie sich wahrscheinlich im ganzen künftigen Berufsleben seiner Schüler nicht mehr einstellen würden. Wir lieben die Zusammenarbeit mit den Hochschulen. Eigentlich laufen permanent irgendwelche Projekte.

Werbung für Türklinken: Rechts die Ankündigung eines echten Flops. Links die Antwort darauf im Spiegel.

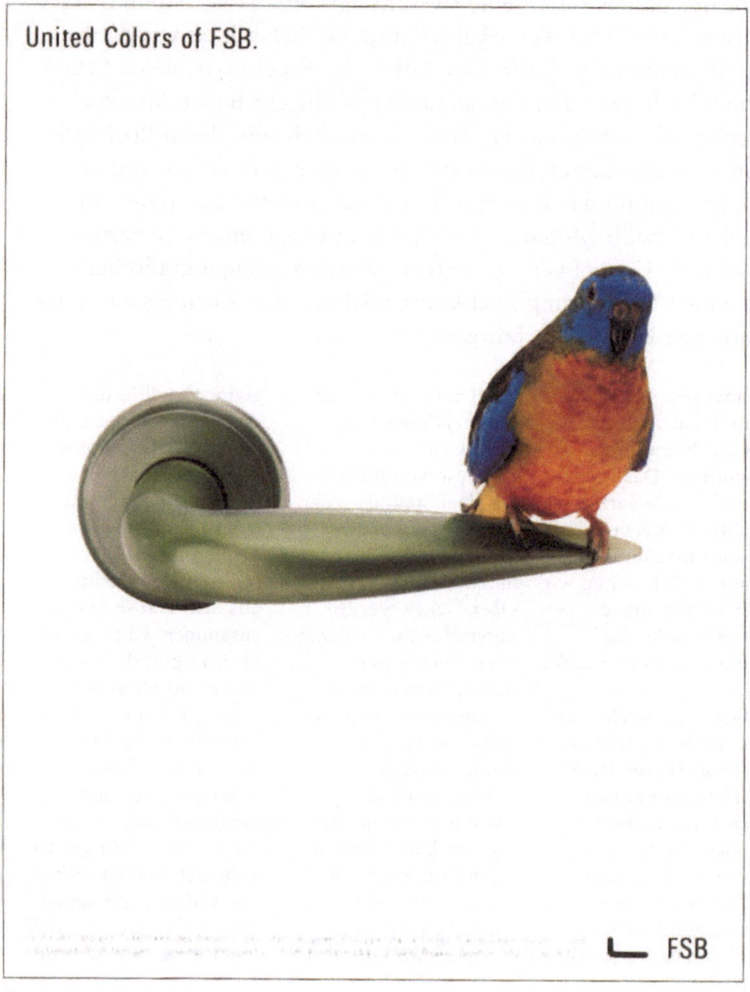

Welches Projekt ist Ihnen gründlich mißlungen?

Mißlungen ist uns der Versuch, zusammen mit Philippe Starck
einen Türdrücker zu fertigen, bei dem eine zuvor gegossene
Aluminiumform nachträglich mit transparent eingefärbtem Kunststoff ummantelt wird. Trotz ernsthafter Bemühungen und viel
Geldeinsatz war es nicht möglich, die Ausfallquote auf ein
vertretbares ökologisches Maß herunterzudrücken. Nachdem wir
fast eine halbe Million DM in diese neue Technologie investiert
hatten, mußten wir zum Rückzug blasen. Das war ein echter Flop.
Prospekte mußten eingezogen werden. Muster mußten zurückgefordert werden. Wir hatten zu unserem Tun zu stehen.

**Dazu stehen heißt, eine Anzeige im Spiegel zu schalten über die
Schwierigkeiten mit der Klinke von Starck?**

Ja, das haben wir dann auch gemacht. Wir
mußten unsere Kunden aufklären.

**Was würden Sie gerne einmal machen, was Sie
noch nie gemacht haben?**

Ich würde gerne einmal ein ganzes Jahr
völlig unbelastet um die Welt reisen, um zu
sehen, was wir Menschen im Norden und
Süden, im Westen und im Osten alles
angestellt haben. Ich bin sicher, daß ich mit
vielen neuen Ideen nach Hause käme.
Aber leider kennt man in mittelständischen
Unternehmen die Einrichtung von
»Sabbat-Jahren« nicht.

Machen Sie das, wenn Sie pensioniert sind?

Vermutlich werde ich dann zwar die Zeit
und vielleicht auch das Geld haben, aber
wahrscheinlich zu klapprig sein, um eine
solche Strapaze noch durchzustehen.

What makes you tick, Herr Braun?

Die Antwort steht schon in der Bibel: Wir
Menschen müssen uns unser Brot im
Schweiße des Angesichtes verdienen. Da mir
Arbeiten Spaß macht, stört mich der
Schweiß nicht. Folglich bekomme ich auch
keine Magengeschwüre. Kurzum, mein
Beruf ist mein Hobby. Das geht in mir vor.

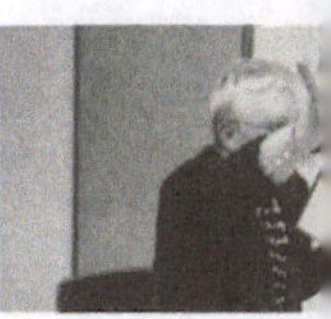

Brakel, 13. Dezember 1994

»Desigr

Michael Klar

Michael Klar, geboren 1943 in Berlin,
studierte nach einer Fotografenausbildung an der Hochschule für
Gestaltung Ulm. Er schloß mit dem
Diplom in der Abteilung Visuelle
Kommunikation ab und arbeitete dort
für ein Jahr als Assistent.

Von 1972 bis 1992 war er Professor
an der Fachhochschule für
Gestaltung in Schwäbisch Gmünd.
Seit 1993 ist er Professor an
der Hochschule der Künste Berlin.

In Dresden war Michael Klar als
Gründungsdekan des Fachbereiches
Gestaltung an der Hochschule für
Technik und Wirtschaft tätig.

Er lebt und arbeitet in Berlin.

st verkommen.«

Herbert W. Kapitzki
Grafiker und Dozent an der
HfG Ulm. Seit 1970 Professor an der HdK Berlin.
Arbeitete u.a. am Erscheinungsbild des Design
Center Stuttgart, IDZ Berlin,
Schering AG, Historisches
Museum Frankfurt.

Herbert Ohl
Architekt und Dozent in der
Abteilung Bauen an der
HfG Ulm. Am Institut für
Industrialisiertes Bauen
entwickelte er u.a. Raum-
und Ringzellenbausysteme.

Tomás Maldonado
Gestalter und Theoretiker,
Professor an der Architekturfakultät der TH Mailand.
Von 1954–67 Dozent an
der HfG in Ulm.

Wie würden Sie Ihren Beruf bezeichnen?

Ich bin Gestalter.

Welche Umstände brachten Sie nach Ulm an die Hochschule für Gestaltung?

Durch meinen Vater hörte ich sehr früh von Ulm. Er und Otl Aicher waren Jugendfreunde. Ich fühlte mich zu den »Künsten« hingezogen.

Mit sechzehn habe ich mich an der »großen freien Kunstausstellung Berlin« beteiligt und bewarb mich dann an der HdK Berlin um ein Studium. Dort zeigte ich irgendwelchen Professoren meine Arbeiten, aber die glaubten nicht, daß ich diese selbst angefertigt hatte – damit war das Thema Kunststudium abgehakt. 1960 machte ich, mit dem Ziel an die HfG Ulm zu gehen, eine Fotografenausbildung am Lettehaus Berlin.

Ich denke, daß die HfG Ulm Möglichkeiten bot, einmalige Erfahrungen zu machen, die man in dieser Zeit nur dort machen konnte. Wenn man in der Zeit des Suchens das Privileg hat, an solch einer Institution zu studieren, dann prägt das.

1966 habe ich mein Studium in Ulm unterbrochen und ein Jahr in der HfG Entwicklungsgruppe bei H. W. Kapitzki und H. Ohl gearbeitet, die damals die Gestaltung eines Teils des deutschen Beitrages zur Weltausstellung in Montreal entwickelten. Ich weiß gar nicht, ob ich zu der Zeit offiziell an der Hochschule aufgenommen war. Es gibt einen Brief, in dem mich Tomás Maldonado, damals Rektor der HfG, definitiv als Studenten aufnimmt, zu einem Zeitpunkt, als ich bereits Assistent war. Otl Aicher wollte mich eigentlich rauswerfen. Er hielt mich für einen... naja.

Das würden wir gerne genauer wissen.

Na gut, im ersten Quartal hatte ich bei Otl Aicher Unterricht. Es war Winter, und ich lief auf den Hügel – die Hochschule liegt ja auf dem Kuhberg. Im Schnee sah ich eine Feldmaus, die ich einfing und in meine Manteltasche steckte. In einer theoretischen Vorlesung, die mich langweilte, habe ich mit der Maus auf dem Tisch rumgespielt. Zwei Tage später schwoll die Innenfläche meiner rechten Hand an. Die Maus muß mich gebissen und infiziert haben. Die Hand mußte aufgeschnitten werden. So kam ich zu Otl Aichers Veranstaltung mit einem Verband und konnte wochenlang nicht arbeiten. Er dachte, ich hätte das getürkt.

Später hat sich unser Verhältnis entspannt. Eines Abends rief er an und fragte, ob ich nicht Lust hätte, mit ihm auf Motorrädern durch die Sahara zu fahren, um Fotos zu machen.

Zwei Tage später fuhren wir nachts bei Schneeregen über den
San Bernadino nach Genua, um die Fähre nach Nordafrika
zu erreichen. Damals arbeitete er u.a. für BMW, die ihm für unser
Abenteuer Motorräder zur Verfügung gestellt haben.

Wie ging es nach Ulm weiter?

Nachdem ich 1968 das Diplom hatte, wollte ich natürlich Geld
verdienen und Erfolg haben. Da kam Olivetti in Mailand in
Frage, die eine gute gestalterische Tradition hatten und interessante Dinge machten. Dann die Werbeabteilung der Lufthansa
in Köln, und natürlich Braun in Kronberg. Zwischenzeitlich
erschien eine ganzseitige Stellenanzeige im Spiegel, bis heute eine
Ausnahme. Das Unternehmen Holzäpfel suchte mit dieser
Anzeige einen »Experten für Sensuelle Gestaltung«. Holzäpfel
besaß den Ruf eines besonders fortschrittlichen Unternehmens,
das sich mit Arbeitsplatzgestaltung, Organisation, kybernetischen
und Zukunftsfragen beschäftigte.

Dort wurden z.B. die ersten komplexen Inwand- und Schrank-
wandsysteme entwickelt. Ich besuchte Christian Holzäpfel
und wir wurden schnell einig. Mit Bernd Meurer haben wir dort
das Holzäpfel Projektinstitut aufgebaut. Das war so eine Art
Brainstorming Institut nach amerikanischem Muster, eine Design-
Denkfabrik.

**Warum sind Sie zurück an die Hochschule gegangen? Ich meine die
Fachhochschule in Schwäbisch Gmünd?**

Zwei Jahre später habe ich mit Bernd Meurer die ProjektCo' Ulm
gegründet. 1972 bekam er einen Ruf an die Hochschule Darmstadt, und ich einen Ruf an die Hochschule Schwäbisch Gmünd.
Wir glaubten, besonders im Bereich der Lehre, Einfluß auf
gesellschaftliche Entwicklungen nehmen zu können. Damals war
ich neunundzwanzig, für eine Professur ziemlich jung. Von
Kollegen, die mich noch nicht kannten, wurde ich öfter gefragt:
»Im wievielten Semester studieren Sie denn?«

Bernd Meurer
Architekt, lehrt als Professor
Gestaltung an der Hoch-
schule Darmstadt. Initiator
des Laboratoriums der
Zivilisation, Akademie Deutscher Werkbund.

Erscheinungsbild der
Stadt Schwäbisch Gmünd
M. Klar, M. Burke, H. Stet-
zer, F. Abele, A. Keller
1991

**Ist es eine naheliegende Folge, als Ulmer Student an der
FH Schwäbisch Gmünd zu lehren?**
Überhaupt nicht, denn als ich nach Schwäbisch Gmünd ging, war
die FH ja noch nicht das, was sie später wurde. Vieles konnte verändert werden, da die Zeit günstig war. Die Werkkunstschulen
wurden gerade in Fachhochschulen umgewandelt. Damit änderte
sich der Status, ein neues Curriculum und neue Stellen wurden

notwendig. Ich denke, daß ich
mit Unterstützung meiner
Kollegen diese Hochschule
geprägt habe. Aber nach über
zwanzig Jahren dachte ich,
sei es an der Zeit, etwas Neues
zu beginnen.

**Was unterscheidet Schwäbisch
Gmünd von anderen Hochschulen?**
Wir haben dort sehr früh damit
begonnen Konzepte zu ent-
wickeln, insbesondere für die
Vermittlung methodischer
Grundlagen der Gestaltung
im zwei- und dreidimensionalen
Bereich. Etwas, das man

Armin Hoffmann
Grafiker, jahrzehntelang
einflußreicher Lehrer an
der AGS Basel für Grafik
und Grundlagen der
Gestaltung

Fritz Seitz
Grafiker, Professor für
Grundlagen an der Hoch-
schule für Bildende Künste
Hamburg

Kölner Modell
siehe Interview mit
Michael Erlhoff

an anderen Hochschulen vermißt. Das gab es zwar sehr entwickelt
in Ulm, in Ansätzen bei Hoffmann in Basel und ein bißchen bei
Seitz in Hamburg, war aber eher durch Persönlichkeiten geprägt.
In Ulm war es Programm. Diese Grundlagensystematik unterscheidet Schwäbisch Gmünd von allen anderen Hochschulen. Das
vermisse ich ganz besonders hier an der HdK in Berlin. Gerade
der schnelle Verfall technischer Systeme und Apparate spricht
gegen eine zu starke gerätegebundene Ausbildung. Das, was relativ stabil bleibt, sind daher die gestalterischen Grundlagen,
denn unser Wahrnehmungsapparat hat sich in diesem Maß nicht
verändert.

**Im »Kölner Modell« gibt es keine Grundlagenlehre. Die Studierenden
arbeiten an konkreten Projekten, und dadurch werden Grundlagen
vermittelt.**
Das praktiziere ich hier jetzt auch. Weil es an der HdK mit den
Grundlagen im Moment problematisch ist, bin ich gezwungen,
Grundlagenvermittlung teilweise in die Projektarbeit hineinzu-
nehmen. Von diesem Modell halte ich sehr wenig, weil es zufällig
und beliebig ist, welche Tore die Studierenden durchlaufen und

an welchen sie vorbeilaufen. Kenntnisse einer Gestaltungssyntax
sollten Voraussetzung der Projektarbeit sein.

Als Gründungsdekan an der Hochschule für Technik und Wirtschaft in Dresden habe ich besonderen Wert auf gestalterische
Grundlagen gelegt, bevor die Studierenden an komplexe Themen
herangingen.

**Werden durch die ausführliche Vermittlung von Grundlagen Spezialisten
ausgebildet?**

Genau das nicht. Wir haben in Schwäbisch Gmünd weder bran-
chen- noch technikgebunden ausgebildet, sondern haben versucht,
generalisierend auszubilden – was zugegebenermaßen bei wachsenden Informationsmengen immer schwieriger wird. Ich glaube,
die Spezialisierung kommt nach dem Studium früh genug.

**Die außerschulische Wirklichkeit sieht ja meist anders aus als das,
was man in der Schule lernt. Wie werden die Studierenden auf ihre
Arbeit nach dem Studium vorbereitet?**

Ich halte nichts davon, Betriebswirtschaftslehre, Honorarordnung
oder »wie verkaufe ich mich« ins Studium aufzunehmen. Das
ist lächerlich. Was ein Studium leisten kann ist, daß man Studierenden Erkenntnisse vermittelt, mit denen sie möglichst eman-
zipiert und kritisch durch die Welt gehen. Und daß man sie so
ausstattet, daß sie in ihrem Fach eine gestalterische Handlungs-
kompetenz erlangen, um nicht mit Taxifahren ihre Existenz
fristen zu müssen. Das gehört zu einer verantwortlichen Ausbildung.

**Zum Stichwort »kritische Kompetenz«... beschreiben Sie doch bitte
das Projekt »Globoscope«.**

Das ist ein Zukunftsprojekt, das zunächst mal ein Aufgabenfeld
beschreibt und versucht, mit den Mitteln, die uns als Gestalter
zur Verfügung stehen, Wissen zu demokratisieren, natürlich auch
im Zusammenhang mit der Entwicklung der neuen medialen
Techniken. Wissensvermittlung zur Lesbarkeit der Welt, das ist
der Untertitel.

Wie sieht die Arbeit konkret aus, und wer arbeitet daran?

Wir dachten mal, daß man das Projekt in Ansätzen auf der Weltausstellung in Hannover realisieren könnte. Im Moment liegt
es in der Schublade und ist bisher nur als Konzept veröffentlicht.
Es ist nicht mehr als ein formulierter Anspruch.

Ich habe mich in Schwäbisch Gmünd intensiv mit Fragen der
Informationsgestaltung, mit Synchronopsen und diesem
Zwischenmedium Lese-Faltplakat beschäftigt. Das zeigt in die
Richtung Globoscope, nur mit klassischen Mitteln.

»Die berühmten Gmünder Bilderbogen«
Eine Anspielung auf die populären »Neuruppiner Bilderbogen« des 19. Jahrhunderts

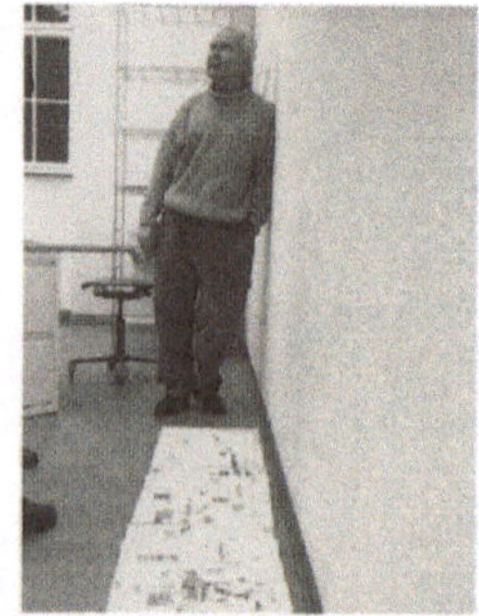

Otl Aicher nannte das »die berühmten Gmünder Bilderbogen«.

Sie kennen zum Beispiel die Synchronopsenreihe »Geschichte der Produktivkräfte«. Diese erschien 1982 in Hamburg in einer Auflage von 20 000 Stück und war relativ schnell vergriffen. Das war der ziemlich freche Versuch, 500 000 Jahre Menschheitsgeschichte auf 2.97 m zu komprimieren. Die Geschichte der Werkzeugensembles, die sich die Menschen im Verlauf ihrer Geschichte geschaffen haben. Wir wollten Text und Bildanteile so verknüpfen, daß man auf den Bögen spazierengehen kann wie auf einer Landkarte – und sich Einzelnes herausnimmt, wie bei einem kalten Buffet. Keine Einzel-, Daten- oder Namensgeschichte, sondern eine Zusammenhangsgeschichte, Geschichte im Überblick. Einige Wissenschaftler, mit denen ich vorher gesprochen habe, um ihnen die Sache zu beschreiben, meinten, das Vorhaben wäre größenwahnsinnig und unmöglich.

Die Haltung der Wissenschaftler, speziell der Historiker, ist ja verständlich. Der Gestalter bekommt eine Verantwortung als Geschichtsschreiber. In der Wissenschaft gibt es kaum ein »unbedeutendes Nebenbei«. Wie soll der Gestalter da das angemessene Organisationsmodell kennen?

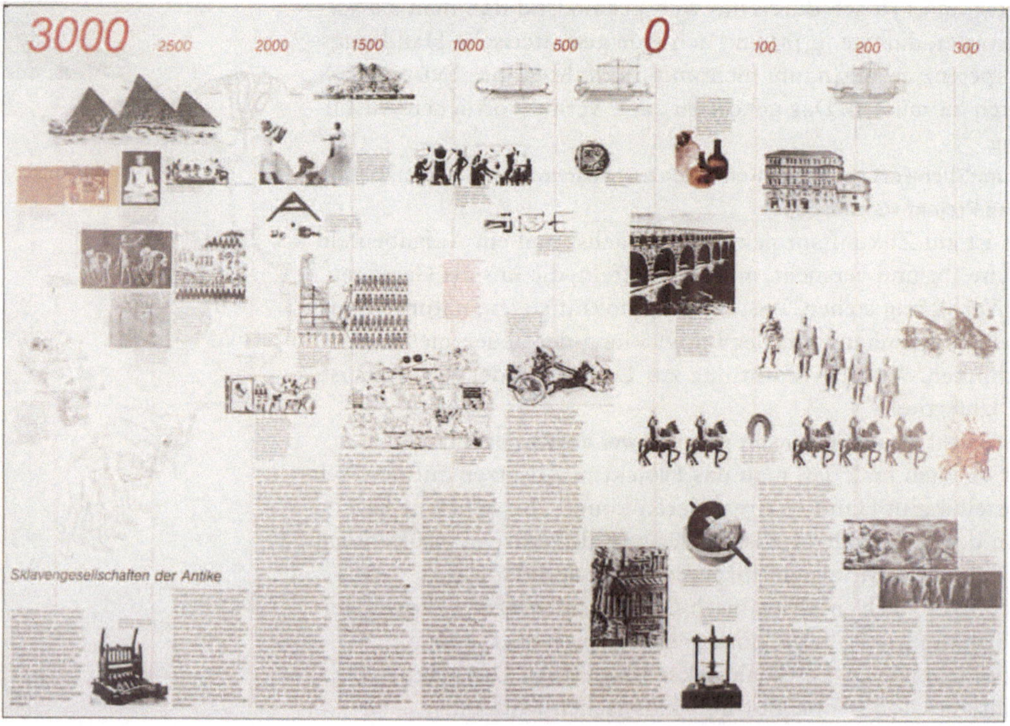

Der Gestalter als Autor ist dabei ein wichtiger Aspekt.
Ich befinde mich da in guter Tradition. Denken Sie an die Enzyklopädisten oder Otto Neurath mit seiner Schule der Wiener Bildstatistik. Er hat sich als Wissenschaftler unter Hinzuziehung von Gestaltern ausschließlich damit beschäftigt, Wissen anschaulich zu vermitteln.

Man kann bei den Geschichtssynchronopsen der Produktivkräfte durch die Verdichtung zum Beispiel ablesen, daß es von der Benutzung des Feuers bis zu seiner Erzeugung etwa 300 000 Jahre gebraucht hat. Von der Feuererzeugung bis zur Dampfmaschine waren es bloß noch 30 000 Jahre, von der Dampfmaschine zur Atombombe und zum Microchip waren es nur noch etwa 300 Jahre. Man kann auch Einbrüche ablesen. Nach dem Niedergang des Römischen Reichs und dem Zerfall seiner Kultur passierte im frühen Mittelalter über Jahrhunderte sehr wenig. Und dann plötzlich, mit der Erfindung des Buchdrucks, explodiert die Wissensverbreitung und damit die Erfindungen und Innovationen. In der neueren Geschichte gehen wir dann in Zehnjahresschritten vor – inzwischen müßte man in Jahresschritten vorgehen.

Enzyklopädisten
Encyclopédie, folgenreiches Werk der Aufklärung von Denis Diderot und Jean Le Rond d'Alembert, 1751–81

Otto Neurath
Gründer des Gesellschafts- und Wirtschaftsmuseums in Wien (1925–34) und Erfinder der ISOTYPE-Methode

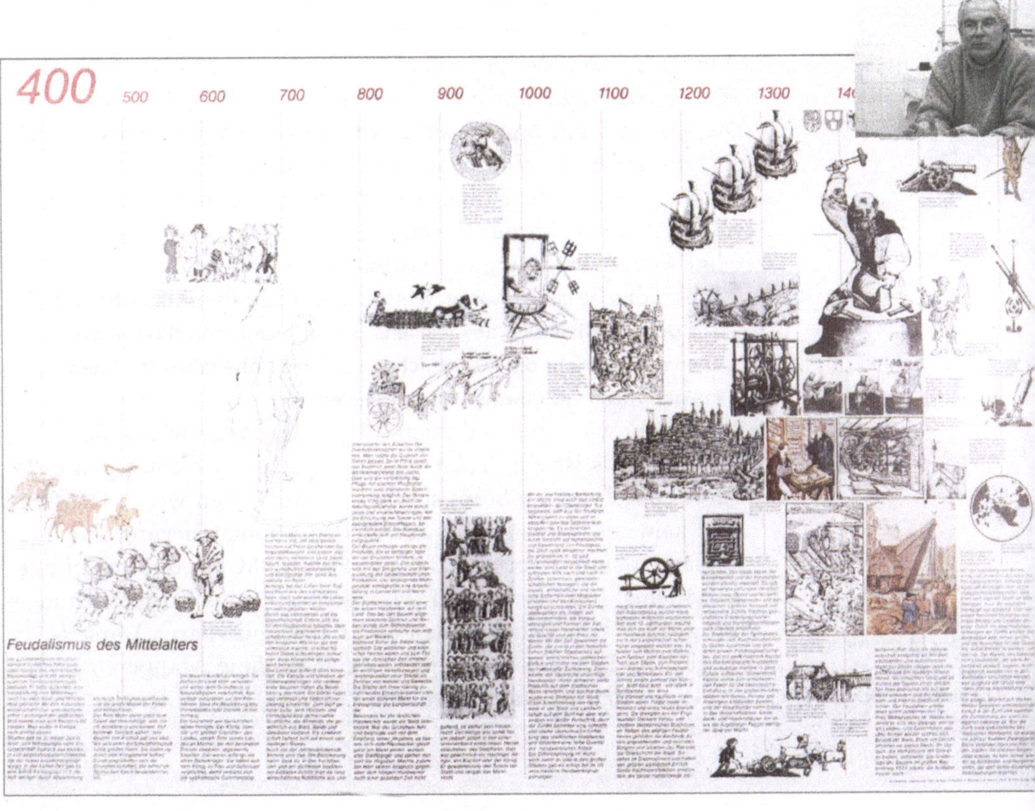

Ergänzend zu der »Geschichte der Produktivkräfte« haben wir einen zweiten Band erarbeitet: »Geschichte der Ideen«. Was haben die Menschen in den verschiedenen Epochen gedacht: Weltbilder, Gesellschaftsvorstellungen, Rechtsverhältnisse, politische Verhältnisse. Der dritte Band behandelt die »Geschichte der Utopien«. Welche Vorstellungen, Negativ- oder Positivutopien, Zeit- und Ortsutopien hatten die Menschen in ihrer Zeit? Wenn Sie die drei Synchronopsen-Reihen übereinander legen, können Sie Bezüge und Zusammenhänge herstellen.

Ich möchte alle drei herausbringen, ein Problem ist die Finanzierung. Ich komme mir vor wie ein Autor des 18. Jahrhunderts, der sich bei Verlag und Publikum bedankt, daß er mit eigenem Geld veröffentlichen darf.

Paul Feyerabend hält es für erstrebenswert, Wissenschaftssysteme phantastisch auswuchern zu lassen. Mit der Begründung, die Produktivität des Wissenschaftsystems hänge von der Erzeugung neuer Ideen, nicht aber von der Systematisierung vorhandenen Wissens ab.

Naja, ich bin da anderer Meinung. Erstens bin ich nicht der Auffassung, daß man Wissenschaftssysteme wuchern lassen sollte, weil sie dann selbstreferenziell werden. Wir kennen doch diese Branchen zur Genüge, die sich nur selbst zitieren und sich unter dem Postulat der Wertfreiheit gesellschaftlicher Kontrolle entziehen – zum Beispiel Gentechnologie, Atomkraft und andere Technologien, die uns unter Umständen entgleiten können. Die Wissenschaft muß gesellschaftlichen Zielsetzungen verpflichtet sein. Zweitens sind neue Ideen an akkumuliertes Wissen gebunden, es sei denn, man will das Rad zweimal erfinden. Innovationen entstehen nur durch Kombination von Vorhandenem. Ohne Systematisierung des vorhandenen, explosionsartig wachsenden Wissens wäre Wissenschaft überhaupt nicht denkbar.

Zur Demokratisierung des Wissens gehört eine breite Streuung. Landet aber nicht die »Geschichte der Produktivkräfte« in einem kleinen Kreis der sowieso Interessierten?

Bei Leuten wie »mir und mich«. Das sind mir sowieso die Liebsten. Das ist ein Problem, ich würde mich nicht gegen eine Veröffentlichung im Stern sperren. Leider haben wir in Deutschland keine große Kultur in der Wissenspopularisierung. Die Engländer sind da besser. Denken Sie an BBC Produktionen oder an Mitchell Beazley, populärwissenschaftliche Veröffentlichungen mit großen visuellen Anteilen und mit wunderbaren Darstellungen. Im Penguin Verlag gab es eine zeitlang Mappen, zum Beispiel über den Kristallpalast, mit Reprints, Facsimiles der

Billets und der Times zum Tag der Eröffnung 1859, Kommentare,
Einladungszettel und was sonst noch in der Zeit passiert ist.
Da sind wir in Deutschland nicht so doll.

Es bleibt dennoch die Frage: Wen interessiert die Veranschaulichung komplexen Wissens? Der Spiegel oder der Stern haben doch kein Interesse an einer Veröffentlichung, da kein allgemeines Interesse an Wissensvermittlung besteht.

Das weiß ich nicht. Ich habe bei denen nicht angerufen. Diese
Medien haben eher die Aufgabe aktueller Berichterstattung. Die
Synchronopsen sind längerfristig angelegte Informationsmittel.
Ich könnte mir vorstellen, daß sie in Schulen, Erwachsenenbildung
und Gewerkschaftsarbeit eingesetzt werden können. Oder sie
machen einfach nur Spaß und man hängt sie an die Wand –
sofern der soziale Wohnungsbau es erlaubt. Da sind die Wände ja
nicht sehr lang.

Ist innerhalb der Globoscope-Idee der zivilisatorische Ansatz von Ulm enthalten, Gesellschaft zu gestalten?

Im weitesten Sinne ja, sie thematisiert Informationsgestaltung als
Mittel der Wissensdemokratisierung.

Wie definieren Sie Design?

Ich stoße mich an dem Begriff. Ich finde, der Begriff Design ist
parfümiert und verkommen, er hat sich verschlissen. Ich gebrau-
che lieber die Begriffe Entwerfen und Gestalten.

Ich denke, daß die Aufgaben der Gestaltung in einer immer
komplexer werdenden Welt nicht in den vordergründigen
Botschaften liegen, die uns in der U-Bahn, aus dem Radio, dem
Fernsehen und den Printmedien anspringen. Das Lebensmittel,
mit dem die Welt zusammengehalten wird, besteht aus Kommunikation bei wachsendem Informationsaufkommen.

Ich bin überzeugt davon, daß es einen immensen Gestaltungs-
bedarf gibt, um diese wachsenden Informationsmengen überhaupt
noch »handlen« zu können. Durch die technische Entwicklung entstehen ganz neue Perspektiven, weit über die »Nintendo«-Möglichkeiten hinaus. Dafür brauchen wir kompetente Gestalter. Sowohl in

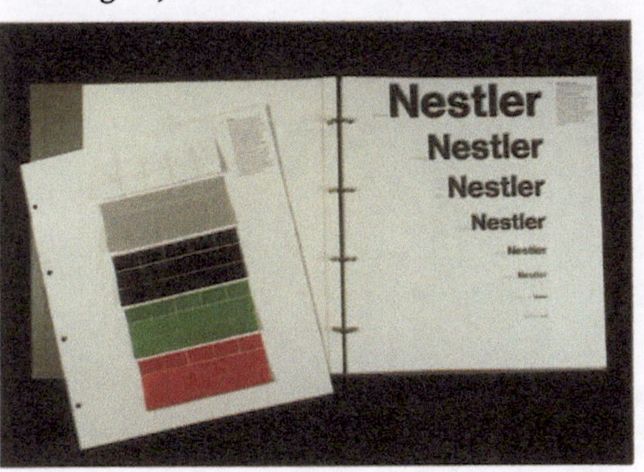

Erscheinungsbild für
Albert Nestler GmbH
Frank Hess und Michael
Klar, 1978

den Printmedien, wie auch in den elektronischen Medien, für die Felder der technisch-wissenschaftlichen Kommunikation, der öffentlichen Kommunikation, der administrativen Kommunikation, im kulturellen Bereich, im didaktischen Bereich, also der Wissensvermittlung von der Vorschule bis zur universitären Ausbildung. Wissen und Information sind Lebensmittel und Kitt, die hochentwickelte Zivilisationen zusammenhalten. Es geht zunehmend darum, wie wir in wachsenden Informationsräumen navigieren.

Zum Beispiel wiegt die gedruckte Information für Konstruktion, Wartung und Überwachung eines Jumbos genauso viel wie der Jumbo selbst, etwa 250 Tonnen. Da gibt es Bereiche, die noch nicht so sehr in den Problemhorizont der Ausbildung gerückt sind, die aber immer wichtiger werden. Nicht zuletzt auch im Blick auf neue Arbeitsfelder.

**Otl Aicher hat mal gesagt: »Die Dinge bewähren sich im Gebrauch…«
Haben die Dinge noch die Zeit dazu? Besonders bei dem neuen
Technologiestandard: Kaum hat man sich einen Computer angeschafft,
ist er veraltet oder muß nachgerüstet werden.**

Das ist ein wichtiger Aspekt. Unsere Kultur wird tatsächlich durch Beschleunigung in einem Maße verändert, das wir so noch nicht einschätzen können. Die wachsende Geschwindigkeit wird immer stärker eine bestimmende Rolle spielen. Wir werden einen anderen Blick auf die Welt bekommen. Ob die Dinge noch Zeit haben, sich im Gebrauch zu bewähren, bleibt eine wichtige Frage.

Gibt es denn Dinge, die sich noch bewähren können?

Ja, zum Beispiel die Handwerkszeuge. Sie haben sich über die Jahrtausende kaum verändert und sind trotzdem kultiviert worden. Hammer, Zange und Säge hatten noch Zeit. Sie sind kaum noch zu verbessern.

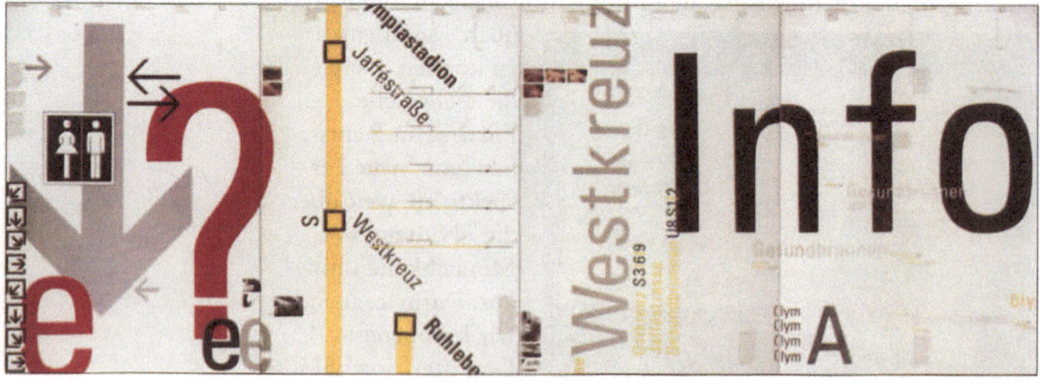

»Olympia Express 2000«.
Informationsmittel für IDZ,
Berlin

Betreuung:
Michael Burke
Michael Klar

Gestaltung:
Uschi Pfingstgraf
Annette Rollny
Schwäbisch Gmünd 1993

Andere Dinge gehören zur Wegwerfkultur einer Konsumspirale
mit künstlichem Verschleiß. Aber wir werden umdenken müssen.
Wir werden eine andere Einstellung zu den Gegenständen
bekommen, mehr Wert auf sinnvolle Gegenstände und einen sinn-
vollen Gebrauch legen – eine Revision des Gebrauchs.
Dazu gehören auch Vermeidungsstrategien, in der Kommunikation wie in der Güterproduktion. Wenn Sie überlegen: »Was
braucht der Mensch?«Wenn Sie das mal für Ihren persönlichen
Bereich reflektieren, werden Sie feststellen, Sie brauchen nur
ganz wenig. Das sollten Sie unbedingt ausprobieren. Minimierung
im Sinne einer lustvollen Askese, einer vernunftbestimmten
Askese – nicht Verzicht im selbstkasteienden Sinn, sondern
Gewinn von Qualität. Man kriegt den Kopf frei für andere Dinge,
weil man nicht mehr an den Objektfetischismus gebunden ist.
Da würde die Werbung natürlich krank werden.

**Der Hang zu Vielfalt ist doch eine verständliche menschliche Eigen-
schaft. Die Auswahl aus der Masse von Objekten vermittelt das Gefühl,
seine Umwelt selbstbestimmt und frei aufbauen zu können. Die Vielfalt
bietet die Möglichkeit zur Individualisierung.**

Das können sie nicht, das ist zynisch. Gehen Sie mal in die Hoch-
häuser der Gropiusstadt und machen vertikale Schnitte durch
die Wohnungen. Die unterscheiden sich höchstens in der Textur
der Oberflächen. Das Elend einer nicht selbstbestimmten Arbeit
setzt sich zu Hause fort.

Welches Verhältnis haben Sie zur Werbung?
Ein völlig entspanntes und ungestörtes – ich mache sie nicht.
Natürlich ist das eine Branche, die mit subtilen Methoden Sehn-
süchte und Wünsche der Menschen ausnutzt, mit Versprechen,
die nie einzulösen und zu halten sind. Ich finde es teilweise amü-
sant oder spannend, aber es interessiert mich nicht in meiner
Arbeit. Trotzdem ist Werbung ein Teil unserer Kultur.

Wie beurteilen Sie den Stellenwert von Design als Wirtschaftsfaktor?
Wenn wir in die Geschichte schauen, ist Design als Wirtschaftsfaktor kein neues Phänomen. Zum Beispiel die Gründung des
Deutschen Werkbundes 1907 durch Muthesius und die Beurteilung durch den liberalen Politiker Friedrich Naumann. Wenn
sie bei Naumann nachlesen, was er damals für das Deutsche
Reich formuliert hat, welche Aufgaben die Gestaltung, die Architektur und die Schönheit der Gegenstände haben – das waren
wirtschaftliche Argumente mit dem Blick auf die Exportfähigkeit.
Jetzt ist das sowieso so: Alles ist designed. Das machen die
Designhansel und Erfüllungsgehilfen, die da an der vordersten

Gropiusstadt
problematische Groß-
siedlung des sozialen
Wohnbaus im Berliner
Süden für ca. 45 Tausend
Einwohner.
Architekt: Walter Gropius
(u.a.) Bauzeit 1962–75

Friedrich Naumann
1860–1919. Begründer
christlicher Arbeitervereine.
Als liberaler Politiker
formulierte er die Grund-
rechte der Verfassung
der Weimarer Republik.

Linie mit ihrer Arbeitskraft und Intelligenz – sofern davon
gesprochen werden kann – über das Facelifting der Produkte entscheiden, das über eine Scheinsinngebung nicht hinauskommt.
Sie versuchen, den Dingen etwas anzukleben und das Federkleid
zu konstruieren, um den Konsum zu schmieren. Und die Suppen-
würfelpropheten machen die Propaganda dafür.

Welchen Einfluß haben die neuen Medien auf den Gestaltungsprozeß?
Die sind doch nicht mehr neu. Sie sind selbstverständliche Entwurfsmittel geworden. Interessant ist, daß jetzt Entwurfsmittel,
Produktionsmittel und Verbreitungsmittel in einem Medium
zusammenfallen. Sender und Empfänger fallen zusammen, und die
Produktionswege verkürzen sich. Das Werkzeug ist das Medium
und umgekehrt. Das ist die neue Qualität. Die daraus folgenden
gesellschaftlichen Veränderungen können wir noch gar nicht richtig einschätzen.

**Zumindest läßt sich eine Veränderung in den Bildern erkennen, die
zugegeben häufig in Computer-Eklektizismus endet: Vielschichtungen,
Unschärfe, Glanzeffekte etc. – neue Bildwelten entstehen.**
Auf neue Bilder warten doch alle, aber die kommen nicht. Was ist
denn neu? Ich kann das nicht mehr sehen, die ineinander-

Zwei Plakate aus dem
Erscheinungsbild der Stadt
Schwäbisch Gmünd, 1991

stürzenden verchromten Platten im endlo-
sen Raum oder die noch brillanteren Fett-
augen.

**Glauben Sie, die Computer werden die Bildspra-
che nicht verändern?**

Doch, ganz sicher. Die physiologischen
Bedingungen unserer
Wahrnehmung – neuronale Netze, Schal-
tungen und der Sehapparat – das wird sich
nicht ändern, aber die Formen des
Umgangs durch veränderte Medien werden sich ändern. Denken
Sie an die zunehmend schneller werdenden Schnitte der Fern-
sehbeiträge – teilweise schneller als ein Wimpernschlag. Das wird
immer rascher, aber wir kriegen es immer noch auf die Reihe.

**Haben Sie einen Traum, den Sie in den nächsten Jahren gerne
verwirklichen wollen?**

Ich bin kein großer Träumer. Ich bedaure sehr, daß ich meine
Träume immer vergesse. Man kann Luftschlösser träumen und
bauen, man sollte aber nicht versuchen, dort einzuziehen. Wenn
sie mich fragen, was die nächsten Projekte sind, ich versuche
die Geschichte der Utopien, Ideen und Produktivkräfte zur Druck-
legung kommen zu lassen.

Wie wird man als Designer reich?

Das müssen Sie andere fragen, die reich werden wollen.

Das sagen alle.

Simpel wie Olaf Leu, der einen Hochglanz-Schinken rausbringt
mit beschissenem Grafik-Design und drauf steht: »Design macht
reich«, sehen das anders. Leu hat sich seinerzeit auch nicht
geniert, von Pinochet in Santiago de Chile einen Professoren-Titel
anzunehmen.

Welches Projekt ist Ihnen gründlich mißlungen?

Gute Frage… es sind immer die Projekte, zu denen man eigentlich
keine Einstellung hat, die man aus irgendwelchen Gründen aber
trotzdem gemacht hat. Es gibt viele nicht realisierte Projekte,
diese sind oft viel spannender als die realisierten. Das wäre aber
eine extra Geschichte. Aber konkret wüßte ich jetzt nichts zu
benennen.

**What makes you tick? Unsere Frage nach der Grundmotivation,
Gestaltung zu machen.**

Ich kann nichts anderes. Oder umgekehrt: ich bilde mir ein,
das am besten zu können. Ein anderer Grund ist, ich krieg ja kein
Bafög mehr, sonst würde ich vielleicht Physik studieren.

Berlin, 14. November 1994

Rolf Heide

Geboren 1932 in Kiel.

Er beginnt 1950 eine Tischlerlehre und studiert danach bis 1957 Innenarchitektur an der Kieler Muthesius-Werkschule.

Seit 1960 ist er selbständiger Innenarchitekt und Designer in Hamburg. Er war freier Mitarbeiter bei Zeitschriften wie »Schöner Wohnen« und »Architektur & Wohnen«, und arbeitet zusammen mit Firmen wie ALFI, ANTA, bulthaup, COR, Gaggenau und Vorwerk.

Er lebt und arbeitet in Hamburg.

»Kultur ist

unteilbar.«
Rolf Heide 172|173

Rolf Heide, wie würden Sie Ihren Beruf bezeichnen?

In der Architektenkammer bin ich als »Innenarchitekt« registriert.

Was verbindet Ihre vielen verschiedenen Tätigkeitsbereiche? Was hält das alles zusammen?

Die Auseinandersetzung mit der Aufgabe.

Sie sagten einmal, »Kultur ist unteilbar«, wie verstehen Sie das?

Ich habe da Vorurteile. Einfach formuliert: Ich kann mir nicht vorstellen, daß jemand mit goldenen Schnallen an den Schuhen und einem PanAm-Seidentuch über den Schultern, oder auch einer Krawatte mit Hamburger Wappen, gutes Industriedesign entwirft; jemand, der »Sweet Home« liebt, fortschrittliche Architektur gestaltet; jemand, dem die Essensqualität völlig gleichgültig ist, sensible Stoffe entwirft; Firmen, die in grauenhaften Bürohäusern hausen, sehenswerte Möbelprogramme herstellen, usw.

Wie würden Sie Ihren Arbeitsansatz beschreiben?

Analyse, Zusammenhänge erkennen, den »eigentlichen« Aufgabenkern entdecken.

Wie haben Sie damals die HfG Ulm und ihren generalistischen Ansatz wahrgenommen?

Durch meine redaktionelle Arbeit hatte ich in den 60er Jahren viele nationale und internationale Kontakte. So lernte ich damals auch Dieter Rams mit seinen Arbeiten kennen. Ulm war für mich der Inbegriff der Reduziertheit.

Aber es gab auch eine Menge mehr, z.B. Dänemark mit seinen wunderbaren Möbeln (Paul Kjaerholm usw.), USA mit ihrer Architektur und ihren Wohnhäusern und Italien mit den Designern Castiglioni, Colombo, Magistretti, usw.

Wie würden Sie Design definieren?

Für mich ist Design der intelligente Umgang mit Konstruktion, Material und Absicht.

Hocker, hergestellt von
Mobilia, 1990

Kann man die Philosophie von Rolf Heide beschreiben?

Ich komme immer mehr dahinter, daß viele Produkte überflüssig sind. Die Dinge, die man wirklich braucht, sollen plausibel sein. Selbst die dekorative Seite der Gegenstände muß einen Sinn haben. Neben der Strenge gehören Humor und Charakter dazu.

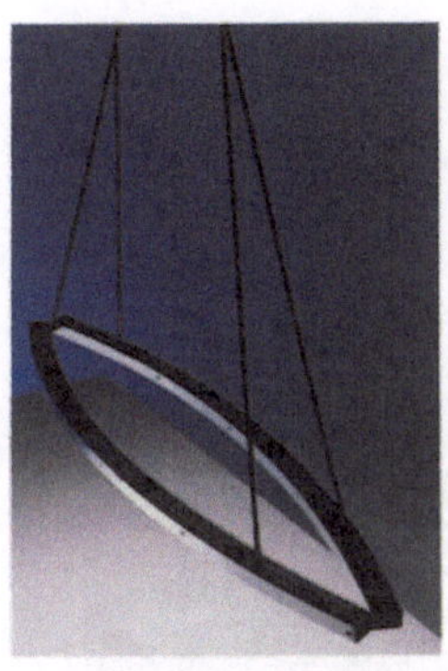

Aicher sagte: »Die Dinge bewähren sich im Gebrauch«. Haben die Dinge in heutiger Schnelllebigkeit noch die Zeit, sich zu bewähren?
Es gibt eine Abhängigkeit, wie die Produkte vertrieben und verkauft werden. Es sind leider nicht immer die besten Dinge, die sich durchsetzen.
Michael Erlhoff sagt, daß der Funktionalismus Gefahr läuft, eine Zurichtung der Handlungsweisen und damit der Menschen selber zu liefern? Wie sehen Sie diesen Vorwurf?
Die Gefahr ist größer, daß die Menschen an schlecht funktionierenden Produkten, teuren, sinnlosen und eitlen Gegenständen ersticken.

Ihre Gestaltung ist sehr pur. Wissen Sie, für wen Sie so gestalten?
Mein Ansatz ist ein Resultat langjähriger Arbeit und Lebensweise. Mir geht es immer um die Vermittlung einer Grundidee, die stimmen und tragen muß. Man muß den Entwurf auf einen Punkt bringen, ohne in der Einfachheit banal zu werden. Es sind Ergebnisse mit Standpunkt, eben Arbeiten für Leute, die das verstehen und suchen.

Sie haben in Ihrer langjährigen Arbeit für »Schöner Wohnen« versucht, den Leuten Design näher zu bringen, Anregungen über und zu Design zu geben. Steckte dahinter ein missionarischer Gedanke, gutes Design für jedermann zu ermöglichen?
Das Medium Zeitschrift ist eine großartige Sache. Die Journalarchitektur ist für mich deshalb so spannend, weil man in kürzester Zeit Dinge realisieren konnte, die sonst nur mit viel Aufwand erstellt und publiziert werden.

Als Schwierigkeit habe ich immer die Gratwanderung zwischen Anregung und Bevormundung empfunden. Ich wollte neue und andere Wege gehen und habe immer das Experiment gesucht. Schließlich habe ich meine Tätigkeit beendet, weil so viele Produkte verwendet werden mußten, die ich dem Leser nicht zumuten konnte. Es gab da eine Auffassung von Lebensräumen und Qualität, die ich nicht vertrete. Was nutzt ein gut gestaltetes Produkt oder Möbel. Keines dieser Dinge steht allein in der Welt. Der Stuhl steht am Tisch, der Schrank steht an der Wand, der Vorhang hängt am Fenster. Es kommen immer andere Gegenstände hinzu. Diese Verbindung untereinander, Verbindung der Gegenstände mit der Architektur, interessierte mich. Man kauft für viel Geld Einzelteile und stellt sie dann zusammen.

Doch alles zusammen ergibt nicht das gewünschte Bild. Ein einzelnes Produkt zu entwerfen ist das eine, aber wie seine Wirkung im Raum sein kann, ist das andere. Neben der Vorstellung von gutem Design gibt es eben auch gut gestaltete Räume. Hier galt es, Anstöße und Vorbilder zu bringen.

Aus welchem Gefühl heraus haben Sie damals Ihre Gestaltung und Kompositionen von Gegenständen gemacht? Vorbilder in diesem Bereich gab es ja damals noch nicht.

In den 6oer Jahren gab es kaum Beispiele, keine Zeitschrift, die ihren Wohnteil selber produzierte, keine Studios und nicht die entsprechenden Fotografen. Es fehlte die Zusammenarbeit mit der Industrie. Die Vermittlung zwischen Textilien, Möbeln, Räumen usw. und das Aufzeigen von Möglichkeiten, wie man wohnen kann. Was man mit wenig Geld oder mit viel Arbeit erreichen kann, war das Thema und eine neue Herausforderung für mich und meine Kollegen. Wir haben uns damals simple Fragen gestellt. Wie sitzt man? Wo schläft man? Wo bringe ich meine Kleidung unter? Es entstanden Illusionsräume, die neben dem Didaktischen sehr viel mit Zeitgefühl zu tun hatten.

Erwarten die Firmen einen gewissen Stil, wenn sie zu Ihnen kommen? Sie haben sich selber mal als »Geschmackspapst« bezeichnet.

Die Auftraggeber erwarten von mir Sicherheit, Konsequenz und daß ich sie richtig einschätze.

Muß gutes Design teuer sein?

Gute Produkte sind von sich aus nicht teuer. Sie werden häufig mit sozialem Anspruch entwickelt und sind industriell zu

fertigen. Werden sie aber nur in kleinen Serien gefertigt und
exklusiv vertrieben, dann sind sie natürlich teuer. Man muß sich
dazu bekennen, daß sorgfältig gestaltete und gefertigte Produkte
ihren berechtigten Preis haben. Es sind Menschen, die mit
gleichem Sozialeinkommen daran beteiligt sind. Es ist sicherlich
eine Minderheit, die das versteht. Während die Mehrheit immer
danach schreit, »wie billig es ist«, und lieber Kopien und schlecht-
gemachte Dinge in Kauf nimmt.

**Wann, in welchem Stadium geben Sie Ihr Design aus der Hand? Wie
kann sich der Designer um das Schicksal seiner Produkte kümmern?**
Dies ist eine Kernfrage. Ich muß sicher sein, daß mein Produkt so
gefertigt wird, wie ich es mir ausgedacht habe. Ich muß sicher
sein, wenn an meinem Entwurf geändert wird, daß dieses nur in
meinem Sinne geschieht. Der Trend ist allerdings der, daß der
Auftraggeber versucht, für Begleitung und Bauführung Geld zu
sparen und meint, er könnte es selber machen. Es gibt wenig
Firmen und Vertreiber, denen man vertrauen kann. So passiert es
schon mal, daß man »rote Ohren« bekommt, wenn man seine
Entwürfe realisiert sieht. Wichtige Voraussetzung für eine gute
Arbeit ist die Begleitung des Produktes vom Entwurf bis zur
Fertigung. Der erste Gedanke ist eine »empfindliche Pflanze«,
die bis zum Baum gepflegt und beschützt werden muß.

Wie beurteilen Sie den Wirtschaftsfaktor Design?
Es hat sich herumgesprochen, wie wichtig Design für Optimierung und für die Unterscheidbarkeit der Produkte sein kann.
Schwierig wird es aber sein, eine vertrauensvolle Zusammenarbeit
zwischen Designer und Industrie zu vermitteln. Wie kommt
der gute, noch unbekannte Designer mit einem Produzenten zusammen, der bisher alles selber macht? Wie vermittelt man
die Notwendigkeit für einen eigenen Weg von Corporate Identity?

Wie sieht Ihr klassisches Auftraggeberverhältnis aus?
Meine Kunden kommen zu mir, weil sie Arbeiten von mir kennen.

Es gibt ganz unter-
schiedliche Aufgaben, die
ich zu lösen habe. Die
ganze Palette der Innen-
architektur ist gefragt:
von Beratung über Gut-
achten, Design, bis zur
Ausstellungsgestaltung,
Fotoregie und Einrich-
tung ist alles dabei.

Gibt es für Sie den idealen Auftraggeber?

Der ideale Auftraggeber äußert seine Wünsche sehr konkret und genau und läßt mich dann machen, ohne ständig reinzureden oder mitzugestalten. Er beurteilt zum Schluß das Ergebnis.

Wie groß ist Ihr gestalterischer Anteil an der Gesamtkommunikationsstrategie Ihrer Kunden, zum Beispiel Vorwerk oder bulthaup?

Beginnen wir mit bulthaup. Ich betreue ein Segment im Marketingbereich. Ich inszeniere die vorhandenen Küchenprogramme und setze sie ins Bild. Ich kümmere mich um Ausstellungen und um fotografische Darstellung für Kataloge und Anzeigen. Es ist wichtig, daß neben den reinen Produkten ein entsprechendes Umfeld gezeigt wird. So entsteht eine Differenzierung im Markt über das Produkt hinaus, und es wird ein gewisses Lebensgefühl vermittelt. Wenn man als Unternehmer überzeugend sein will, muß alles zusammenpassen. Ich denke, wenn man über das Erscheinungsbild von bulthaup redet, dann auch über meine Arbeit. Bei Vorwerk war die Aufgabe ähnlich. Ungewöhnliches Teppichdesign mußte in Szene gesetzt werden, ohne daß es peinlich aussah. Die Bilder und Räume mußten der Qualität des Designs entsprechen. Darüber hinaus sollte eine eigene Art der Fotografie entstehen. Es ist jedenfalls für Dialog, Arterior, Klassik,

Bauhaus, Tempra usw. gut gelungen. Außerdem habe ich mich am Design der Teppiche beteiligt. Für beide Firmen gestalte ich alle Präsentationen und Messeauftritte seit 1987.

Wie ist da Ihr Verhältnis zur Werbung?

Werbung ist notwendig, meistens nicht gut und zwischen den
Fußballberichten unerträglich.

Wie wird man als Designer reich?

Das weiß ich nicht.

**Wie muß man sich die Arbeit im Büro Heide vorstellen? Wie sind die
Arbeitsprozesse?**

Es gibt ein Team von festen und freien Mitarbeitern. Für Konzepte in unterschiedlicher Form bin ich zuständig. Dann werden
die Aufgaben von meinen Kollegen weiter bearbeitet. Es ist also
immer neben mir ein zweiter mit in der Verantwortung. Wir
kommunizieren und diskutieren häufig, so daß die Arbeiten in
meinem Sinne weitergehen und der Auftraggeber die Garantie
hat, daß alle Planungen zwar von vielen Leuten bearbeitet, aber
aus einer Philosophie entstehen.

Verändert die Arbeit mit Computern den Entwurfsprozeß bei Ihnen?

Da bin ich nicht sicher. Es könnte sein, daß der Computer dazu
verleitet, bequem zu werden. Die Vielzahl der Möglichkeiten wird
nicht genutzt, sondern es führt oft zu starken Vereinfachungen.
Das tut unserer Arbeit nicht gut. So sehe ich die Anwendung mehr
im Bereich der Ausarbeitung als im eigentlichen Entwurfsprozeß.

**Nutzen Sie auch die Simulationstechniken dieses Mediums? Also die
Möglichkeit, durch Messestände zu laufen, die es noch nicht gibt?**

Wenn der Auftraggeber von uns erwartet, diesen Aufwand zu
betreiben, fände ich das grauenhaft. Zur eigenen Kontrolle könnte ich es mir vorstellen. Als Präsentationsform halte ich es nicht
für angebracht. Die handschriftliche Komponente, das Skizzen-
hafte ist mir wichtig. Der Computer ist mir zu glatt, zu unpersön-
lich. Phantasie ist nicht mehr gefragt, weder beim Planer noch
beim Auftraggeber.

**Sind alle Ihre Produkte Auftragsarbeiten, oder gibt es auch Dinge,
die Sie in Autorenschaft entwickeln?**

Design auf Vorrat kann ich mir nicht vorstellen.

Ist Ihnen ein Projekt gründlich mißlungen?

Mit meinem Enkel im letzten Jahr zu Weihnachten die elektrische
Eisenbahn aufzustellen.

Was würden Sie gerne machen, was Sie noch nie gemacht haben?

Ich würde gerne ein Restaurant einrichten, in dem sich gute
Küche mit gutem Design verbindet, wo ich dann mein Honorar
verzehren kann.

What makes you tick?

Die Gewohnheit und die Erkenntnis, daß ich Geld verdienen muß.

Hamburg, 23. August 1995

1958 geboren in Essen. Nach dem Abitur macht er 1977 eine Bau- und Möbelschreinerlehre, die er mit Gesellenbrief abschließt.

Zusammen mit dem Bildhauer Richard Mühlemeier baut er zwischen 1979 und 1982 in Bischofsheim / Rhön Holz- und Bronzewerkstätten auf.

1983 erhält er den Meisterbrief. Mit der Bildhauerin Ulrike Holthöfer arbeitet er von 1984 bis 1985 in Kassel, Düsseldorf und Berlin.

1985 schreibt er sich an der Hochschule der Künste Berlin im Fachbereich Industrial Design ein und wird ein Jahr später Teilhaber der Crelle-Werkstatt, Berlin: Entwicklung, Produktion und Vertrieb eigener serieller Möbel.

Außerdem arbeitet er an Projekten mit Jonas Milder, N.Y, Utilism International (A. Brandolini, A. Kufus, J. Morrison), Steirischer Herbst, Art Frankfurt, Leitung div. Workshops

Seit 1990 Produktentwicklungen für die Firmen Atoll, Moormann und Cappellini. Raumbildende Gestaltungen für Hans Hansen, die Akademie der Künste Berlin und das Museum Fridericianum, Kassel.

Er ist seit 1993 Professor für Produktdesign an der neuen Fakultät Gestaltung, Bauhaus-Universität Weimar.

Er lebt und arbeitet in Berlin und Weimar.

»Mit dem Standbein

Axel Kufus
Axel Kufus 180|181
spielen.«

Früher habe ich mich immer als Schreiner *und* Designer bezeichnet, weil mir diese Verbindung von oft gegensätzlichen Tätigkeiten sehr wichtig war. Der Bereich der Produktion hat mit ganz anderen Verantwortlichkeiten zu tun als die Arbeit, in der ich versuche, mich von Materialgesetzen und Produktionsvorgaben zu lösen. Im Moment habe ich wieder zwei Pole: mein Atelier in Berlin, wo ich eigene Arbeiten entwickle, und die Hochschule in Weimar, wo wir eine neue Fakultät für Gestaltung aufbauen. Eine kurze Bezeichnung kann ich aber nicht geben. Das ist wie mit meinem Alter: das hab ich auch nicht gleich parat, das ändert sich ja auch ständig, obwohl ich weiß, daß ich 1958 geboren bin.

Wie war, kurz gefaßt, Dein Ausbildungsweg?

Nach dem Abitur habe ich eine Schreinerlehre gemacht. Ich hatte das Glück, von einem sehr interessanten Altgesellen zu lernen, der mich als seinen zweiten Sohn auserkoren hatte. Er war ein weit gebildeter Mensch mit 60 Jahren, der über das Wagnern, Drechseln, Zimmern und Möbeltischlern alles gemacht hatte. Diese Begegnung war wesentlich, da ich von seiner Arbeitsweise viel gelernt habe. Ich bin danach zu einer Gruppe von Bildhauern in der Bayrischen Hochrhön gestoßen. Wir haben dort archaische Werkstätten betrieben. Eine Holzwerkstatt, die wir irgendwo zusammengekauft haben, eine Metallwerkstatt und eine Bronzegießerei. Dabei habe ich gelernt, eigenständig zu arbeiten. Mit Richard Mühlemeier, einem Bildhauer und Bronzegießer, habe ich Möbel entworfen, die auch schon in die Richtung der Vervielfältigung gingen.

Nach drei Jahren bin ich dann zur Meisterschule gegangen, ein Rückschritt auf die Schulbank. Die Ausbildung ist eine reine Disziplinierung. Man weiß, was man nicht darf, und bekommt nicht mit, was man machen könnte. Als Ausdruck meiner Auflehnung dagegen habe ich in der Zeit danach nicht mehr geschreinert. Ich habe im Anschluß an diese Prüfung zusammen mit der Bildhauerin Ulrike Holthöfer in Kassel in einem großen Atelier ohne Maschinen Objekte gemacht, die wir aus Sachen kombiniert haben, die wir in Abfallcontainern von Supermärkten oder auf Schrottplätzen fanden. Manche waren nur kurzzeitig vorhanden, z.B. Eis-Tische oder Schnee-Stühle. Es waren Installationen und Experimente, ein Arbeiten ins Blaue hinein. Einige dieser Arbeiten sind in der Ausstellung »Wohnen von Sinnen« in Düsseldorf, der ersten größeren Ausstellung des neuen deutschen Designs, gezeigt worden. Das war mein erster Kontakt zur Designwelt.

Gab es damals Vorbilder für Dich?

Vorbilder waren im Bereich der Kunst zu suchen, nicht im
Design. Trotzdem habe ich mich zum Designstudium an verschiedenen Hochschulen beworben und konnte nach Berlin an die
HdK gehen. Dort habe ich aber bald gemerkt, daß ich nicht so
arbeiten konnte, wie ich das wollte. Ich hatte schon relativ viel
Erfahrungen mit eigenen Untersuchungen, mit eigenen Projekten
und mit eigenen Orten der Arbeit. In dieser riesigen Stadt war
es für mich schwierig, Möglichkeiten von Arbeitsentwicklung
zu finden, die daran anknüpften. Ich bin damals oft nach Kassel
gefahren, wo wir noch das gemeinsame Atelier hatten, bis
ich durch Andreas Brandolini die Möglichkeit hatte, in die Crelle-
Werkstatt in Schöneberg mit einzusteigen, die gerade gegründet
war. Ich hatte einen Ort gefunden, mit dem ich mein Leben,
meine Arbeit und meine Experimente finanzieren konnte. Wir
hatten gemeinsame Maschinen, aber jeder war sein eigener
Unternehmer. Bei großen Aufträgen arbeiteten wir als ArGe
zusammen. Wir waren keine ordentlich angemeldete Schreinerei,
sondern ein Ausstellungs-
baubetrieb, mit dem wir viele
Berliner Ausstellungsbauten
entwickelt und produziert
haben. Durch die Arbeit hat sich
ein Netzwerk aufgebaut, was
für mein weiteres Tun sehr
entscheidend war. Es gab pro-
jektbezogene Arbeitsgemein-
schaften, die nach Abschluß des
Projekts wieder auseinander-
gingen. Ein lockeres und funk-
tionierendes Netzwerk von
unterschiedlichsten Gewerken.
In dieser Struktur zu arbeiten
hat sehr viel Spaß gemacht.
Als ich mit meinen eigenen Entwürfen weiterkommen konnte
und auch Geld verdiente, habe
ich mich aus den Auftragsarbeiten immer mehr zurückge-
zogen. Eigene Serien konnte ich
gemeinsam mit den anderen
produzieren. Aber eben nicht

Axel Kufus 182 185

als reiner Produktionsbetrieb, in dem ich ständig Aufträge ran-
holen mußte, um Mitarbeiter zu versorgen. Entscheidend war, daß
es diese Abhängigkeiten nicht gab, und daß der Apparat klein-
gehalten wurde. Jeder konnte sich selbstbestimmt entwickeln.

**Was zeichnet den Designer Axel Kufus aus? Was unterscheidet ihn
vom Schreiner?**

Ich habe versucht, die beiden Bereiche in meiner Person zu verei-
nen. Ein Designer kann als Nomade an den verschiedensten
Orten haltmachen. Ein Schreiner steht in einer Werkstatt und
produziert. In den seltensten Fällen gelingt es aber einem Betrieb,
aus einer Produktionsstätte ein Labor zu machen. Das verlangt
vor allem oder eigentlich nur eine Kopfbewegung, weil es schon
per Definition zu einem Labor werden kann, indem man sagt:
in der nächsten Woche läuft kein Auftrag, sondern ich probiere
neue Sachen aus.

Ich bin nicht in eine Produktionsabhängigkeit geraten, in der
täglich eine bestimmte Menge von Gegenständen die Werkstatt
verlassen mußte, sondern ich konnte auch punktuell oder
rhythmisch arbeiten. Das beschreibt vielleicht nicht die grundsätzlichen Unterschiede zwischen Schreiner und Designer,
aber es ist zumindest eine Sache, die den Schreiner auszeichnen
könnte, sollte er sich dem anderen annähern.

**Welche Grundhaltung begleitet Deine Arbeit? Kannst Du Deinen
Arbeitsansatz näher beschreiben?**

Produktgestaltung ist das Erfinden und Entwickeln von Produkten und ihren Prozessen. Das Entdecken und Anstoßen, das

Betonschalungsplatten in
neuem Zusammenhang:
ausgesägt und auf Gehrung
verleimt entsteht ein Tisch mit
schon fertiger Oberfläche.
»Tisch«
1987 Eigenproduktion
Foto: Idris Kolodzeji

Formen und Verantworten. Der Designbegriff ist mittlerweile so
breitgetreten, auch so Komisches wie das Fingernageldesign
scheint dazuzugehören. In den seltensten Fällen weiß ich genau, wie
Design geht. Ich habe kein Verhaltensmuster im Kopf, mit dem
ich mich auf alle möglichen Nischen mit irgendwelchen Frage-
stellungen zubewegen kann. Aus diesem Grund würde ich Design-
leistungen immer nach völlig unterschiedlichen Kriterien beurteilen. Das können nicht immer dieselben sein.

Momentan brennt mir am meisten unter den Nägeln der Widerspruch zwischen dem Anspruch an die Leistung von Produkten
und dem, was diese Produkte in ihrer Herstellung und ihrem
Handling erfordern. Es gelingt in den wenigsten Fällen, Konzeptionen zu finden, die in Hinsicht auf die Ökologie wirkliche
Fortschritte mit sich bringen.

Ich sehe es als wichtige Aufgabe, die Wege eines Produktes, den
gesamten Zyklus mitzugestalten oder darauf Einfluß zu nehmen.
Auch so weitgehend, daß die Details bis zur äußeren Erschei-
nungsform eines Produktes dieser Gestaltung unterliegen. Ihre
Gestalt ist dann das Resultat dieser Prozesse. Da liegt ein
Schwerpunkt meiner Arbeit.

Siehst Du Deine Arbeiten in der Tradition des Funktionalismus?
Wenn es einer Einordnung bedarf, müßte der alte Begriff des
Funktionalismus eine Erweiterung erfahren – was aber auch schon
längst geschehen ist.

Bei mir entstehen die meisten Dinge nicht aus Aufgabenstellungen mit vorbestimmten Funktionen. Meine Produkte entstehen
aus einer Wolke, aus einer unbestimmten Art des Bastelns und
des Herumfummelns und einer spielerischen Auseinandersetzung
mit Materialien, mit Gedanken über Konstruktionen und
Naturgesetzen. Es ist wie eine Findung, die noch ganz unbestimmt
ist. Danach setze ich mich damit in der Art auseinander, daß
ich es auf bestimmte Funktionen hin weiterentwickle, mit den
Überlegungen zur Vervielfältigung, zu den Prozessen der Produktion, zum Sinn und Zweck. Die Sachen entstehen bei mir nicht
aus einer Analyse eines Problems. Ich setze etwas in die Welt, von
dem ich nicht weiß, was es ist und wie es heißt, und versuche,
durch ein Anschieben dieses Etwas der Realität anzunähern.

**Deine Arbeiten haben eine vergleichbare »visuelle Sprache«. Sie
vermitteln in ihrer Schlichtheit eine Zusammengehörigkeit, bei der
man den Designer Axel Kufus erkennt.**
Daß ich in meiner Arbeit immer wieder zu Gestalten komme, die
sich hinterher ähnlich sehen, liegt nicht daran, daß ich versuche,

sie in einen ganz bestimmten Stil hineinzubringen. Es liegt an dem Möglichkeitsspektrum, das sich mir in meinen Vermutungen und Kenntnissen des Materials, der Konstruktion und der Machbarkeit öffnet. Ich habe z.B. noch nie etwas mit Kunststoffen gemacht. Die Vergleichbarkeit der Gegenstände ist ein Ergebnis des »Sports«, den ich betreibe, die Arbeit mit den Dingen auf ein Minimum zu reduzieren. Das Aussehen ist nur der Ausdruck der reduzierten Konstruktion. Ich versuche, die Konstruktion so weit zu reduzieren, daß ein Bauteil möglichst mehrere Funktionen übernehmen kann, z.B. ein Schrankscharnier, das die Tür hält und gleichzeitig der statischen Gesamtkonstruktion dient.

Es wird oft als Perfektionismus mißverstanden, den ich aber eher in Möbeln sehe, die wie von Geisterhand fugenlos zusammengehalten sind, mit allem möglichen Komfort und perfekter Oberfläche ausgestattet. Das führt zu einer Überqualifikation des Gegenstandes und hat mit meinem Anspruch, Gegenstände mit geringstem Aufwand und angemessener Qualität zu erzeugen, nichts zu tun.

Ist es Deiner Bescheidenheit zuzuschreiben, das »Design« so sehr zurückzunehmen, im Gegensatz zu einem Design, das durch seine Optik anspricht?

Ich bin nicht unglücklich, wenn Design-Lösungen entstehen, die auf den ersten Blick nicht wahrnehmbar sind, sondern erst auf den zweiten oder fünften Blick in Erscheinung treten. Ich bin ganz froh, wenn mir Gegenstände gelingen, die sich nicht aufdrängen. Ich habe Gott sei Dank die Ausrede, daß die Überlegungen zur kostengünstigen und einfachen Produktion automatisch zu zurückgenommenen Lösungen führen.

Dein FNP-Regal z.B. ist so ein Produkt, was sich sehr zurücknimmt. Wie ist dieses Regal entstanden?

1987 habe ich dieses Konstruktionsprinzip bei einer Auftragsarbeit entwickelt: in kürzester Zeit mußten für die damalige

Bürgerbefragung zum Flächennutzungsplan (FNP) Berlin möglichst
viele Regalfächer geschaffen werden. Mit den üblichen Methoden
wie verschrauben oder verdübeln war das in dem Zeitrahmen
nicht zu schaffen, oder man hätte bereits bestehende Regalsysteme
einkaufen müssen. Mit dieser Erfindung aus Zeitnot habe ich
dann das Regalsystem entwickelt, wie es heute auch verkauft wird,
mit den Fächergrößen, die auf Bücher und Ordner abgestimmt
sind, und darauf, daß nach der Fertigung möglichst nur noch Staub
als Verschnitt übrig bleibt. Ich war überrascht, zu einer Lösung
gekommen zu sein, die fast verschwindet, wenn Bücher drin stehen.
Es ist dann nur noch Struktur. Was übrig bleibt an Gestalt, entspricht den Produktionsbedingungen: mitten in der Stadt, kleine
Werkstatt ohne Kantenbügelautomat oder Fertigungsstraßen,
sinnvoller Materialeinsatz, wenige Fertigungsschritte.

**Für wen gestaltest Du? Wenn Deine Produkte auf den zweiten Blick
wirken, rechnest Du wahrscheinlich mit einem geschulten, aufgeklärten
Publikum.**

Ich habe bei meinen Arbeiten keine Zielgruppen im Kopf. Aber
die meisten Eigner des Regalsystems sind wahrscheinlich Architekten oder Leute, die sich oft mit konstruktiven Dingen auseinan-
dersetzen und in diesem Regal eine Lösung entdecken, die schlüssig, einfach, aber doch nicht allgegenwärtig ist. Aber ich glaube,
die meisten Details, die eine angenehme Atmosphäre in einem
Raum bewirken, muß man nicht erkennen, um sich dort wohl zu
fühlen.

**Aber es ist trotzdem ein Bildungsbürgertum, das Deine Produkte kauft.
Hat das auch mit dem Preis zu tun? Inwieweit
hast Du Einfluß auf Verkaufspreis und Vertrieb?**
Ich bin mit meinen Produkten ja nicht
allein auf der Welt, sondern es gibt eine
Menge anderer Tische, Stühle, Container
und Regale. Es gibt viele Sachen, deren
Hintergründe ich zwar ahne, aber doch
nicht genau verstehe. Z.B. gibt es in Lock-
angeboten einen Holzstuhl mit Zargen,
gebogener Lehne und gewölbter Sitzfläche
für DM 19,90. Wenn mein Stuhl, auf dem
wir hier sitzen, neben dem einfachen
Küchenstuhl steht, der eine DM 350,- und
der andere DM 19,90 kostet, zeigt sich
eine unglaubliche Differenz. Trotz Massenfertigung sind aber doch immer Men-

Eingesägte MDF-Platten
eingesteckte Alu-Schiene
halten sich selbst.
»FNP«-Regalsystem, 1988
N.H. Moormann
Foto: Hans Hansen

Abschnitte aus der
»Tisch«-Produktion und
einige Buchenstocke erge-
ben nach ausgeklügeltem
Fräsmuster einen Stuhl.
»Stöck«, 1991
Foto: Hans Hansen,
Stefan Rother

schen beteiligt, die Bäume fällen, Teile in Maschinen stecken, sie wieder rausholen und verpacken. Es werden Mieten und Strom gezahlt und, und, und… das läßt sich nur über globale Marktmechanismen verstehen. Es bleibt aber die Frage: Wie kann man in akzeptablen Strukturen zu Preisen produzieren, die dem Gegenstand entsprechen. Mir geht es nicht darum, IKEA zu unterbieten, weil die unter Bedingungen produzieren, an denen ich nicht teilhaben wollen würde. Ein Schreiner kann zu den IKEA-Preisen nicht einmal das rohe Holz bekommen. Vieles ginge billiger, wenn man sich über Kommunikationsbrücken zu temporären Einkaufs-, Produktions- und Vertriebsgemeinschaften zusammenschließt. Ich glaube, daß die Zeit dabei für uns arbeitet, weil die Kommunikationswege kürzer werden. Es wird sicherlich noch einige Jahre dauern, bis sie auch für kleinere Strukturen und kurzfristige Netzwerke benutzbar sind. Mit ausgeklügelten Strategien ließen sich Kräfte effektiv zusammenbringen, ohne einen Konzern daraus zu bauen, da sie danach wieder auseinandergehen. Unter IKEA-Preise kommt man damit auch nicht, aber Preise müssen die Bedingungen, unter denen produziert wird, beinhalten. Die Qualität eines Produktes sieht man nicht nur an der Oberfläche, sondern sie steckt in dem gesamten Zyklus der Fertigung.

Inwiefern hast Du Einfluß auf diesen Zyklus, z.B. bei Deinem FNP-Regal?

Darauf habe ich großen Einfluß, weil ich die Produktion selbst entwickelt habe. Erst habe ich es in Berlin gebaut und verkauft, dann kamen Städte wie Düsseldorf, Bonn, Stuttgart und

Hamburg dazu, in denen es zum Teil in einer Vertragswerkstatt
vor Ort produziert wurde. Später habe ich den Vertrieb an
Nils Holger Moormann abgegeben. Seine Vertriebskonzeption
konnte ich guten Gewissens befürworten. Nach wie vor
wird das System von kleinen Werkstätten hergestellt, es ist von
der Machart so ausgereizt, daß der Kleinbetrieb es mit meinen
Schablonen kostengünstiger produzieren kann als ein Großkon-
fektionär mit seinen numerisch gesteuerten Maschinen.

**Kannst Du Dir Bedingungen vorstellen, unter denen Du Produkte für
die Massenfertigung entwirfst?**

Durch meine Tätigkeit in Weimar bin ich gefordert, mich auch
jenseits der kleinen Strukturen umzusehen, aber für meine Arbeit
stand ich bisher noch nicht vor der Aufgabe. Um z.B. einer
Zahnbürste eine modische Form zu geben, würde ich gar nicht
gefragt. Ich bin auch nicht talentiert, einer Zahnbürste, die
sich nur über die Form verkauft, diese Form zu geben. Ich verfüge
nicht über die Art von Handschrift, die nötig wäre, ein Produkt
formal zu veredeln. Aber ich möchte mich gar nicht gegen
Massenproduktion stellen, denn viele Dinge, mit denen wir umgehen, haben damit zu tun.

Aber Du setzt Dich ausdrücklich für die kleineren Strukturen ein.

Ich will mich dafür stark machen, wie sich andere für andere
Gebiete stark machen. Um ein kleines Produktionsmodell als
Beispiel zu nennen: Verschalungsplatten für den Betonbau werden
in großem Stil industriell hergestellt, kleine Werkstätten können
ohne großen Aufwand dieses hochwertige Halbzeug nach ausgeklügelten Entwürfen zu qualitätsvollen Möbeln weiterverarbei-
ten. So läßt sich eine flexible, dezentrale Produktion erzielen.
Das Material wird verdichtet durch die Gegend gefahren und vor
Ort weiterverarbeitet, im Gegensatz zum weiten Transport von
fertigen Möbeln, die viel Luft beinhalten.

Man kann in den kleinen Einheiten aber auch flexibel auf mögliche Schwankungen und spezielle Nachfrage reagieren. Es ist
also nicht so, daß eine vorproduzierte Menge eines Produktes
mittels Marketingstrategie und Bedarfsweckung an den Mann
gebracht werden muß. Es ist eine Produktion auf Bedarf und im
besten Fall kostengünstig.

In Weimar und Umgebung habe ich in Zusammenarbeit mit
anderen vor, nach weiteren Entwicklungsmöglichkeiten für
kleinere Strukturen zu suchen. Wir wollen Impulse geben und
gemeinsam neue Wege der regionalen Produktion erforschen
und erproben.

Wie funktioniert dieses Modell in Weimar in der Zusammenarbeit der beteiligten Gruppen? Was kann es konkret bewirken?

In Weimar sind wir mit den Projekten noch ganz am Anfang. und es fehlt Know-how und Ausrüstung. Aber es werden jetzt temporäre Labors mit externen Werkstätten und Betrieben entstehen. In diesen konkreten Zusammenhängen wollen wir experimentieren, erfinden und gestalten. Das schafft für beide Seiten neue Arbeitsfelder oder die Konzeption einer Art Halbzeug-Börse: Halbzeuge gibt es nur in bestimmten Standards. Zum Beispiel werden diese Schalplatten nur in wenigen Farben hergestellt. Die Palette ist abhängig von den Großkunden, wie einem bestimmten Lastwagenhersteller oder der Post. Wenn die Post ihre Farbe wechselt, dann wird das Gelb nicht mehr produziert, weil nur Großmengen die Herstellung rentabel machen. Wir versuchen einen Informationspool zu konzipieren, der kleine Mengen miteinander verbindet. Es geht um Bündelung und Vernetzung von Angebot und Nachfrage. Es sind noch viele Fragen offen, z.B. das Suchen und Finden am Bildschirm. Ich möchte das im kleinen Bereich anstoßen, aber im Grunde müßte es europaweit entstehen.

Wie definierst Du Deinen Lehrauftrag in Weimar?

Ich sehe es als gemeinsames Unternehmen, Forschen, Weiterentwickeln, Suchen und Finden, um in dieser Gleichzeitigkeit zu lehren und zu lernen. Ich kann nichts lehren, was ich schon immer wußte, weil das, was ich schon immer wußte, flüssig ist, oder einfach nicht anwendbar. Ich möchte mit konkreten Vorgängen, in die ich die Studierenden involviere, Lehre betreiben. Ich habe eher unbestimmte Vorstellungen am Anfang eines Projektes. Es gibt Strategien, die ich vorschlage, die sich aber in der Arbeit weiterentwickeln. Die Arbeit soll aktuell und akut sein, und ich halte nichts davon, etwa aus dem Nähkästchen zu plaudern.

Siehst Du das als Chance der Einflußnahme auf Deine Studenten, die so auch Deinen Ansatz nach der Ausbildung weitertragen?

Wir haben natürlich den Auftrag der Einflußnahme. Mein Hauptziel dabei ist es, die Studierenden zu möglichst großer Selbstän-

digkeit und Verantwortlichkeit anzustiften. Sie sollen sich nicht damit begnügen, irgendwelche Aufgaben gestellt zu bekommen, sondern sie sollen selbst Aufgaben entwickeln und verfolgen.

Inwieweit kann Deine gestalterische Arbeit gesellschaftliche Prozesse beeinflussen?

Die großen Veränderungen in der Wirtschaft und in der Politik werden kaum durch kleine Schritte, wie ich sie beschrieben habe, tangiert. Die Menschen, mit denen ich umgehe und zusammenarbeite, werden sicher von meinen Vorstellungen von Gestaltung, von Arbeit und von sich bewegen in der Gesellschaft beeinflußt. Im besten Fall entstehen durch meine Arbeit neue und interessante Arbeitsfelder für andere. Wenn wir hier in meinem Entwurfsbüro arbeiten, dann ist es selten so, daß ich der Chef bin, der den Leuten sagt, was zu tun ist. Ich habe die besten Erfahrungen gemacht, gemeinsam auf einer Stufe zu stehen, wo jeder seinen Verantwortungsbereich einnimmt. Das ist eine eher horizontale Strategie, die auch wieder mit dem Netz zu tun hat, und die auch wieder auf die Selbständigkeit und Verantwortlichkeit hinweist.

Gibt es ein Projekt, das Dir gründlich mißlungen ist? Man spricht in der Regel immer über die, die vorzeigbar und bekannt sind.

Meine Kisten und Kästen sind voller Versuche. Die Fälle, in denen eine Gestalt, die meinen Überlegungen entsprungen ist, sich als wirklich lebensfähig gezeigt hat, sind sicher nicht alltäglich.

Hast Du einen Traum, den Du gerne realisieren möchtest?

Ich möchte Arbeit und privates Leben so verbinden, daß sie auf der einen Seite sehr eng zusammengehören, aber sich auf

Tür-Sandwich aus Halbzeugen in Leichtbauweise. Ein zweites, inneres Rahmenrohr bildet die Drehachse der Tür.
Pendeltür-Detail
Foto: Hans Hansen

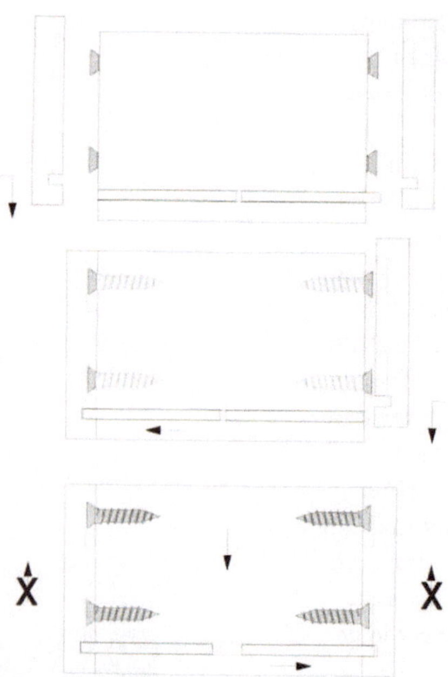

der anderen Seite der Streß und der Druck aus der Arbeit nicht unendlich in die freien Stunden und in den Schlaf übertragen. Und Reisen...

Gibt es ein Produkt, das Du gerne mal gestalten möchtest?

Ich bin nicht auf einen Gegenstand fixiert. Ich hatte vorhin von der »Börse« gesprochen, die durch eine intelligente Konzeption mit einfacher Oberfläche für viele nutzbar werden soll. Und immer wieder Netze, wie das Beispiel im damaligen Berlin, wo Arbeit so viel abwerfen konnte, daß damit Forschung und Entwicklung finanzierbar waren. Ich glaube, daß das nicht nur in »Goldenen Zeiten« geht, sondern daß es auch gerade jetzt in dieser Phase des Strukturwandels wichtig ist, diese Möglichkeiten zu schaffen.

Ein Produkt würde mich schon sehr reizen: ein Haus, das als Wesen eine offene Konzeption hat, die versucht, den Weg zwischen Dauerhaftigkeit und veränderbarer Konstruktion zu erfinden. Ich glaube, daß immer noch viel zu schwer gebaut wird, mit viel zu viel Material, mit dem versucht wird, Raumauffassungen nachzuempfinden, die aus anderen Möglichkeiten für die Produktion entstanden sind.

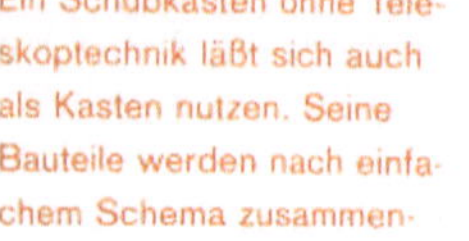

Ein Schubkasten ohne Teleskoptechnik läßt sich auch als Kasten nutzen. Seine Bauteile werden nach einfachem Schema zusammengesteckt.

»Lader«, Schub-Schrank-System 1995 für Moormann
Foto: Hans Hansen

What makes you tick? Was holt Dich morgens aus dem Bett und treibt Dich an?

Es sind die Kinder, die mich morgens aus dem Bett schmeißen.
Ich mußte erst lernen, den Rhythmus der Kinder mit mir zu
vereinbaren. Dieses Leben und Arbeiten, ohne zu wissen, wann ich
ins Bett gehe, wann ich wieder aufstehe, mich in Tänze begebe
in einer Umgebung, die nicht geordnet ist, sondern wo Chaos
herrscht, das geht verloren, wenn die Kinder warten. Das ist ein
großer Verlust, wobei ein anderes Chaos aber wieder dazu
kommt. Das ist ein großer Gewinn. Aber die Kinder sind ja noch
klein, und ich habe den Traum, diese strengen Rhythmen wieder
aufzulösen und Zeiten zuzulassen, in denen Zeit und Ziel
wieder unbestimmt sind, etwas Rauschhaftes. Das tickt mich.

Berlin, 20. Oktober 1995

»Wenn schon von Schönheit
die Rede ist, muß auch der
Zusammenbau schön sein,
und – davor – der Transport,
das Lager, die Produktion
und und und...«

Bausatzschema »Lader«
und »AKS«, 1995

»Keine Zivilisatio

Wolfram Siebeck

Wolfram Siebeck wurde 1928 in
Duisburg geboren.

Er studierte an der Werkkunstschule in Wuppertal Illustration und
Zeichnen. Als Journalist schrieb
er in den sechziger Jahren über Filmfestivals und fing später an, im
»Twen« über das Kochen zu schreiben. Wolfram Siebeck schrieb
Glossen für »Die Zeit« und den
»Stern«, kochte im Fernsehen und
schrieb über 20 Kochbücher.

Er lebt seit vielen Jahren im Badi-
schen und in Südfrankreich.

ohne Dekadenz.«

Wie würden Sie Ihren Beruf bezeichnen?

Ich bin Berufsessser.

Wie wird man zum »Berufsesser«?

Wenn Sie gutes Essen beurteilen wollen, müssen Sie wissen, wie in Paris, an der Côte d'Azur, in London und in München gekocht wird. Das heißt überall, wo große Köche sitzen, müssen Sie essen. Da hilft nun alles nichts – das ist ein sehr teures Studium.

Wie hat sich Ihr Interesse an der guten Küche entwickelt?

Ich habe erst einmal an der Werkkunstschule in Wuppertal Illustration und Zeichnen studiert und illustrierte dann für Zeitungen, die damals wahnsinnig viele Illustrationen brauchten, weil es mit der Fotografie und Lithografie noch kompliziert und teuer war. Außerdem gab es als Leserservice jedes Wochenende eine vierseitige Beilage mit Erzählungen z.B. von Heinrich Böll oder Wolf Dietrich Schnurre, die illustriert werden mußten. Ich wohnte im Ruhrgebiet, das damals eine Keimzelle für die deutsche Presse war. Daher kannte ich auch sämtliche Feuilletonredakteure.

Und so kam es auch, daß ich bei einem Filmfestival in Oberhausen kurzerhand als Journalist angemeldet wurde, um über Zeichentrickfilme zu schreiben. Ich reiste schließlich von einem Filmfestival zum anderen, europaweit. Journalisten – besonders ausländische – wurden 1960 noch total eingeladen, d.h. man bekam nicht nur das Hotel bezahlt, sondern auch Gutscheine für die besten Restaurants. Zum Schluß habe ich mir die Filmfestivals nur noch danach ausgesucht, wo es das beste Essen gab.

Nochmal zurück zur Werkkunstschule: Waren Sie ein guter Illustrator?

Das war ich immer, aber die Werkkunstschule mit ihrer Gebrauchsgrafik war nicht der richtige Platz für mich. Eigentlich war ich nur auf der Kunstschule wegen der hübschen Mädchen. Mein allererstes Buch waren übrigens Illustrationen und Kalauer zum Thema Fuß: ein »Fußbuch«.

Wie ging es mit dem »Essens-Studium« weiter?

Ich habe als Zeichner und Journalist gut verdient. Irgendwann kam dann der Tag, wo ich mir sagte: »Weg mit diesem bürger-

lichen Sicherheitsbedürfnis, ich verkauf meinen Bausparvertrag
und verfresse alles«. Gleichzeitig lernte ich Willy Fleckhaus kennen,
der den »Twen« gründete. Erst zeichnete ich für den »Twen«,
dann schrieb ich. Irgendwann fragte mich Fleckhaus, ob ich nicht
ein Rezept für den »Twen« schreiben könne. Das kam daher,
daß ich mit ihm in seiner Villa gekocht hatte. Fleckhaus wollte,
daß ich ihm in seiner Zeitschrift erzähle, wie man kocht. Das
tat ich dann auch. Im Grunde genommen so, wie ich es heute in
meinen Büchern immer noch mache.

**Das ist ein weiter Weg über Zeichnen, Kurzfilme zum Journalisten und
Berufsesser...**

Ja, mein Interesse für den Film ging so weit, daß ich nach Zagreb
eingeladen wurde, um endlich einen eigenen Zeichentrickfilm
zu machen. Man sagte mir: »Alles kein Problem, in zwei Monaten
bist Du fertig.« Mit meiner damaligen Frau zog ich also nach
Zagreb. Ich habe im Studio gesessen, Flöhe geknackt und lediglich Skizzen zusammenbekommen für eine Filmlänge von 10
Sekunden. Das lag aber hauptsächlich daran, daß Zagreb damals
eine wunderbare Stadt mit lauter kleinen Restaurants war. Unsere
Freunde und ich aßen und tranken bis in die Nacht, und man
rezitierte Faust und all diese Dinge. Ich lernte damals die Höhepunkte der jugoslawischen Küche kennen. Zwangsläufig, muß
ich fast sagen, saß ich also wieder in den Kneipen herum. Ich bin
zwischendurch auch oft nach Frankreich gefahren, weil ich schnell
gemerkt hatte, wie dynamisch diese Küche ist.

Gleichzeitig schrieb ich Glossen und Humoresken und bekam
dann eine Kolumne in der »Zeit«. Diese Glossen schrieb
ich 7 Jahre bis die Seite abgeschafft wurde. Danach schrieb ich
wöchentlich eine Glosse für den Stern. Das Ganze dauerte
23 Jahre. Während dieser Zeit wurde der Feinschmecker gegründet. Auf jeden Fall schrieb ich immer mehr übers Essen.

Gab es denn damals Vorbilder für Sie?

Nein, überhaupt nicht. Es gab drei Journalisten, die zeitgleich
begannen, übers Essen zu schreiben: Herr Paczensky, Herr Besser
und ich. Es hat seither auch niemanden gegeben, der wirklich
kritisch übers Kochen berichtete. Was man sonst liest, ist ja lediglich
affirmativer Journalismus, alles nur Empfehlungen. Das hat
mit seriöser Kritik nichts zu tun.

Es traut sich doch keiner, zu Bocuse zu gehen und zu sagen:
»Meiner Meinung nach war das heute aber ziemlich mies!«,
weil sie keine Vergleichsmaßstäbe haben. Diese Jounalisten wissen
eben nicht, wie Ducasse in Monte Carlo kocht, oder wo man in

Hier ein Menü aus Wolfram Siebecks Rezeptekiste (entnommen aus dem Buch »Die schönsten Festtagsmenüs«).

Vorspeise
Linsensalat mit Wachtelbrüstchen

Zutaten:
250g kleine Linsen, ein Bouquet garni aus Lorbeerblatt, Petersilie und Thymianzweig.
Nußöl, Sherry-Essig, zwei Schalotten, eine halbe Koblauchzehe
4 Wachteln, Baguette, Butter, Salz, Pfeffer

Linsen und Bouquet garni in leicht gesalzenem Wasser ca. 20 Minuten leicht bißfest kochen. Abtropfen lassen.

Aus den angegebenen Zutaten eine Vinaigrette bereiten, die eindeutig sauer sein darf. Mit den Linsen vermischen.

Eine Wachtel auslösen, kurz vor dem Servieren in schäumender Butter und wenig Salz zwei Minuten anbraten und auf die Linsen legen.

Den Salat lauwarm mit Baguette und salziger Butter servieren.

Weinempfehlung:
Beaujolais

London gut essen kann. Warum? Weil ihnen ihr Geld dafür zu schade ist. Sie fahren lieber Ski, gehen Tiefseetauchen, bauen Häuser und gründen Familien. Wer das macht, hat natürlich kein Geld für gutes Essen übrig.

Was macht den Gourmet und Kritiker Siebeck aus?

Man muß all sein Geld für gutes Essen ausgeben, danach für gutes Trinken und danach wieder für gutes Essen. Das macht den Siebeck aus.

Wie ist das, wenn der gefürchtete Kritiker Siebeck in ein Restaurant geht und etwas essen will?

Es passiert mir sehr oft, daß ich unendlich lange auf mein Essen warte, während um mich herum alle satt und vergnügt sind. Warum? Weil der Chefkoch gerade keine Zeit hat, oder ihm das erste Gericht mißlingt und er es neu kochen will. Also, diese Warterei ist furchtbar. In den Restaurants, die ich oft besuche, weil es mir schmeckt, nimmt diese Distanz ab, und die Köche wissen, daß ich nicht immer die Feder zücke, wenn ich etwas esse.

Was ist das Rezept Ihres Erfolges gewesen?

Sie müssen Disziplin, Fleiß und ein bißchen Begabung zum Schreiben haben. Dann stellt sich der Erfolg von alleine ein. Ich schreibe einfach drauflos. Glauben Sie bloß nicht, daß ich tagelang mit einem Text schwanger gehe. Weil ich so viel schreibe, bin ich sehr routiniert.

Ein Zitat zum Thema Essen und Demokratie aus einer »Zeit«-Beilage: »Wahre Demokraten sind Feinschmecker. Geschmack ist der Impfstoff gegen Gleichschaltung, und nur wer schmeckt, unterscheidet...« Sind Feinschmecker die besseren Demokraten, oder welche gesellschaftspolitische Relevanz hat Essen und das Reden darüber?

Feinschmecker sind zwangsläufig politisch. Denn Nuancen sind wichtig. Das abzulehnen, was nicht gut genug ist, ist eine Kategorie des Feinschmeckers. Wer das kann, der wird nach meiner Meinung genauso kritisch Dinge außerhalb dieses Bereichs beurteilen. Wenn jemand zermatschte Kartoffeln serviert, dann weiß man, daß sich das nicht gehört. Wenn jemand zermatschte Ideologiehappen auftischt und damit die Wählerstimmen fangen will, merkt man auch das. Qualität ist das A und O in allen Bereichen. Im Design ist das genauso. Design ist der Versuch, den Gebrauchsgegenständen eine gewisse Qualität aufzuzwingen.

Hat Ihre Beschäftigung mit dem Essen Ihr Menschenbild verändert? Ist der Mensch, was er ißt?

Der Satz ist sicher richtig, aber das Menschenbild prägen mir meine Leser, indem sie mir schreiben. Und was sie schreiben ist

grauenhaft. Vernünftige schreiben ja nicht. Wer schreibt also? Alle
die, die sich ihren Geschmack an mehligen Kartoffeln zum
Schweinebraten nicht verderben lassen wollen. Menschen, die es
empörend finden, daß ich die von ihnen so geliebten Tiefkühl-
produkte grundsätzlich ablehne und verdamme. Diese Leute sind
wütend. Früher bekam ich noch anonyme Drohbriefe, ich solle
an einer Trüffel ersticken. So rücksichtsvoll ist heute keiner mehr:
Heute schreiben sie ihre Drohbriefe mit Absender.

Warum reagieren die Menschen auf Ihre Artikel so gereizt?

Ich nehme keine Rücksicht auf die Empfindlichkeiten dieser Leute.
Ich packe sie am schlechten Geschmack, den sie haben. Die Leute,
die jeden Tag dieses miese Schweinekotelett essen wollen, frage
ich: »Warum?« Ich sage ihnen seit 30 Jahren, daß das alles barba-
risch ist.

**Was sind das für Leute, die Ihre Artikel verstehen und Ihre Meinung
teilen?**

Die emanzipierten Esser. Was schätzen Sie, wie hoch dieser Anteil
in der Gesamtbevölkerung ist? Es sind 5 Prozent, lächerlich
wenig. Aber wenn es diese 5 Prozent nicht gäbe, wäre hier der
Teufel los. Ich halte diese 5 Prozent für die Ölschicht auf dem
Wasser – das ganze Ungeziefer kommt nicht so hoch. Warum haben
wir dieses wunderbare Angebot an Lebensmitteln? Die wenigen
ziehen immer mehr Menschen mit, die sich selber nie dazu zählen
würden. Wenn es diese 5 Prozent nicht gäbe, würde auch der
Handel nicht mitmachen, dann wäre es um die Eßkultur noch
schlechter bestellt.

Ja. Als man Ende der 6oer Jahre auf den Viktualienmarkt ging und fragte: »Haben sie Schalotten?«, sagten die Marktfrauen: »Nee, die gibts Ostern wieder«. Dabei wußten sie garnicht, was Schalotten sind. Das habe ich geschrieben. Ich habe die Leute aufgehetzt, immer wieder die guten Produkte zu verlangen. Irgendwann bestellt auch der dümmste Händler Schalotten, weil die Nachfrage da ist.

Die Kritik an der deutschen Eßunkultur ist ein wesentlicher Bestandteil Ihrer Artikel. Wie hat sich der Qualitätsunterschied zwischen der deutschen Küche und der von Ihnen so geliebten französischen Küche ergeben?

Deutschland hat einen Krieg erlebt, der dieses Land so zurückgeworfen hat, wie ein schweres Erdbeben – das war der Dreißigjährige Krieg. Rings um uns herum war die Renaissance auf ihrem Höhepunkt und es bildete sich Wissenschaft und Wohlstand. Deutschland verarmte gleichzeitig auf eine unglaubliche Weise. Das war ein Kulturschock, der die Phase der zivilisatorischen und kulturellen Entwicklung unterband. Frankreich hatte einen König und einen Hofstaat. Gleichzeitig hat Friedrich der Große noch

gefressen wie ein Schwein und ansonsten auf der Querflöte geblasen. Dazu kam, daß Deutschland immer eine protestantische Mehrheit hatte. Protestanten sind nun einmal Puritaner. Je weiter nördlich Sie kommen, je nebeliger es wird, desto mieser ernähren sich die Menschen. In Deutschland fehlte also die Kultur von oben her. Die Kleinstädte waren ahnungslos, und es gab lediglich einen gewissen bürgerlichen Wohlstand. Aber wenn Sie lesen, welches »Festessen« in den »Buddenbrooks« der Konsul Buddenbrook seinen intimsten Freunden gab – du liebe Güte – das war mehr als bescheiden. Dieses Manko haben die Deutschen auch heute noch.

Wie erbittert wird das Eisbein mit Sauerkraut oder Grünkohl und Pinkel verteidigt. Nehmen Sie nur den Grünkohl als Beispiel: die Franzosen essen eigentlich alles, sogar Lammfüße. Diese Vielfalt in

Frankreich ist wunderbar. Aber Grünkohl gibt es dort nicht.
Denn Grünkohl stinkt die Bude voll, er bläht den Bauch auf und
ist unästhetisch. Ich weiß, daß das die Bremer quälen wird. Aber
es stimmt nun einmal.

**Welchen Beitrag messen Sie der Werbung am Verkommen der
Eßkultur bei?**

Den Einfluß der Werbung kann man gar nicht hoch genug einschätzen. Wenn ich sehe, was da von strahlenden Menschen,
frisch frisiert und Glück in allen Augen, für ein Schrott vertilgt
wird, ist das für mich purer Zynismus – gewissenlose Massen-
produkte schlimmster Art von »Mon Cherie« bis zum Kräcker.
Und natürlich fallen die Konsumenten drauf rein.

Kann Werbung die Menschen verdummen?

Ich denke ja. Man kann sich anhand der Werbung den Stand der
Verblödung der Menschen am deutlichsten machen.

**Wenn Sie den internationalen Eßstil betrachten, bekommen Sie da
Untergangsstimmung?**

Das Austauschbare und Beliebige fängt bei dem Hamburger an
der Ecke an und hört auf bei der Haute Cuisine, die ist durch die
Nouvelle Cuisine verdorben worden. Auf der Welt wußte außer
den Franzosen niemand, wie Haute Cuisine gekocht wird. Der
Rest war völlig ahnungslos. Heute kochen die Engländer, wie die
Deutschen, wie die Amerikaner alle französischen Standard,
überall das Gleiche.

Wie lautet in Kurzform Ihre Auffassung von guter Küche?

Ich verwende nur Frischprodukte, keine Fertigprodukte und
keinen Ersatz – so einfach ist das. Das schließt natürlich vieles
aus – vor allem Produkte aus Massentierhaltungen. Das hat
für mich nicht nur etwas mit Tierschutz zu tun, sondern damit,
daß das Zeug nicht schmeckt und eine große Schweinerei ist.

**Geht Ihre Definition von guter Küche an den Bedürfnissen der Leute
vorbei? Das Single-Dasein führt zwangsläufig zu Fertiggerichten,
die für einen Einmannhaushalt ideal sind. Ich werde mir nicht, wie hier
bei Ihnen, acht verschiedene Käsesorten hinstellen, weil ich die nie
und nimmer alleine essen kann.**

Also erstens sind die Käsesorten nur Ihretwegen hier. Wenn wir
alleine sind, gibt es auch nur zwei Sorten guten Käse. Zweitens,
die Entwicklung zur Mikrowelle führt zwangsläufig zum Massen-
geschmack. Wozu brauchen Sie die Mikrowelle? Sie wird doch
nur gebraucht, um irgendetwas aufzutauen, was professionelle
Einfrierer eingefroren haben – vorfabrizierte Gerichte sind unzivi-
lisierte Produkte, die ich ablehne.

Hauptspeise
**Zanderfilet auf
Grenobler Art**

Zutaten:
ca. 500g Zanderfilet,
150g Butter, zwei Zitronen,
vier EL Kapern

Den gesalzenen Fisch bei
geringer Temperatur
(Butter darf gerade nur
schäumen) 2–3 Minuten
braten.
   Filets mit kleinen Würfeln
aus enthäuteten Zitronen-
schnitzeln bestreuen.
In die nicht gebräunte Brat-
butter nach Geschmack
Zitrone und Kapern
geben und diese Sauce
über den Fisch träufeln.

Weinempfehlung:
Chardonnay

**Ein Teil Ihrer Leserschaft kritisiert das Elitäre in Ihrer Auffassung von
guter Küche. Wie gehen Sie damit um?**

Das Elitäre ist, genau wie die Dekadenz, notwendig für jede Art
von Zivilisation. Was ist eine Zivilisation ohne Dekadenz und ohne
elitäre Verhaltensweisen? Nichts. Das Gegenteil ist die in den
Utopien beschriebene und gleichgeschaltete Gesellschaft, und die
gibt es ja wohl nicht.

Ist dann gutes Essen nur für eine Elite?

Nein. Aber wer anstrebt, gut zu essen (das kann jeder, der Wert
darauf legt), gehört automatisch zur Minderheit und für mich
deshalb zur Elite.

Heißt das, gutes Essen ist teuer?

Das feine Essen und die hohe Küche sind teuer. Sie können nicht
mit einem Auto 200 km/h fahren wollen, aber nicht mehr als
20.000 DM dafür ausgeben wollen. Das ist unmöglich. Jede Art
von Höchstleistung hat ihren Preis.

**»Dinge sollen sich im Gebrauch bewähren«, sagt Otl Aicher. Wie sieht
Ihre »Küche zum Kochen« aus? Welche Rolle spielt da Design?**

Eine kleine Rolle. Funktionalität bei Gebrauchsgegenständen ist
wichtig. Ich habe drei Küchen. Die schlichteste Küche ist
meine zuletzt eingerichtete. Ich habe festgestellt, daß man viele
Dinge nicht braucht, vor allem keine Ornamente. Ich halte
Küchenschränke für überflüssig, weil sie nur Schwierigkeiten
machen. Automatisch werfen sie alle Geräte in die Schränke,
z.B. Küchengeräte, die so viel versprechen und so wenig halten.
Türen behindern die Sicht, und man weiß nicht mehr, wo
die Dinge sind, die man braucht. Die Hängeschränke haben in der
Küche auch nichts verloren, weil sie für mich eine Werkstatt
ist. Der bulthaup hat Schränke mit Aluminium und großen Glas-
türen produziert, die sehr praktisch sind, vor allem für meine
vielen Weingläser. Die bulthaup-Schränke mit den herauszieh-
baren Türen halte ich für eine phantastische Idee. Alles weitere in
meiner Küche macht für mich der Dorfschreiner.
   Es gibt eine wunderbare Nachricht über die Untersuchung von
Plastik- und Holzbrettern. Holzbretter wurden jahrelang als
unhygienisch verpönt und in Hotelküchen verboten. Nach neuen
Untersuchungen stellte man allerdings fest, daß die Enzyme im
Holz innerhalb von Minuten Bakterien abtöten, während sich die
Bakterien auf dem Plastikzeug halten und vermehren. Zudem
schneidet man immer wieder winzige Partikel von dem Plastik-
brett ab und vermischt sie mit der Nahrung. Das hat mir gefallen,
denn ich finde, in der Küche darf nicht ein Ding aus Plastik sein.

Eine ähnliche Geschichte ist die des idealen Weinglases, das bei
Riedel entwickelt wurde. Die Menschen haben jahrhundertelang
aus grauenhaften Gläsern getrunken. Schauen Sie sich die goti-
schen Becher an. Es war furchtbar, den Wein aus spitz zulaufenden
Gläsern zu trinken. Man hat praktisch auf 20 Prozent Weingenuß
verzichtet. Der Riedel hat nun für jeden Wein das richtige Glas
gefunden. Diese Form von Design finde ich wunderbar.

**Etliche Designer haben sich über die Küche den Kopf zerbrochen. Karl
Gerstner hat ein Buch darüber geschrieben: »Kochen ohne Rezepte«,
Otl Aicher »Die Küche zum Kochen«, und Franco Clivio erzählte uns über
seinen Kochkurs an der Gestaltungshochschule Zürich, nämlich vom
Kochen als perfektem Designprozeß – Abläufe zu bestimmen, zeitlich
zu koordinieren, einzukaufen und zum Schluß die Suppe selber aus-
zulöffeln. Ist Kochen so etwas wie ein ursprünglicher Designprozeß?**

Es gibt Menschen, die von vornherein kreativ kochen. Dann gibt
es welche, die nach drei oder vier Kochkursen mit großen
Küchenchefs immer noch lange Zettel machen und Gramm für
Gramm abwiegen. Die Kreativen schauen auf dem Markt
nach, was es gibt, und kaufen spontan ein, was gerade da ist.
Dieselben Leute haben es eben auch in der Fingerspitze,
wieviel Gramm sie brauchen. Das sind mir die liebsten Köche.

Nun kochen wir alle auch ein bißchen falsch, ein bißchen zu viel
von dem und etwas zu wenig von dem. Aber gerade das macht
Spaß. Da kommt das kreative Moment ins Spiel. Aber zurück zum
Thema Design und Küche: Ich habe im letzten »Feinschmecker«
Fotos von Tellern gesehen, die dekoriert waren wie reine Kunst-
werke. Das ist schlimmstes Design auf dem Teller. Den Japanern
gestehe ich solche Sachen zu, weil denen das Design wichtiger
ist als das Kulinarische. Aber diese Art von »Design« gehört nicht
in die Küche. Die Nouvelle Cuisine ist vermutlich durch die
Dekoration der manirierten Fotografen, Designer und Dekorateu-
re entstanden. Nun ist Kochen keine Kunst und läuft deshalb
schnell Gefahr, kitschig zu werden, wenn man zuviel drumherum
macht.

**Sie haben einen hohen Anspruch an das Essen. Wie definieren Sie
Ihren Anspruch an die Sprache?**

Schreiben ist mein Beruf – Kochen eher nicht. Das Schreiben ist
immer wieder ein Abenteuer, aber keines, das mir Schweißaus-
brüche macht. Unter Literaten ist die Angst vor dem leeren Papier
weit verbreitet – ich freue mich, wenn ich wieder einen Text
schreiben darf. Ich schreibe drauf los, das macht mir keine
Schwierigkeiten. Wie immer sind alte Männer wie ich für den

jungen, schreibenden Nachwuchs ein Stein im Weg. Ich denke, wenn es mich nicht mehr gibt, geht es erst so richtig los mit dem Journalismus im Bereich Küche und Kochen.

Wie ist Ihr Verhältnis zum Auftraggeber, zu Zeitungen und Verlagen? Wie arbeiten Sie mit ihnen zusammen?

Ich schreibe, was ich will. Ich suche mir die Aufträge aus. Ich mache nur das, was mir Spaß macht. Das sollte man immer tun, denn es erleichtert das Leben.

Ein Beispiel aus meiner Arbeit: Ich war jetzt drei Monate in Wien, habe dort gewohnt und ein Buch geschrieben über die besten »Beiseln« von Wien. Eine wirklich schöne Arbeit, aber Sie müssen zweimal am Tag essen gehen und beten, daß sie das physisch überstehen.

Ich habe insgesamt 20 Kochbücher geschrieben, in denen alles drin steht, was ich gerne koche und in Variationen. Die Problematik der Leser besteht meistens darin, daß sie immer neue Rezepte haben wollen. Ich weiß nicht, warum. Rezepte schreiben ist wohl meine uninteressanteste Arbeit.

Sie haben lange Zeit im Fernsehen eine Kochsendung gemacht und inzwischen damit aufgehört. Was für ein Verhältnis haben Sie zu diesem Medium?

Ich hatte meine Sendung mit Brodmann gemacht, weil wir befreundet waren und es uns einen ungeheuren Spaß gemacht hat, zusammen zu kochen und zu essen. Wir haben die Idee zu dieser Sendung zusammen ausgeheckt. Als er dann an Krebs starb, ist auch die Sendung für mich gestorben.

Ich halte allerdings das Medium Fernsehen für ungeeignet, einen anspruchsvollen Gedanken rüberzubringen, den die Leute begreifen können. Die Primitivität im Fernsehen hat ein Ausmaß erreicht, daß gescheite Leute keinen Fernseher mehr einschalten oder erst nachts ab 24 Uhr.

Hätten Sie keine Lust, mit Ihrem Popularitätsgrad im Fernsehen etwas zur deutschen Eßkultur beizutragen?

Eine Sendung, in der ich warnen würde vor Massentierhaltungsprodukten und Fertigpizzen, polemisieren würde gegen

die Konzerne, die diese Fertigscheiße produzieren, die die Batterie-
hühner halten – glauben Sie mir, so eine Sendung würde ich
nicht machen können. Denn die Macht der Großkonzerne mit
ihren Werbeminuten ist viel zu groß.

Gibt es ein Projekt, das Ihnen mißlungen ist?

Ja. Ein Theaterstück, das kein Agent haben wollte. Das ist wirklich
die einzige umfassende Arbeit, die nichts geworden ist. Es ging
um die Familie eines sehr kultivierten Professors, der eine
Terroristin zur Tochter hat. Diese Tochter taucht plötzlich für
24 Stunden zu Hause auf, und dann ist das Stück auch schon
zu Ende. Zwischendurch wird viel gegessen und getrunken, geredet und geschossen. Leider wollte das Stück niemand haben.

**Welches Projekt steht noch aus, das Sie in Zukunft unbedingt
realisieren wollen?**

Ein zweites Theaterstück, das angenommen wird.

What makes you tick, was läßt Sie jeden Tag wieder morgens aufstehen?

Keine Ahnung. Solange es mit dem Schreiben funktioniert, mache
ich mir darüber keine Gedanken. Ich schreibe immer wieder, weil

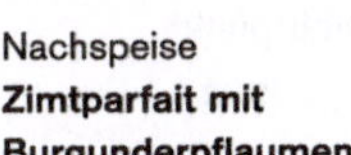

ich das Geld brauche. Und da sind wir
wieder am Anfang: Ich brauche unglaublich
viel Geld, um gut essen zu können und
eine große Klappe zu haben. Mein Problem
hat sich nur in höhere Kategorien verlagert.

Nachspeise
**Zimtparfait mit
Burgunderpflaumen**

Zutaten:
5 Eigelb, 125g Zucker, einen
halben EL gemahlener Zimt,
2 EL Cognac, 0,5 l süße
Sahne, 36 Trockenpflaumen
nicht entkernt, 4 EL Honig,
Rotwein, bittere Orangen-
marmelade

Eigelb hellgelb und schau-
mig rühren, Zucker
und Zimt unterrühren, bis
der Zucker aufgelöst
und die Masse dick ist.
Cognac unterrühren, steif
geschlagene süße
Sahne unterziehen. Minde-
stens drei Stunden ins
Gefrierfach und eine
Stunde vor dem Servieren
in den Kühlschrank stellen.

Pflaumen nebeneinander in
eine Schüssel legen.
Wasser mit Honig zu Sirup
kochen lassen. Über die
Pflaumen gießen. Diese mit
Rotwein begießen, in dem
die Marmelade verrührt
wurde. Zugedeckt zwei
Tage stehen lassen.

Weinempfehlung:
Banyuls oder Maurie

Jürgen W. Braun

Gesten
Ein Buchprojekt von Fotografie-
Studenten der Hochschule für Grafik
und Buchkunst Leipzig. Köln, 1996
Hand und Griff
Ausstellung Wien 1951.
Walter Zeischegg, Carl Auböck
Ein Buch über Griffpioniere.
Köln, 1995
Visuelle Kommunikation
Bausteine, Realisationen. Köln, 1995
Das Türklinkenchaos
Erzählung und Bilder von Klaus
Imbeck. Köln, 1994
Übergriff
Ein Buchprojekt von Studenten der
HfG Karlsruhe unter Leitung von
Gunter Rambow. Köln, 1993
Annentag in Brakel
Ein deutsches Volksfest. Köln, 1992
Türdrücker der Moderne
Eine Designgeschichte von
Siegfried Gronert. Köln, 1991
Zugänge – Ausgänge
Fotos von Timm Rautert. Köln, 1990
Zugänge – Ausgänge
Gedichte von Peter Maiwald.
Köln, 1989
Johannes Potente, Brakel
Design der 50er Jahre. Köln, 1989
Türklinken
Workshop in Brakel. Köln, 1987
Designpreis des
Landes Nordrhein-Westfalen
Design Zentrum Nordrhein-Westfalen
(Hrsg.) Ehrenpreis für Designmana-
gement an FSB Franz Schneider
Brakel GmbH & Co. Essen, 1993
1981–1991 Die ersten zehn Jahre
des zweiten Jahrhunderts von FSB.
Eine Dokumentation. Köln, 1991

Ergonomie und Praxis
Ein Hersteller auf dem Weg nach
dem optimalen Griff an vielbegange-
nen Türen. Köln, 1990
Greifen und Griffe
Köln, 1987
Hand-Griffe
Angelika und Peter Schubert.
Designmanagement und Produktion
bei FSB. München (Video 45 min.)
Beiträge von Jürgen W. Braun:
Von der Würde einer Türklinke
Das Beispiel FSB in: C. A. Schmitz
(Hrsg.): Managementfaktor Design.
München, 1994
Design bei FSB: Gestaltungsaufgabe,
Kommunikation, Kultur.
in: N. Hammer u.a. (Hrsg.):
Die stillen Designer – Manager des
Designs. Essen, 1994
Auch eine Türklinke ist ein Design-
Produkt. in: R. Bachinger (Hrsg.):
Unternehmenskultur. Ein Weg zum
Markterfolg. Frankfurt/M., 1990
Was versteht ein Unternehmer unter
Design? in: Design Schnittpunkt
Essen 1949–1989. Berlin, 1990

Franco Clivio

Sehen für Gestalten
in: Positionen zur Gestaltung. Hrsg.
Hochschule für Künste Bremen.
Bremen, 1995
Licht ins Dunkel
Michele de Lucchi und Franco Clivio.
in: design report Nr. 10, 1995, S. 70

Michael Erlhoff

Nutzen statt Besitzen
Göttingen, 1995
Kölner Modell
Das erste Kölner Design-Jahrbuch
1992. Köln, 1992
ICE. Der Zug ist abgefahren
Göttingen, 1992
Deutsches Design 1950–1990
Designed in Germany.
München, 1990
Gold oder Leben
Aufsätze zum Verhältnis von Gegen-
stand und Ritual. Darmstadt, 1988
**Unternehmenskultur und
Stammeskultur** Metaphysische
Aspekte des Kalküls. Darmstadt, 1988
Design als Gegenstand
Der neue Glanz der Dinge.
Berlin, 1983

Fritz Hahne

Zwischen den Stühlen
Erinnerungen und Erkenntnisse.
Bad Münder, 1990
Beiträge von Fritz Hahne:
Design als Marktfaktor. in: S. Lengyel
(Hrsg.): Design Schnittpunkt Essen
1949–1989. Berlin, 1990
Zwischen den Stühlen. Unternehmen
im gesellschaftlichen Wandel: Das
Modell Wilkhahn. in: B. Wolf (Hrsg.):
Design-Management in der Industrie.
Gießen, 1994
Produktdesign als Chance für
mittlere Unternehmen in der Zeit
der Kybernetik. in: IDZ Berlin (Hrsg.):
Design im Wandel. Chancen
für neue Produktionsweisen?
Berlin, 1984

Hans Hansen

Deutschland deine Küchen
W. Uecker. Mit Fotos von
Hans Hansen. Steinhagen, 1988
Das neue deutsche Kochbuch
Mit Rezepten von Wolf Uecker
und Fotos von Hans Hansen.
Steinhagen, 1990

Rolf Heide

Rolf Heide
A. Buck / M. Vogt (Hrsg.)
Frankfurt am Main, 1996
Rolf Heide
Innenarchitekt, Designer, Konzep-
tionist. Modelle, Fotos, Skizzen,
Zeichnungen.(Katalog zur Ausstellung
im IDZ Berlin, 1993)
Beiträge über Rolf Heide:
Bodenreform 3. Kreative Boden-
gestaltung von Künstlern und
Architekten. Berlin, 1995
I. Wenz-Gahler: Messestand-Design.
Leinfelden-Echterdingen, 1995
Büro der Zukunft. 12 Konzepte.
Katalog zur Ausstellung im Rahmen
des Hamburger Architektur Sommers.
Hamburg, 1994
Bodenreform, 2. Kreative Boden-
gestaltung von Künstlern und
Architekten. Berlin, 1992

Michael Klar

Globale Information, ein Projekt
in: Positionen zur Gestaltung. Hrsg.
Hochschule für Künste Bremen.
Bremen, 1995.
Orientierungssysteme
in: Internationales Design Zentrum
Berlin (Hrsg.): Olympia Express 2000
Ein integriertes Verkehrskonzept
für Berlin. IDZ Hochschulprojekt.
Berlin, 1993
Geschichte der Utopien 1989/90
Geschichte der Ideen 1986
Bauhaus-Synchronopse 1983/84
Geschichte der Produktivkräfte
Hamburg, 1982
Geschichte der Verkehrsmittel
1980/81
Medienchronologie 1979
**Entwicklung der Kommunikations-
formen und -mittel am Beispiel
Kleidung** 1979
Geschichte der Weimarer Republik
1976
**Geschichte der deutschen
Arbeiterbewegung** Berlin, 1973

Axel Kufus

Axel Kufus – Material und Arbeit
in: A. Brandolini. Kamingespräche.
Interviews und Monologe.
Kassel, 1994
Beiträge über Axel Kufus:
V. Albus: Der Standard des Normalen.
in: Art Aurea Nr. 2, 1994
D. Readhead: The irresistible rise of
the anonymous. in Blueprint Nr. 100,
1993
A. Walker: Il disegno dell'arredo nel
1993. in: domus Nr. 751, 1993

V. Albus / Ch. Borngräber: Design
Bilanz. Neues deutsches Design
der 80er Jahre in Objekten, Bildern,
Daten und Texten. Köln, 1992
Rude ma sincero. Nuovo design
tedesco. Mailand, 1991
V. Albus (Hrsg.): Gefühlscollagen.
Wohnen von Sinnen. Köln, 1986

Peter Rea

**First principles of modern visual
communication design**
in: Positionen zur Gestaltung. Hrsg.
Hochschule für Künste Bremen. Bremen, 1995
**Producing and directing the short
film and video** Oxford, 1995

Thomas Rempen

Beiträge von Thomas Rempen:
Brabus/Ferrari, AutoFocus 12/96,
Lust auf Export, Wirtschaftswoche
Nr. 42
Die Freuden der Pflicht, Novum 7/96
Vorsprung durch Technik, form 3/95
Einmal umgestiegen, AutoFocus 1/96

Wolfram Siebeck

Blasierte Kellner, duftende Gäste
Über gutes Benehmen im Restau-
rant. Frankfurt am Main, 1996
**Das Haar in der Suppe hab' ich
nicht gewollt**
Erinnerungen eines Berufsessers.
Frankfurt/Main, 1996

Frisch gewürzt ist halb gewonnen
ein Kochseminar über die Kunst des
Würzens. München, 1995
Ich kochte das Dinner for one
Aus den Erinnerungen des Alphonse
Selkirk. Frankfurt am Main, 1995
Die Rosine im Kuchen
Über Küchen und Köche, Städte und
Landschaften, den Wein und den
Zeitgeist. Frankfurt am Main, 1994
Wenn Gäste kommen
die schönsten Ideen der besten
Hobbyköche. Rezepte und Menüvor-
schläge aus dem Wettbewerb im
ZEIT-Magazin. Frankfurt am Main, 1993

und viele weitere Bücher ...

Stop stealing sheep
& find out how type works
Mountain View CA, 1993
Ursache und Wirkung
Ein typografischer Roman. Mainz, 1995
(Faks.-Nachdr. d. Orig.-Ausgabe 1989)
Erik Spiekermann
in: T. Igarashi: Designers on Mac.
Tokyo, 1992
Typen & Typografen
Schaffhausen, 1991
Studentenfutter
oder: Was ich schon immer über
Schrift & Typographie wissen wollte,
mich aber nie zu fragen traute.
Nürnberg, 1989

Kurt Weidemann. Das Nachbild auf
der Netzhaut
Uta Brandes. Göttingen, 1996
Wo der Buchstabe das Wort führt
Ansichten über Schrift und
Typographie. Stuttgart, 1994
Wortarmut Im Wettlauf mit der
Nachdenklichkeit. Stuttgart, 1994
Alfred Herrhausen:
Denken, ordnen, gestalten
Reden und Aufsätze. Hrsg. von
Kurt Weidemann. München, 1992
Erkundungen
Katalog zum Internationalen
Design-Kongreß Stuttgart, 1986
Anzeige
das Erscheinungsbild des
Geldinstituts im Inserat 1979 – 1985.
Stuttgart, 1985
Prospekte
Ankünder, Ansprecher, Anmacher.
Bedeutung, Entwicklung, Erschei-
nungsformen. Hrsg. PWA
Grafische Papiere
Raubling, 1982
Typopictura
3 Jahrzehnte werbende Typographie
Frankfurt am Main, 1981
Schrift braucht Papier
Raubling, 1976
International Packaging
Verpackung international.
Stuttgart, 1968

Für die Leute, die Bücher
von hinten lesen, sei
dies ein Geleitwort, für die
anderen das Nachwort.

Tammo F. Bruns
Frank Schulte
Karsten Unterberger

»Design is a journey« nimmt eine Idee von Peter Rea auf. In seinem Konzept des
Designers als »journeyman« erinnert er an die Menschen der Renaissance,
die reisten, um die Welt kennenzulernen: »In order to widen their experience
and to bring back discoveries which would improve the society in which they
lived.«

»Journey« meint das Abenteuer des Kennenlernens und Wiederfindens unterschiedlicher Positionen: Das Unterwegssein in ständigem Aufbruch und
Wiederkehr und zwar »surfend« durch die Design- und Kulturlandschaft – quer
zu den Disziplinen.

Uns interessieren Wege, Geschichten und Positionen zur Gestaltung und
so treffen sich hier Produktdesigner, Typograf, Werber, Designer, Manager,
Fotograf und ein Berufsesser. Mit ihnen haben wir über ihre Aufgaben, den Spaß
an der Arbeit, ihr Gesellschaftsbild, über Visionen und gescheiterte Projekte
geredet und dabei einiges über ihre Haltung erfahren – »to bring back
discoveries which would improve...whatever.«

Ein Reisebuch allerdings, das den persönlichen Vorlieben jedes Einzelnen von
uns entspricht. In dem Wissen um die vielen möglichen Aspekte für die
Zusammenstellung sind wir uns sicher, daß der Eine oder die Andere fehlt.
Hiermit sei gesagt, daß wir keinerlei Anspruch auf Vollständigkeit erheben.
Uns interessierte das Ausschnitthafte, bei aller anfänglichen Unklarheit über
das Ziel der Reise.

Aus dieser Sammlung von widersprüchlichen Texten ist dieses Buch
entstanden. So kommt es, daß Anekdotenhaftes und unbedeutendes Nebenbei
neben Sachthemen und fachlichem Diskurs stehen – um zu sehen, wie
Gestalter denken, wie sie arbeiten, wie sie leben: The way of doing it, the way
of thinking, the way of living: Dem Englischen ist die Assoziation zur Reise
näher – auch ein Grund für den englischen Titel.

Wir möchten Sie einladen, als Flaneur durch die verschiedenen Positionen
und Anekdoten zu spazieren. Wer sich auf den Weg einläßt, entdeckt
Eckpunkte der Auseinandersetzung über Design und Kultur der 90er Jahre.

Design braucht Zeit: Bei denen, die hier veröffentlicht sind, möchten wir uns
bedanken für die Zeit, die sie sich für dieses Projekt genommen haben.
Wir danken Sven Völker für seine guten Ideen und die mühevolle Arbeit, das
Buch in eine druckfähige Form zu bringen, ohne sein charmantes Lächeln
zu verlieren. Vielen Dank auch an Eckard Jung für die Motivation und den
trotzigen Glauben an die Realisierung dieses Buches.